KB018194

수험생 여러분께!

여러분이 지금 어느 신분인지 잘 생각해보세요. 여러분은 '학자'가 아니라 '수험생'입니다. 수단과 방법을 가리지 말고 어떻게 해서든 시험에서 한 문제라도 더 맞히면 됩니다. 수험 공부를 운전 연습에 비유해보겠습니다. 우리는 어떻게 시동을 걸고, 어떻게 앞으로 움직이고, 어떻게 브레이크를 밟는 지를 배웁니다. 어떤 원리로 기름이 연소 되어, 동력을 만들고, 바퀴가 굴러가는 지 배우지 않습니다. 우리는 자동차의 '조작법'을 배우는 것이지, 자동차의 '작동 원리'를 배우는 것이 아닙니다.

수험 공부도 마찬가지입니다. 제 모든 교재와 강의는 오로지 '시험 문제 풀이 방법'에 초점을 맞추고 있습니다. 여러분들은 제가 설명해 드리는 풀이법대로 문제를 풀 수만 있으면 됩니다. 그 풀이법이 어떻게 해서 만들어졌는지 이론적 배경은 중요하지 않습니다. 그렇다 보니 결론만 있고, 설명이 없어서 이해가 가지 않는 부분도 있을 것입니다. 설명이 없는 것은 문제 풀이에 도움이 되지 않기 때문에 달아놓지 않은 것입니다. 수험생 여러분도 공부할 때 '어느 주제가 자주 출제되는지', '문제가 어떻게 출제되는지', '문제를 어떻게 풀어야 하는지'에 집중하셨으면 좋겠습니다. 이것 외에는 여러분에게 전혀 중요하지 않습니다.

개별 주제에 대한 설명뿐만 아니라, 제가 '다루는 주제' 자체도 다른 교재에 비해 적습니다. 저는 수년 치의 국가직 및 지방직 기출 문제를 분석하여 출제 빈도가 낮은 주제는 과감히 삭제하거나, 심화서로 넘기고, 출제 빈도가 높은 주제 위주로 서술하였습니다. 단기 합격을 위해서는 모든 주제를 똑같은 강도로 공부하는 것이 아니라, 중요도에 따라서 다른 강도로 공부해야 합니다. 자주 출제되는 주제는 부연 설명을 덧붙여서 인싸이트를 키울 수 있도록 했고, 거의 출제되지 않는 주제는 결론만 외워서 문제를 풀도록 짧게 서술했습니다.

책이 얇다고 불안해하실 필요 없습니다. 책이 얇기 때문에 여러분은 핵심을 더 잘 숙지할 수 있는 것입니다. 지금부터 김용재의 코어 공무원 회계학 시작합니다! 여러분의 인생에 이 책이 작은 도움이라도 되길 바랍니다.

-수험생 여러분의 합격을 진심으로 기원하며. 김용재 회계사 올림.

● 김용재 공무원 회계학의 특징 ●

1. 정말로 시험에 나오는 것만 가르치겠습니다!

저는 수험생 때 시험에 자주 나오지 않는 내용은 과감하게 제끼고, 중요 내용만 공부했습니다. 주위 친구들은 너무 많이 제끼는 것 아니냐 걱정해줬죠. 하지만 결과적으로 그 해에 시험을 본 만 명의 수험생 중에서 가장 높은 점수를 받고 수석으로 합격하였습니다. 회계학 시험의 수석을 해 본 사람으로서 자신하게 말씀드리겠습니다. 중요내용만 컴팩트하게 공부하는 것이 고득점, 그리고 단기합격으로 가는 지름길입니다.

제 목표는 명확합니다. 여러분들이 '1년 안에' 합격하는 것입니다. 수험 기간이 길어진다는 것은 굉장히 힘든 일입니다. 여러분 자신도 힘들겠지만, 여러분을 응원해주시는 부모님을 생각해서라도 우리 반드시 1년 안에 합격해야 합니다. 1년 안에 합격하기 위해서는 아직 출제되지 않은 내용, 그리고 가끔 나오는 내용을 봐서는 안 됩니다. 공부 범위를 넓히면, 아는 것은 많아지겠지만, 중요 내용에 집중하기는 어렵습니다. 그리고 그만큼 합격이 늦어질 수밖에 없습니다.

제가 지난 10년간의 회계학 기출문제를 철저히 분석한 결과, 전체 주제 중 약 60%의 주제에서 80% 이상의 문제가 나옵니다. 80%는 일반적으로 공무원 시험 합격에 필요한 회계학 점수입니다. 저는 합격에 필요한 이 60%의 주제에 집중할 것입니다. 시험에 자주 나오지 않는 주제는 과감히 삭제하고, 핵심 주제도 요약해서 기존 강의 대비 절반의 분량으로 여러분들 1년 안에 합격시킬 것입니다.

제가 기존 강의 대비 절반의 분량으로 여러분들 합격시킨다고 하니까, 걱정하시는 분도 있습니다. 제 교재와 강의를 통해 커버되지 않는 부분은 20문제 중에서 보통 한 문제, 정말 예외적인 경우 두 문제입니다. 9급의 경우 100문제를 100분 안에 풀어야 합니다. 마킹도 해야되니까 1문제를 1분 안에 풀어야 합니다. 모든 내용을 다 알더라도 현실적으로 주어진 시간 안에 회계학 20문제를 다 풀기 어렵습니다. 지엽적인 주제까지 공부해서, 운 좋게 현장에서 해당 주제가 출제되었더라도, 지엽적인 문제는 난이도가 어렵기 때문에 다른 문제에 비해 시간이 오래 걸립니다. 그렇다면, 지엽적인 문제를 과감하게 제끼고, 다른 쉬운 문제 2문제를 더 푸는 게 낫습니다. 모든 내용을 공부하게 되면 상대적으로 중요 내용에 대한 숙련도가 낮기 때문에 중요 문제도 푸는데 오래 걸리고, 지엽적인 문제도 오래 풀기 때문에, 중요 문제만 푸는 여러분이 제한된 시간 안에서 더 많은 문제를 풀 수 있습니다.

우리, 중요 내용만 확실하게 대비해서 1년 안에 합격합시다.

gong.conects.com

김용재
코어 CORE
공무원
회계학

재무회계편

초고속 수석합격의 비결은
핵심 내용 습득!

수석합격자가 직접 선정한
핵심 내용만 담은 기본 교재

최신증보판

https://**hmstory.kr**

2. 직접 개발한 효율적 풀이법 중심의 강의

저 김수석이 직접 개발한 효율적인 풀이법을 여러분께 전수할 것입니다. 제가 수험생 때 기존 풀이법을 배우면서 '더 나은 방법은 없을까?' 항상 고민했습니다. 그렇게 하나씩 하나씩 제가 직접 풀이법들을 고안하고, 수정하기 시작했습니다. 풀이법들이 쌓이다 보니 전범위에 걸쳐서 저만의 풀이법이 생겼습니다. 그걸 저는 수험생 때 노트로 만들었고, 그게 책으로 나온 것이 이 코어 회계학입니다.

제 수업을 들으시면 아시겠지만, 기존 풀이법을 그대로 사용하는 주제가 몇 없을 정도로 제가 만든 풀이법과 암기법이 대부분입니다. 제 풀이법의 위력이 바로 회계사 시험 수석 합격으로 증명되었죠. 긴장되는 상황 속에서 시간의 압박을 받으면서도 많은 문제를 빠르고 정확하게 풀 수 있었던 것은 바로 제가 만든 풀이법 덕분이었습니다. 제가 기존의 풀이법으로 공부했다면 수석 합격은 불가능했을 겁니다.

저는 이 풀이법을 단계별로 세분화해서 교재에 서술해 놓았습니다. 문제 풀이 과정을 글로 쓰는 것은 굉장히 어색하고 어려운 작업입니다. 표는 어떻게 그리고, 각 칸에는 어떤 숫자가 와야 되는지 말로 설명하는 것은 자연스러운데, 글로 쓰기는 굉장히 어색합니다. 그 결과 기존 책들은 기준서 문장으로 가득 차게 되었습니다. 전 여러분이 조금이라도 쉽고, 편하게 이해할 수 있으면 제 책이 어색한 것은 전혀 상관없습니다. 그래서 책을 강의 대본처럼 말하듯이 썼습니다. 그렇기에, 여러분께서 제 수업을 듣고 혼자서 복습할 때 책만 보더라도 과외를 받는 느낌이 들고, 더 쉽게 이해될 겁니다.

제가 효율적인 풀이법으로 1년 반만에 수석 합격할 수 있었듯이, 여러분들도 제 풀이법으로 푸신다면 단기간 안에 공무원 회계학 고득점, 충분히 달성할 수 있습니다.

커리큘럼

구분	강의수	일정	교재	내용
1. 회계원리	16	5월	코어 회계학 회계원리편	회계학 입문
2. 재무회계 기본	40	7-8월	코어 회계학 재무회계편	재무회계 중요 내용
3. 원가관리회계	24		코어 회계학 원가관리회계편	원가관리회계
4. 재무회계 심화	52	9-10월	파워 회계학 재무회계편	재무회계 중요 내용의 심화 문제 & 심화 내용
5. 정부회계	12		코어 회계학 정부회계편	정부회계
6. 요약노트	16		코어 회계학 요약노트 필다나	공무원 회계학 전체 내용 요약
7. 100개 패턴	32	11월	100개 빈출 패턴 회계학	100개 빈출 패턴
8. 특수주제	16		7급 대비 파이널 회계학	지엽적인 주제 특강
9. 진도별 모의	32	12월	공무원 회계학 진도별 모의고사	진도별 모의고사 16회분
10. 연도별 기출	32	1월	연도별 기출문제집 기다나	18~ 9급 연도별 기출문제
11. 동형모의	32	2월	공무원 회계학 동형모의고사	동형모의고사 14회분
12. 연도별 심화 기출	24	4-5월	7급 대비 파이널 회계학	서울시 9/7급, 국가직 7급 연도별 기출문제

• 코어 회계학 소개 및 활용법 •

1. 코어 회계학 교재 소개

코어 회계학은 기본 강의에서 사용되는 기본서로, 회계원리편, 재무회계편, 원가관리회계편, 정부회계편 총 4권으로 나뉩니다. 이 중에서 재무회계만 기본과 심화로 나누어 심화서는 '파워 회계학 재무회계편'으로 집필하였습니다.

2. 기본 강의: 시험에 자주 나오는 핵심 주제 학습

이 책을 만들 때는 제일 먼저 10년 치 국가직, 지방직 기출문제를 놓고 출제된 주제들을 분석했습니다. 그리고 각 주제들을 출제된 문항 수 기준으로 정리했습니다. 그 결과 앞서 말씀드렸듯이, 전체 내용 중 60%의 주제에서 80%의 문제가 출제되었다는 것을 파악할 수 있었습니다. 기본 강의인 코어 회계학에서는 시험에 주로 나오는 이 60%의 주제에만 집중할 것입니다. 나머지 40%에는 전부 심화서인 '파워 회계학'에서 심화 강의와 함께 다룰 것입니다.

3. 교재에 수록된 문제 활용법

본 교재에 수록된 문제는 연습하기 위한 용도가 아닌 배우기 위한 용도입니다. 유형별로 적은 문제를 보고 바로 문제를 스스로 풀기는 어려울 것입니다. 문제가 바로 풀리지 않는다고 스트레스를 받기보다는 해설을 보고 풀이 방법을 습득하는 것에 초점을 맞추시길 바랍니다. 해설도 별도로 분리하지 않고 본문에 실어놓은 이유입니다. 연습은 이후에 기출문제 풀이 과정에서 수없이 할 것입니다. 심화서인 파워 회계학을 볼 때까지는 너무 마음을 조급하게 먹지 말고, '개념을 습득하는 것'을 목표로 공부하길 바랍니다.

4. 코어 회계학 재무회계편 수강대상:

(1) 김용재의 회계원리 강의를 수강하였거나, 회계원리 지식을 잘 숙지하고 있는 학생

입문용으로 회계원리를 따로 분리했기 때문에, 재무회계에서는 회계원리 내용을 안다고 가정하고 강의를 진행할 것입니다. 제 회계원리 강의를 수강하였거나, 회계원리 내용을 잘 숙지하고 있는 분만 재무회계편을 수강하길 바랍니다. 기본적으로 숙지해야 하는 회계원리 내용은 다음과 같습니다.

회계원리 주요 내용: 재무제표 작성 과정, 발생주의 회계처리, 감가상각, 유효이자율 상각

재시생이나, 전공생이더라도 위 내용을 잘 모른다면 회계원리부터 수강하길 바랍니다.

(2) 재시생: 바로 심화 강의로 가지 말고 기본 강의부터 수강할 것!

재시생이라고 해서 바로 심화 강의로 가기 보다는, 기본 강의부터 수강할 것을 권장합니다. 대부분의 중요 내용이 기본 강의에 있고, 제 풀이법이 다른 교수님들과 많이 다르기 때문에 기본 강의에서 제 풀이법을 습득하셔야 합니다. 심화 강의에서는 기본 강의에서 다룬 중요 내용에 대한 자세히 설명 없이, 간단하게 요약만 하고 넘어갈 것이기 때문에 제 기본 강의를 듣지 않았다면 따라가기 어렵습니다.

[1] 문제 풀이의 기본 MIND

1. 문제를 보자마자 계산부터 하려고 달려들지 말자.

- 문제를 풀 때 가장 먼저 할 일은 마지막 줄에 있는 요구사항을 먼저 읽는 것이다.

김수석이 수험생들을 가르칠 때, 많은 수험생들이 문제를 보자마자 하는 잘못된 행동이 있었다. 요구사항을 파악하기도 전에 계산기부터 드는 것이다. 물론 공무원 수험생은 계산기를 쓰지 못하기 때문에 계산기를 들진 않겠지만, 김수석도 과거 수험생 때 그랬고, 수많은 문제를 틀렸다. 수험생들이 문제를 보자마자 달려들 때면 꼭 해주고 싶은 말이 있다.

'뭘 구할건데?'

당연히 대답하지 못할 것이다. 문제를 안 읽었기 때문이다. 뭘 구할지 모르면 풀이 속도가 느려진다. 문제를 안 읽으면 일단 출발은 한다. 근데 방향 없이 출발한다. 여기저기 내가 가고 싶은 데로 가다가 그제서야 요구사항을 읽고 답을 구한다. 정확한 풀이법으로 풀어도 시간이 빠듯한데, 시간 낭비를 하면 제한된 시간 안에 모든 문제를 절대로 풀 수 없다.

2. 제시된 자료는 수동적으로 '읽는 것'이 아니라 능동적으로 '찾는 것'이다.

회계학 시험이 어려운 이유는 회계 이론이 어려운 것도 있지만, 지문이 상당히 긴 것도 한 몫한다. 글로 서술된 부분도 상당히 긴데, 재무제표와 같은 표까지 등장해서 지면이 꽉 차기 일쑤이다. 이렇게 긴 문제를 접했을 때 넋 놓고 그냥 문제를 처음부터 끝까지 읽으면, 다 읽고 나면 '무슨 내용이었지?' 하면서 문제를 다시 읽어야 한다.

이는 자료를 단순히 '읽었기' 때문이다. 회계학 문제는 자료가 정말 방대해서 한 번에 문제에 제시된 자료를 전부 기억할 수 없다. 따라서 앞서 말했듯이 1)문제의 요구사항을 먼저 파악한 뒤, 2)요구사항을 구하기 위해 필요한 자료를 하나씩 '찾아야' 한다.

위 내용을 종합하면 문제 풀이 순서는 다음과 같다. 회계학뿐 아니라 계산문제가 등장하는 모든 과목에 적용되는 대원칙이다.

① 문제의 마지막 부분을 먼저 봐서 요구사항을 파악한다.
② 각 패턴에 해당하는 표나 그림을 그린다.
③ (문제를 '읽지' 말고) 필요한 숫자들을 '찾아서' 표에 채워 넣는다.
④ 마지막으로, 숫자들을 계산하여 답을 구한다.

계산은 식을 다 세워놓고 가장 마지막에 하는 과정이다. 계산부터 하는 사람은 하수이다.

위 과정을 진행하는 과정에서 막힌다면 과감히 멈추고 다음 문제로 넘어가야 한다. 실전에서 문제를 풀다가 막혔을 때는 1도 고민하지 말고 바로 다음 문제로 넘어가길. 뒤에도 풀 문제는 많다. 각 단계별로 막히는 상황은 다음과 같다.

① 요구사항을 읽어도 무슨 뜻인지 모르겠는 경우
② 패턴에 해당하는 풀이법이 생각나지 않는 경우
③ 표에 채워 넣어야 할 숫자가 문제에서 보이지 않는 경우
④ 계산이 어렵거나, 계산을 했는데 보기에 답이 없는 경우

특히, ④번 내가 잘 알고 있는 주제이고, 풀 수 있더라도 계산이 오래 걸리는 문제의 경우에는 별(☆) 표시 해두고 시간이 남으면 마지막에 풀자. 복잡한 문제 1문제를 맞히는 것보다, 쉬운 문제 2문제를 푸는 것이 더 이득이다.

3. 풀고 틀리는 것보다, 안 풀고 틀리는 것이 100번 낫다.

– 문제를 보자마자 달려들지 말자. 문제는 해답까지의 길을 보고 푸는 것이다.

그동안 공부를 하면서 처음에 볼 때는 풀 수 있는 문제라고 생각했는데, 막상 풀다 보면 문제가 안 풀리는 경우를 많이 경험해 봤을 것이다. 반드시 기억하자. "풀고 틀리는 것보다, 안 풀고 틀리는 것이 100번 낫다." 어차피 틀릴 거라면, 안 풀어야 시간 낭비를 막고, 다른 문제를 맞힐 수 있기 때문이다.

풀면서 시간을 낭비하고, 결과적으로 답도 맞히지 못하는 참사를 막기 위해서는 '풀 수 있을 것 같은 착각'을 줄이는 것이 관건이다. 이 착각을 줄이는 가장 좋은 방법은 '과연 내가 답까지 도달하는 길을 아는지' 확인하는 것이다.

[2] 정오 판단형 문제 풀이 팁

정오 판단형은 '다음 중 옳은/옳지 않은 것을 고르시오.'의 형태를 가진 문제를 말한다.

1. 옳지 않은 것을 고르는 문제에서는 '않은'에 X표 치기

회계학 시험에서는 대부분이 계산문제로 나오긴 하지만, 말문제도 매년 꾸준히 나오는 편이다. 그리고 말문제의 출제 유형은 딱 두 가지이다. 옳은 것 고르기, 옳지 않은 것 고르기. 둘 중에서는 옳은 것을 고르는 문제보다는 옳지 않은 것을 고르는 문제가 훨씬 많이 출제된다. 4지 선다형인 공무원 시험에서 옳은 것을 고르는 문제에서는 3개의 틀린 선지를 만들어야 하지만, 옳지 않은 것을 고르는 문제에서는 틀린 선지를 1개만 만들면 되기 때문이다. 출제자의 입장에서 틀린 선지를 만드는 것이 여간 어려운 일이 아니다. 틀린 선지라 하더라도 변별력을 갖기 위해선 그럴듯하게 보여야 하며, 잘못 만들면 출제 오류가 될 수도 있다. 따라서 대부분의 말문제는 옳지 않은 것을 고르는 문제로 출제된다. 옳지 않은 것을 고르는 문제에서는 '않은'에 크게 X표를 쳐주자. 잘못해서 옳은 것을 고르는 문제로 착각했다면 ①번에 옳은 선지가 나왔을 때 맞다고 체크하고 넘어갈 수도 있다. X표를 쳐주는 것만으로도 실수를 줄일 수 있을 것이다.

2. 계산형 말문제는 넘기고 마지막에 풀기

말문제는 대부분 선지만 보고 판단할 수 있게 출제되지만, 계산문제로 나오는 경우가 있다. 계산문제로 나온 정오 판단형은 풀지 말고 넘기고 시간이 남으면 마지막에 돌아와서 풀자.

문제1. 다음 중 옳지 않은 것은?
① 김수석은 회계사이다.
② 김수석은 스타크래프트를 좋아한다.
③ 김수석의 키는 180을 넘는다.
④ 김수석의 키는 180을 넘지 않는다.

문제2. 다음 중 옳은 것은?
① 20X1년에 당기순이익이 ₩20,000 증가한다.
② 20X2년에 당기순이익이 ₩10,000 감소한다.
③ 20X2년말 현재 재평가잉여금 잔액은 ₩10,000이다.
④ 20X2년말 재무상태표에 보고되는 토지 금액은 ₩100,000이다.

위의 두 문제 가운데 어느 문제가 더 시간이 오래 걸릴까? 문제1과 같은 말문제는 선지만 보고 맞는지 판단하면 되지만, 문제2와 같은 계산문제는 최소한 3개는 계산해야 답을 구할 수 있다. '~은 얼마인가?'와 같은 일반 계산문제에 비해 3배는 시간이 더 걸릴 수도 있다. 이런 정오 판단형 계산문제는 나중에 풀자. 안 풀 문제를 골라내는 것도 실력이다.

3. 선지 간의 모순

정오 판단형에서 선지 간에 모순 관계가 존재해 충돌하는 경우가 있다. 다음 예제를 보자.
예제. 다음 중 옳지 않은 것은?
① 김수석은 회계사이다.
② 김수석은 스타크래프트를 좋아한다.
③ 김수석의 키는 180을 넘는다.
④ 김수석의 키는 180을 넘지 않는다.

김수석이 누군지 모르는 사람이라고 하더라도, ③번과 ④번 둘 중 하나가 답이라는 것을 알 수 있다. 두 문장이 모순이기 때문에 동시에 옳을 수는 없기 때문이다. 이처럼 선지 간의 모순 관계가 있는 경우 정답 후보를 둘로 줄일 수 있다. 답이 보이지 않는 경우 정답 확률을 조금이나마 높이기 위해서 마지막으로 쓸 수 있는 팁이다. (참고로 답은 ③번이다.)

4. 여러 개를 묻는 문제의 경우 4개의 선지가 다 다른 숫자인 항목 먼저 구하기.

예제. 각 자산의 취득원가는?　　　　　　　　　　　　　　　　국가직 9급 2019

	토지	건물	기계장치
①	₩1,350,000	₩420,000	₩230,000
②	₩1,095,000	₩630,000	₩380,000
③	₩1,095,000	₩315,000	₩162,500
④	₩1,012,500	₩315,000	₩172,500

실제로 2019년 국가직 시험에 나왔던 문제의 선지만 가져온 것이다. 토지, 건물, 기계장치 중 무엇부터 구하겠는가? 대부분의 수험생들은 앞에 있는 토지부터 구하는데, 기계장치부터 구해야 한다. 토지를 보면 ②와 ③이 ₩1,095,000으로 동일하다. 건물도 ③과 ④가 ₩315,000으로 동일하다. 이렇게 동일한 숫자가 있다면 계산을 해서 구하더라도 바로 답을 구할 수 없다. 기계장치를 보자. 4개의 선지가 모두 숫자가 다르다. 이처럼 여러 개를 묻는 문제의 경우 4개의 선지가 다 다른 숫자인 항목 먼저 구해야 한다. 이 문제는 기계장치의 금액을 바로 계산해서 답을 체크 하고 넘어갔어야 한다. 토지와 건물은 구하지 않는 문제였다.1

|01| 회계와 재무제표

|02| 복식부기 및 재무비율

|03| 개념체계

|04| 재고자산

|05| 유형자산

|06| 투자부동산

|07| 무형자산

김 용 재 코 어
공 무 원 회 계 학
재 무 회 계

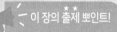 이 장의 출제 뽀인트!

① 회계의 분류
② 재무제표의 종류
③ 재무상태표와 포괄손익계산서의 표시 방법
④ 계속기업 가정
⑤ 재무제표 일반사항

1장에서는 회계의 기본적인 이론에 대해서 다룬다. 본 장에서는 말문제만 출제되므로 중요 내용들 위주로 가볍게
읽어보고 넘어가면 된다.

회계와 재무제표

CHAPTER 01 회계와 재무제표

1 회계의 분류

회계는 정보이용자에 따라 크게 재무회계와 관리회계로 나눈다.

 핵심록! 재무회계 vs 관리회계

	재무회계	관리회계
정보이용자	외부정보이용자: 주주, 채권자 등	내부정보이용자: 경영진
회계 구분	일반목적회계	특수목적회계
보고서	재무제표	특정한 양식 X

1. 외부정보이용자 (재무회계) vs 내부정보이용자 (관리회계)

(1) 재무회계: 주주, 채권자, 잠재적 투자자 등의 외부정보이용자의 경제적 의사결정에 유용한 정보를
제공하는 회계 (= 일반목적회계)

(2) 관리회계: 내부정보이용자인 경영진의 관리적 의사결정에 유용한 정보를 제공하는 회계
(= 특수목적회계)

2. 재무제표 (재무회계) vs 특정한 양식 ✕ (관리회계)

(1) 재무회계 – 재무제표: 재무회계가 표현되는 양식. (for 외부정보이용자)

(2) 관리회계 – 특정한 양식 X: (for 내부정보이용자)

보고기업의 경영진도 일반목적 재무보고서(재무제표)를 참고하긴 하지만, 필요한 재무정보를 기업
내부에서 획득할 수 있으므로 재무제표에 의존할 필요가 없다.

회계의 분류

01 일반목적재무보고에 대한 설명으로 옳지 않은 것은? 2019. 지방직 9급

① 현재 및 잠재적 투자자, 대여자 및 기타 채권자는 기업의 경영진 및 이사회가 기업의 자원을 사용하는 그들의 책임을 얼마나 효율적이고 효과적으로 이행해 왔는지에 대한 정보를 필요로 한다.

② 일반목적재무보고의 목적은 현재 및 잠재적 투자자, 대여자 및 기타 채권자가 기업에 자원을 제공하는 것에 대한 의사결정을 할 때 유용한 보고기업 재무정보를 제공하는 것이다.

③ 외부 이해관계자들과 마찬가지로 보고기업의 경영진도 해당 기업의 경영의사결정을 위해 일반목적재무보고서에 가장 많이 의존한다.

④ 재무보고서는 정확한 서술보다는 상당 부분 추정, 판단 및 모형에 근거한다.

> **● 해설**
>
> 보고기업의 경영진도 일반목적 재무보고서를 참고하지만, 필요한 재무정보를 기업 내부에서 획득할 수 있으므로 일반목적 재무보고서에 의존할 필요가 없다.
>
> 답 ③

2 한국채택국제회계기준(K-IFRS)

한국채택국제회계기준은 국제회계기준위원회에서 제정한 국제적으로 통일된 회계기준을 의미한다.

1. K-IFRS 적용의 의의

K-IFRS의 적용으로 인해 우리나라 기업의 재무제표가 해외의 정보이용자에게도 이해가능하게 되면서 재무제표의 신뢰도가 향상되었다.

2. K-IFRS의 적용 대상: 모든 기업이 적용하는 것은 아님!

우리나라는 2011년도부터 상장기업, 금융회사 등이 의무적으로 K-IFRS를 적용하기 시작했다. K-IFRS는 다른 기준에 비해 적용이 어렵기 때문에 상장회사나 금융회사 등 기장 능력이 되는 일정 규모 이상의 기업만 K-IFRS를 적용하며, 모든 기업이 K-IFRS를 적용하는 것은 아니다.

3. K-IFRS의 특징

일반기업회계기준	IFRS
개별재무제표를 주 재무제표로 함	연결재무제표를 주 재무제표로 함
취득원가 중심	공정가치 평가 확대
규칙 중심 (rule): 구체적인 세부 지침 기술	원칙 중심 (principle): 넓은 대원칙만 기술

(1) 연결재무제표를 주 재무제표로 함

연결재무제표란 투자기업이 피투자기업에 대해 '지배력'을 갖는 경우 두 기업의 재무제표를 하나로 합쳐서 만든 재무제표를 의미한다. 반대말은 개별재무제표인데, 연결재무제표를 합치기 전 각 기업의 재무제표를 의미한다. IFRS 도입 전에는 주 재무제표가 개별재무제표였지만, IFRS는 연결 재무제표를 주 재무제표로 한다. 두 기업이 법적으로는 별개의 회사이지만, 실질적으로는 하나의 회사이기 때문이다. 연결에 대한 자세한 내용은 수험범위를 넘기 때문에 생략한다.

(2) 공정가치 평가 확대

공정가치는 쉽게 말해서 '시세'라고 생각하면 된다. 지금의 가격을 의미한다. 반대말은 취득원가 인데, 과거에 산 가격을 의미한다. IFRS 도입 전에는 취득원가 중심으로 재무제표를 작성했지만, IFRS는 공정가치 평가를 확대하여 재무제표를 작성한다.

(3) 원칙 중심(principle)

원칙 중심은 넓은 의미에서의 '대원칙'이라고 이해하면 된다. IFRS는 세계적으로 적용되는 회계기준 이므로 구체적인 상황에 적용되는 세부적인 지침을 규정하는 것이 아니라, 넓은 원칙만을 서술해 놓고, 그 원칙을 벗어나지 않는 범위 내에서 회사에게 자율성을 부여한다.

반면, 기존 회계기준은 규칙 중심이었다. 영어로는 rule인데, 운동경기의 룰이라고 생각하면 된다. '축구를 할 때에는 손을 쓰면 안 된다.'라는 룰에 따라 축구경기가 이루어지듯, 기존 회계기준은 회계처리에 대해 구체적인 룰을 세부적으로 규정했었다.

3 재무제표 작성 및 감사 과정

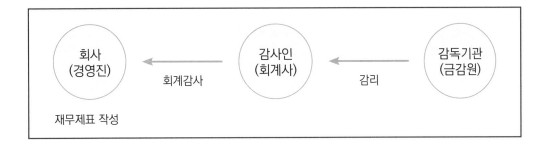

1. 경영진의 재무제표 작성

재무제표를 작성하는 것은 회사의 경영진이며, 경영진에게 재무제표의 작성 책임이 있다.

2. 외부감사인(회계사)에 의한 회계감사

(1) 회계사에 의한 회계감사: 독립된 제3자에 의한 재무제표의 적정성 확인

(2) 일정 규모 이상의 기업(외감기업)만 감사를 받으며, 모든 기업이 회계감사를 받는 것은 아님

(3) 회계사는 경영진이 작성한 재무제표를 감사하는 것이지, 재무제표를 작성하지 않는다.

전체 기업 중 일정 규모 이상의 기업만 감사를 받으며, 외감기업 중에서도 소수의 상장사 등만 IFRS를 적용한다. 모든 기업이 회계감사를 받고, IFRS를 적용하는 것은 아니라는 것을 반드시 기억하자.

3. 회계감사의 의의 및 한계

(1) 의의: 재무제표의 신뢰성 제고

(2) 한계: 재무구조의 건전성 및 투자 안전성을 담보하진 않음 (회계사는 회사가 있는 그대로만 재무제표를 작성하면 적정 의견을 표명함.)

4. 감독기관(금융감독원)의 감리

금융감독원 등의 감독기관에서 감사인이 올바르게 회계감사를 수행했는지 감리 수행

예제 **재무제표 작성 및 감사 과정**

01 「주식회사 등의 외부감사에 관한 법률」상 기업의 재무제표 작성 책임이 있는 자는?

2020. 국가직 9급

① 회사의 대표이사와 회계담당 임원(회계담당 임원이 없는 경우에는 회계업무를 집행하는 직원)
② 주주 및 채권자
③ 공인회계사   ④ 금융감독원

> ● 해설
>
> 재무제표 작성 책임이 있는 자는 경영진이다. 주주 및 채권자는 경영진이 작성한 재무정보의 이용자이며, 공인회계사(감사인)는 경영진이 작성한 재무제표가 회계기준에 의해 적정하게 작성되어 있는지 감사한다. 금융감독원은 공인회계사를 관리, 감독한다.
>
> 답 ①

02 회계정보와 관련한 설명으로 옳지 않은 것은?

① 경영자는 회계정보를 생산하여 외부 이해관계자들에게 공급하는 주체로서 회계 정보의 공급자이므로 수요자는 아니다.

② 경제의 주요 관심사는 유한한 자원을 효율적으로 사용하는 것인데, 회계정보는 우량 기업과 비우량기업을 구별하는 데 이용되어 의사결정에 도움을 준다.

③ 회계정보의 신뢰성을 확보하기 위하여 기업은 회계기준에 따라 재무제표를 작성하고, 외부감사인의 감사를 받는다.

④ 외부감사는 전문자격을 부여받은 공인회계사가 할 수 있다.

> ● **해설**
>
> 경영자는 재무제표를 작성하는 회계정보의 공급자이지만, 동시에 관리회계의 정보이용자이다. 따라서 수요자이기도 하다.
>
> 답 ①

예제 **IFRS의 특징**

03 한국채택국제회계기준의 특징과 관련된 설명 중에서 옳지 않은 것은?

① 연결재무제표를 주재무제표로 작성함으로써 개별기업의 재무제표가 보여주지 못 하는 경제적 실질을 더 잘 반영할 수 있을 것으로 기대된다.

② 「주식회사 등의 외부감사에 관한 법률」의 적용을 받는 모든 기업이 한국채택국제회계 기준을 회계기준으로 삼아 재무제표를 작성하여야 한다.

③ 과거 규정중심의 회계기준이 원칙중심의 회계기준으로 변경되었다.

④ 자산과 부채의 공정가치평가 적용이 확대되었다.

> ● **해설**
>
> ① IFRS는 연결재무제표를 주 재무제표로 한다. (O)
> ② 외부감사를 받는 모든 기업이 IFRS를 적용하는 것은 아니다. 상장기업 및 금융기업 등만 IFRS를 적용 하며, 나머지는 일반기업회계기준을 적용한다. (X)
> ③ IFRS 도입으로 규칙(rule) 중심에서 원칙(principle) 중심으로 변경되었다. 규칙 중심의 기준은 세부 적인 지침까지 타이트하게 간섭하는 기준이고, 원칙 중심의 기준은 대원칙만 제시하고, 구체적인 적용 에서는 자율성을 주는 기준이다. IFRS는 상장기업, 금융기업 등 어느 정도 기장 능력을 갖춘 기업이 적용하는 기준이므로 원칙 중심의 기준이다. (O)
> ④ IFRS는 기존 취득원가 중심에서 공정가치 평가를 확대하였다. (O)
>
> 답 ②

4 재무제표의 종류

재무제표의 종류는 공무원 시험에서 자주 출제되므로 반드시 외우자. 특히, 재무제표에 주석도 포함
된다는 것을 반드시 기억하자.

〈재무제표의 종류〉

(1) 재무상태표
(2) 포괄손익계산서
(3) 현금흐름표
(4) 자본변동표
(5) 주석

예제 **재무제표의 종류**

01 한국채택국제회계기준에 의한 재무제표의 종류가 아닌 것은? 2012. 국가직 9급

① 재무상태표 ② 포괄손익계산서
③ 현금흐름표 ④ 사업보고서

> 해설
>
> 재무제표에는 재무상태표, 포괄손익계산서, 현금흐름표, 자본변동표, 주석이 있다.
>
> 답 ④

02 재무제표에 포함되지 않은 것은? 2012. 계리사

① 이익잉여금처분계산서 ② 자본변동표
③ 현금흐름표 ④ 주석

> 해설
>
> 이익잉여금처분계산서는 재무제표에 포함되지 않는다.
>
> 답 ①

03 재무제표와 관련된 설명 중 옳은 것만을 모두 고른 것은? 2018. 관세직 9급

> ㄱ. 현금흐름표는 일정 회계기간 동안의 기업의 영업활동, 투자활동, 재무활동으로 인한 현금의 유입과
>   유출에 관한 정보를 제공한다.
> ㄴ. 재무상태표는 일정시점의 기업의 재무상태에 관한 정보를 제공한다.
> ㄷ. 자본변동표는 일정 회계기간 동안의 기업의 경영성과에 관한 정보를 제공한다.
> ㄹ. 재무제표의 작성과 표시에 대한 책임은 소유주인 주주에게 있고, 반드시 공인회계사에게 외부검토를
>   받아야 한다.
> ㅁ. 포괄손익계산서에서는 당기순손익에 기타포괄손익을 더한 총포괄손익을 나타낸다.

① ㄱ, ㄴ, ㄷ   ② ㄱ, ㄴ, ㅁ

③ ㄴ, ㄷ, ㄹ   ④ ㄷ, ㄹ, ㅁ

● **해설**

> ㄷ. 경영성과에 관한 정보를 제공하는 것은 포괄손익계산서이다. 자본변동표는 자본의 변동내역을 보여
>   준다.
> ㄹ. 재무제표 작성 책임은 주주가 아닌 경영진에게 있다. '반드시' 회계사에게 외부검토를 받는 것 또한
>   아니다. 외부감사 대상 기준을 초과하는 기업만 회계사에 의한 회계감사를 받는다.

답 ②

5 재무상태표

1. 재무상태표 항등식

$$자산 = 부채 + 자본$$
$$자본(순자산) = 자산 - 부채$$

자산은 부채와 자본의 합이다. 항등식에서 부채를 반대쪽으로 넘기면 '자산 − 부채'의 방식으로
자본을 구할 수 있다. 자본은 자산에서 부채를 뺀 나머지이므로 '순자산'이라고도 부른다.

2. 유동과 비유동 표시 방법

일반적으로 유동/비유동은 12개월을 기준으로 구분한다. 12개월 이내에 현금을 수취하거나 지급
한다면 유동항목으로 분류하고, 12개월 이후에 현금을 수취하거나 지급한다면 비유동항목으로 분

류한다. 자세한 유동/비유동 구분법은 파이널 회계학에서 설명한다. 재무상태표에 유동항목과 비유동항목을 표시하는 방법은 다음의 두 가지 방법이 있다.

(1) 유동·비유동 배열법: 유동항목과 비유동항목을 구분하여 표시하는 방법.

유동·비유동 배열법을 적용하더라도 유동항목이 반드시 먼저 표시될 필요는 없다. 비유동−유동의 순서로 표시하는 것도 가능하다.

재무상태표

㈜김수석			20X1.12.31
자산		부채	
I 유동자산	30,000	I 유동부채	14,000
현금성자산	10,000	매입채무	10,000
재고자산	20,000	미지급금	4,000
		II 비유동부채	20,000
		장기차입금	15,000
II 비유동자산	44,000	이연법인세부채	5,000
유형자산	15,000	부채 총계	34,000
무형자산	22,000	자본	
투자자산	7,000	I 납입자본	35,000
		II 이익잉여금	5,000
		자본 총계	40,000
자산 총계	74,000	부채와 자본 총계	74,000

(2) 유동성 순서 배열법: 유동성이 높은 항목부터 차례로 표시하는 방법

재무상태표

㈜김수석			20X1.12.31
자산		부채	
현금성자산	10,000	매입채무	10,000
재고자산	20,000	미지급금	4,000
유형자산	15,000	장기차입금	15,000
무형자산	22,000	이연법인세부채	5,000
투자자산	7,000	부채 총계	34,000
		자본	
		납입자본	35,000
		이익잉여금	5,000
		자본 총계	40,000
자산 총계	74,000	부채와 자본 총계	74,000

(3) 이연법인세자산, 부채: 비유동 항목으로 분류

이연법인세자산(부채)은 유동자산(부채)으로 분류하지 아니한다. 자산의 실현 시점 및 부채의 결제 시점을 결정할 수 없기 때문이다. 심화서에서 자세히 설명하겠지만, 중요한 문장이니 알아두자.

(4) 유동성 순서에 따른 표시방법이 신뢰성 있고 더욱 목적적합한 정보를 제공하는 경우를 제외하고는 자산과 부채를 유동항목과 비유동항목으로 구분하여 표시

 유동·비유동 배열법 vs 유동성 순서 배열법

유동·비유동 배열법	유동성 순서 배열법
유동항목과 비유동항목을 구분하여 표시	유동성이 높은 항목부터 차례로 표시
유동항목이 반드시 먼저 표시될 필요는 없음	
이연법인세자산, 부채: 비유동 항목으로 분류	
유동성 순서 배열법이 더욱 목적적합한 경우를 제외하고 유동·비유동 배열법 적용	

예제 **유동과 비유동 표시 방법**

01 재무상태표에 대한 설명으로 옳지 않은 것은? 2020. 국가직 7급 수정

① 기업이 재무상태표에 유동자산과 비유동자산, 그리고 유동부채와 비유동부채로 구분하여 표시하는 경우, 이연법인세자산(부채)은 유동자산(부채)으로 분류하지 아니한다.

② 유동성 순서에 따른 표시방법이 신뢰성 있고 더욱 목적적합한 정보를 제공하는 경우를 제외하고는 유동자산과 비유동자산, 유동부채와 비유동부채로 재무상태표에 구분하여 표시한다.

③ 자산과 부채를 각각 유동과 비유동으로 구분하는 경우 유동성이 큰 항목부터 배열한다.

④ 보고기간 후 12개월 이상 결제를 연기할 수 있는 무조건의 권리를 가지고 있지 않으면 유동부채로 분류한다.

● 해설

유동·비유동 배열법을 적용하더라도 '유동–비유동'의 순서로 표시할 필요는 없다. '비유동–유동'의 순서로 표시하더라도 상관없다.

① 이연법인세자산(부채)은 비유동자산(부채)으로 분류한다. (O)

② 유동성 순서 배열법이 더욱 목적적합한 경우를 제외하고는 유동·비유동 배열법을 적용한다. (O)

④ 지엽적인 내용이므로 넘어가자. 보고기간 후 12개월 이상 결제를 연기할 수 있는 '무조건의' 권리를 갖고 있어야만 비유동부채로 분류할 수 있다. 무조건의 권리를 가지고 있지 않으면 유동부채로 분류한다. (O)

目 ③

---

6 포괄손익계산서-기능별 분류와 성격별 분류

기능별 분류와 성격별 분류 가운데 더 신뢰성 있고 목적적합한 방법을 선택하여 적용 가능

1. 기능별 분류 (= 매출원가법)

(1) 정의: 비용을 매출원가, 물류원가, 관리활동원가 등으로 구분하는 방법

(2) 장점: 정보이용자에게 더욱 목적적합한 정보 제공

(3) 단점: 비용을 기능별로 배분하는 과정에서 자의적인 판단 개입 가능

(4) 기능별로 비용을 분류한 기업은 성격별 분류 정보를 추가로 주석에 공시

(5) 영업이익 표시: 기능별 분류 시 수익에서 매출원가와 판관비를 차감한 영업이익을 표시해야 함

'매출원가'가 등장했다면 기능별 분류

기능별 분류의 또 다른 이름은 '매출원가법'이다. 매출원가가 등장하면 기능별 분류이다. 매출원가에 대한 언급이 없다면 성격별 분류이다.

|기능별 포괄손익계산서 예시|

포괄손익계산서

㈜김수석	20X1.1.1부터 20X1.12.31까지	
1. 매출액		100,000
2. 매출원가		(60,000)
3. 매출총이익		40,000
4. 판매비와 관리비		
인건비	10,000	
수선비	3,000	
감가상각비	5,000	
광고선전비	2,000	(20,000)
5. 영업이익		20,000
6. 영업외손익		
이자비용	(5,000)	
유형자산처분이익	15,000	10,000
7. 법인세비용차감전순이익		30,000
8. 법인세비용		(9,000)
9. 당기순이익		21,000

2. 성격별 분류

(1) 정의: 비용을 그 성격(예 원재료의 구입, 감가상각비, 급여 등)별로 표시하는 방법

(2) 장점: 미래 현금흐름 예측에 용이

성격별 분류 시 비용을 기능별(매출원가 vs 판관비)로 재배분하지 않고, 있는 그대로 표시하기 때문에 미래 현금흐름 예측에 용이하다.

|성격별 포괄손익계산서 예시|

포괄손익계산서

㈜김수석	20X1.1.1부터 20X1.12.31까지	
1. 수익		115,000
매출액	100,000	
유형자산처분이익	15,000	
2. 비용		85,000
원재료와 소모품의 사용액	40,000	
제품과 재공품의 변동	20,000	
인건비	10,000	
수선비	3,000	
감가상각비	5,000	
광고선전비	2,000	
이자비용	5,000	
3. 법인세비용차감전순이익		30,000
4. 법인세비용		(9,000)
5. 당기순이익		21,000

김수석의 핵심 콕! 기능별 분류 vs 성격별 분류

기능별 분류(= 매출원가법)	성격별 분류
비용을 매출원가, 물류원가, 관리활동원가 등으로 구분하는 방법	비용을 그 성격 (예 원재료의 구입, 감가상각비, 급여 등)별로 표시하는 방법
더욱 목적적합한 정보를 제공	미래 현금흐름 예측에 용이
자의적인 판단 개입	
기능별 분류 시 성격별 분류 정보를 추가로 주석에 공시	

 **WHY?** 기능별 분류 시 성격별 분류를 공시하는 이유: 판단 개입

기능별 분류 시 비용을 매출원가와 판관비로 구분하는 과정에서 판단이 개입된다. 이로 인해 성격별 분류를 공시하는 것이지, 그 반대가 아님에 주의하자.

※ 주의 기업은 B/S, I/S 모두 두 가지 표시방법 가운데 선택 가능!

재무상태표의 표시방법에는 유동·비유동 배열법과 유동성 순서 배열법이 있으며, 손익계산서의 표시방법에는 기능별 분류와 성격별 분류가 있다. 기업은 손익계산서의 두 가지 표시방법 가운데 더 신뢰성 있고 목적적합한 방법을 선택하여 적용할 수 있다.

재무상태표는 유동성 순서 배열법이 더욱 목적적합한 경우를 제외하고 유동·비유동 배열법 적용한다는 규정이 있지만, 원칙적으로 두 방법 모두 허용한다. 따라서 재무상태표나 손익계산서를 '반드시 어떠한 방법으로 표시해야 한다.'라는 문장이 제시된다면 틀린 선지이다. 재무상태표와 손익계산서 모두 두 가지 방법 가운데 선택 가능하다.

예제 **기능별 분류 vs 성격별 분류**

01 ㈜한국은 포괄손익계산서에 표시되는 비용을 매출원가, 물류원가, 관리활동원가 등으로 구분하고 있다. 이는 비용항목의 구분표시 방법 중 무엇에 해당하는가? 2019. 국가직 9급

① 성격별 분류 ② 기능별 분류
③ 증분별 분류 ④ 행태별 분류

> **● 해설**
>
> 매출원가가 표시되는 비용 분류법은 기능별 분류법이다.
>
> 답 ②

02 비용의 성격별 분류와 기능별 분류에 대한 설명으로 옳은 것은? 2018. 국가직 7급

① 비용의 성격별 분류는 기능별 분류보다 재무제표 이용자에게 더욱 목적적합한 정보를 제공할 수 있다.

② 비용의 성격별 분류는 기능별 분류보다 비용을 배분하는 데 자의성과 상당한 정도의 판단이 개입될 수 있다.

③ 비용을 성격별로 분류하는 경우 비용을 기능별 분류로 배분할 필요가 없기 때문에 적용이 간단할 수 있다.

④ 비용의 기능별 분류는 성격별 분류보다 미래현금흐름을 예측하는 데 더 유용하다.

> ● 해설
>
> ① 기능별 분류가 더욱 목적적합한 정보를 제공한다.
> ② 기능별 분류가 비용 배분의 자의성과 판단이 개입된다.
> ④ 성격별 분류가 미래현금흐름 예측에 용이하다.
>
> 冒 ③

7 계속기업 가정

1. 계속기업 가정의 정의: 보고기업이 예측가능한 미래에 영업을 계속할 것이라는 가정

2. 계속기업 가정: 재무제표 작성의 기본 전제

경영진이 기업을 청산하거나 경영활동을 중단할 의도를 가지고 있는 경우가 아니면 계속기업을 전제로 재무제표를 작성한다.

3. 경영진에 의한 계속기업 가정 평가

경영진은 재무제표를 작성할 때 계속기업으로서의 존속가능성을 평가해야 한다. 계속기업의 가정이 적절한지의 여부를 평가할 때 경영진은 적어도 보고기간말로부터 향후 12개월 기간에 대하여 이용 가능한 모든 정보를 고려한다.

4. 계속기업 관련 중요한 불확실성

(1) 계속기업으로서의 존속능력에 대한 중요한 불확실성을 알게 된 경우 경영진은 그러한 불확실성을 공시해야 한다.

(2) 재무제표가 계속기업의 기준하에 작성되지 않는 경우에는 그 사실과 함께 재무제표가 작성된 기준 및 그 기업을 계속기업으로 보지 않는 이유를 공시하여야 한다.

공시해야 할 세 가지(사실, 기준, 이유)를 '사기이'로 외우자.

예제   **계속기업 가정**

01 재무제표 표시에 제시된 계속기업에 대한 설명으로 옳지 않은 것은?   2020. 지방직 9급

① 경영진은 재무제표를 작성할 때, 계속기업으로서의 존속가능성을 평가하지 않는다.

② 경영진이 기업을 청산하거나 경영활동을 중단할 의도를 가지고 있지 않거나, 청산 또는 경영활동의 중단 외에 다른 현실적 대안이 없는 경우가 아니면 계속기업을 전제로 재무제표를 작성한다.

③ 계속기업으로서의 존속능력에 유의적인 의문이 제기될 수 있는 사건이나 상황과 관련된 중요한 불확실성을 알게 된 경우, 경영진은 그러한 불확실성을 공시하여야 한다.

④ 재무제표가 계속기업의 기준하에 작성되지 않는 경우에는 그 사실과 함께 재무제표가 작성된 기준 및 그 기업을 계속기업으로 보지 않는 이유를 공시하여야 한다.

> **● 해설**
> 경영진은 재무제표 작성 시, 계속기업으로서의 존속가능성을 평가해야 한다.
>
> 답 ①

8 재무제표 일반사항

1. 특별손익: 구분표시 불가! ★중요!

수익과 비용의 어느 항목도 당기손익과 기타포괄손익을 표시하는 보고서 또는 주석에 특별손익 항목으로 표시할 수 없다. '특별손익을 구분 표시할 수 있다.'와 같이 틀린 선지로 자주 출제되니 반드시 기억하자.

2. 부적절한 회계정책

부적절한 회계정책은 이에 대하여 공시나 주석 또는 보충 자료를 통해 설명하더라도 정당화될 수 없다.

 꿀팁! 특별손익, 부적절한 회계정책은 불가능!

> 한국채택국제회계기준에서는 특별손익 항목을 포괄손익계산서에 구분 표시할 수 없다. 부적절한 회계정책은 설명하더라도 정당화될 수 없다. 둘을 묶어서 '특별손익, 부적절한 회계정책은 불가능!'이라고 같이 기억하면 쉽다.

3. 구분과 통합 표시

(1) 유사한 항목은 중요성 분류에 따라 재무제표에 구분 표시

(2) 상이한 성격이나 기능을 가진 항목은 구분 표시. 다만 중요하지 않은 항목은 성격이나 기능이 유사한 항목과 통합 표시 가능

중요하지 않은 것은 통합 표시 '가능'하다. 통합 표시하는 경우 신뢰성이 저해되기 때문에 강제하는 것이 아니라 하고 싶으면 하라고 허용한 것이다.

4. 상계

(1) 기준서에서 요구하거나 허용하지 않는 한 **자산과 부채, 수익과 비용 상계 X**

금액을 상계하여 표시할 경우 정보이용자가 필요한 정보를 정확하게 알 수 없으므로, 기준서에서 상계를 엄격히 제한한다. 상계는 기준서에서 허용하는 범위 내에서 가능하다.

(2) 단, 재고자산에 대한 재고자산평가충당금과 매출채권에 대한 대손충당금과 같은 평가충당금을 차감하여 관련 자산을 순액으로 측정하는 것은 상계표시에 해당 X★ 중요!

평가충당금 순액 측정은 상계에 해당하지 않으므로 기준서에서 허용한다. 기준서에서 허용하기 때문에 우리가 재고자산평가충당금과 대손충당금을 배우는 것이다. 자주 출제되었던 문장이므로 꼭 기억하자.

5. 발생기준: 기업은 현금흐름 정보를 제외하고는 **발생기준 회계를 사용하여 재무제표 작성**
★중요!

'모든 재무제표는 발생기준을 적용한다'라고 제시되면 틀린 문장이다. 현금흐름표는 현금주의를 적용하기 때문이다. 맞는 문장으로도, 틀린 문장으로도 자주 출제되는 문장이므로 기억해두자.

예제 **재무제표 일반사항**

01 상품매매기업이 비용의 기능별 분류법에 따라 단일의 포괄손익계산서를 작성하는 경우 최소한 표시해야 할 항목이 아닌 것은?
2014. 국가직 9급

① 법인세비용   ② 매출원가

③ 금융원가   ④ 특별손실

> ● 해설
>
> IFRS에서 특별손익은 손익계산서에 구분 표시할 수 없도록 규정하고 있다.
>
> 답 ④

02 재무제표의 작성 및 표시에 대한 설명으로 옳은 것은? 2016. 서울시 7급

① 재무상태표 상 자산과 부채는 반드시 유동성 순서에 따라 표시한다.

② 한국채택국제회계기준은 재무제표 및 연차보고서 작성 시 반드시 적용되어야 한다.

③ 매출채권에서 대손충당금을 차감하여 매출채권을 순액으로 표시하는 것은 상계표시에 해당한다.

④ 수익과 비용 어느 항목도 포괄손익계산서상에 특별손익으로 구분하여 표시할 수 없으며, 주석으로 표시하는 것도 금지하고 있다.

> ● 해설
>
> ① 유동성 순서 배열법이 더욱 목적적합한 경우를 제외하고는 원칙적으로 유동·비유동 배열법을 적용한다. 반드시 어떤 방법을 써야 하는 것은 아니다.
> ② IFRS는 일부 상장사 및 금융기관 등에서 적용하는 것이며, IFRS를 적용하지 않는 기업이 대부분이다.
> ③ 매출채권-대손충당금 순액 표시는 IFRS에서 규정하는 상계에 해당하지 않는다.
>
> 目 ④

03 재무제표의 표시에 대한 설명으로 가장 옳은 것은? 2019. 서울시 7급

① 유동성 순서에 따른 표시방법이 신뢰성 있고 더욱 목적적합한 정보를 제공하는 경우를 제외하고는 자산과 부채를 유동항목과 비유동항목으로 구분하여 재무상태표에 표시한다.

② 부적절한 회계정책을 적용할 경우 공시나 주석 또는 보충자료를 통해 설명한다면 정당하다.

③ 기업은 발생기준 회계를 사용하여 모든 재무제표를 작성한다.

④ 수익과 비용의 특별손익 항목은 주석에 표시한다.

> ● 해설
>
> ② 부적절한 회계정책은 설명을 통해서도 정당화되지 않는다.
> ③ 현금흐름표에 대해서는 현금기준을 적용한다.
> ④ 특별손익은 표시하지 않는다.
>
> 目 ①

04 재무제표 작성 및 표시에 대한 설명으로 옳지 않은 것은? 2017. 관세직 9급

① 경영진은 재무제표를 작성할 때 계속기업으로서의 존속가능성을 평가해야 한다.

② 기업은 현금흐름 정보를 제외하고는 발생기준 회계를 사용하여 재무제표를 작성한다.

③ 중요하지 않은 항목은 성격이나 기능이 유사한 항목과 통합하여 표시할 수 있다.

④ 매출채권에 대해 대손충당금을 차감하여 순액으로 측정하는 것은 상계표시에 해당한다.

> ● 해설
>
> 대손충당금 순액 측정은 상계에 해당하지 않는다.
>
> 답 ④

05 재무제표 작성과 관련된 설명으로 옳은 것은? 2016. 국가직 9급

① 기업의 재무제표는 발생기준 회계만을 사용하여 작성하며, 현금기준 회계는 사용하지 않는다.

② 포괄손익계산서 상의 비용은 성격별 분류법과 기능별 분류법 중에서 매출원가를 다른 비용과 분리하여 공시하는 기능별 분류법만으로 표시해야 한다.

③ 재무제표 표시에 있어 반드시 유사한 항목은 통합하고, 상이한 성격이나 기능을 가진 항목은 구분하여 표시하여야 한다.

④ 한국채택국제회계기준에서 요구하거나 허용하지 않는 한 자산과 부채 그리고 수익과 비용은 상계처리하지 아니한다.

> ● 해설
>
> ① 재무제표 중 현금흐름표는 현금기준 회계를 사용한다.
> ② 기업은 성격별 분류법과 기능별 분류법 중 선택하여 비용을 표시할 수 있다.
> ③ 상이한 항목을 구분하는 것과 달리 유사한 항목을 통합하는 것은 강제가 아닌 선택 사항이다.
>
> 답 ④

본 장에서는 회계원리에서 배웠던 재무제표 작성 과정과 관련된 내용과 함께 재무비율을 배울 것이다. 재무제표 작성 과정을 알아야 본 장의 내용을 쉽게 이해할 수 있으므로, 아직 재무제표 작성 과정을 잘 숙지하고 있지 않다면 회계원리를 복습하고 본 장을 학습하자.

복식부기 및 재무비율

02 복식부기 및 재무비율

1 회계상의 거래

: 단순 계약은 거래가 아니다!

회계상의 거래로 인식하기 위해서는 회사의 자산 및 부채에 영향을 미쳐야 한다. 계약을 체결한 것만으로는 거래가 아니다. 공무원 회계학에서 회계상의 거래가 아닌 것을 고르는 문제가 종종 출제되었는데, 대부분 계약을 체결한 선지가 답이었다.

> ※ 주의 회계상의 거래는 현금 수수와 무관!

회계는 발생주의를 기본으로 하기 때문에 현금흐름이 없었더라도 회계상 거래에 해당할 수 있다. 다음의 거래들은 현금흐름이 없지만 회계상의 거래에 해당한다.

계약 체결: 거래 X	현금흐름은 없지만 거래 O
근로 계약 구입/판매 계약 담보 설정 계약	화재로 인한 건물, 상품 등의 소실 매입대금, 인건비 등의 미지급 판매대금, 이자수익 등의 미수령

> 예제 **회계상의 거래**

01 회계상의 거래에 포함될 수 없는 것은? 2010. 국가직 9급

① 장부가액이 ₩2,500,000인 건물이 화재로 인해 전소되었다.
② 상품을 판매하고 아직 대금을 받지 않았다.
③ 원료 공급회사와 100톤의 원재료를 ₩1,000,000에 구입하기로 계약을 체결하였다.
④ 기계장치를 구입하여 인도받았으나 아직 대금을 지급하지 않았다.

> ● 해설
>
> 계약의 체결은 회계상의 거래가 아니다. 계약 체결은 자산 및 부채의 변동을 가져오지 않으며, 대금을 지급하거나 계약이 이행될 때 회계상의 거래로 인식한다.
>
> 답 ③

02 다음 사건에서 발생시점에 분개하여야 할 회계거래는? 2019. 관세직 9급

① 제품포장을 위해 계약직 직원을 일당 ₩100,000의 조건으로 매월 말 급여를 지급하기로 하고 채용하였다.

② 물류창고에서 화재가 발생하여 보유 중인 재고자산(장부가액 ₩2,000,000)이 전부 소실되었다.

③ 거래처로부터 신제품 100개를 개당 ₩1,000의 조건으로 월말까지 납품해 달라는 주문서를 받았다.

④ 다음 달 사무실을 이전하기로 하고 매월 말 ₩1,000,000의 임차료를 지급하는 계약을 건물주와 체결하였다.

● 해설

①, ③, ④는 전부 계약체결이다. 실물(현금, 자산, 용역 등)이 이전되어야 거래로 인식하지, 계약체결만으로는 거래로 인식하지 않는다.

답 ②

03 다음은 기업에서 발생한 사건들을 나열한 것이다. 이 중 회계상의 거래에 해당되는 것을 모두 고른 것은? 2012. 지방직 9급

ㄱ. 현금 ₩50,000,000을 출자하여 회사를 설립하였다.
ㄴ. 원재료 ₩30,000,000을 구입하기로 계약서에 날인하였다.
ㄷ. 종업원 3명을 고용하기로 하고 근로계약서를 작성하였다. 계약서에는 월급여액과 상여금액을 합하여 1인당 ₩2,000,000으로 책정하였다.
ㄹ. 회사 사무실 임대계약을 하고 보증금 ₩100,000,000을 송금하였다.

① ㄱ, ㄴ, ㄷ, ㄹ
② ㄱ, ㄴ, ㄹ
③ ㄱ, ㄹ
④ ㄴ, ㄷ

● 해설

ㄴ, ㄷ. 계약은 회계상의 거래가 아니다.

답 ③

04 회계상 거래로 파악될 수 있는 내용으로 옳지 않은 것은? 2011. 국가직 7급

① ㈜창업은 손실처리하였던 ₩500,000,000의 매출채권 중 ₩100,000,000을 채권추심기관을 통하여 회수하였다.

② ㈜창업은 당해연도 말 은행차입금에 대한 만기를 5년간 더 연장하는 것에 대하여 은행측 승인을 받았다.

③ ㈜창업은 보관 중인 자재에 대한 재고조사에서 도난으로 인해 장부상의 금액보다 ₩500,000,000에 해당되는 재고자산이 부족한 것을 확인하였다.

④ ㈜창업은 제품전시회를 통하여 외국바이어와 ₩1,000,000,000의 수출판매계약과 함께 현지 대리점개설을 위한 양해각서(MOU)를 교환하였다.

● **해설**

② 만기 연장은 부채의 현재가치를 줄이므로 회계상 거래로 인식할 수 있다. (부채 / 이익)
④ 수출판매'계약'은 거래에 해당하지 않는다.

답 ④

2 재무제표 작성 과정

1. 회계처리	(차) 현금	✕✕✕	(대) 건물	✕✕✕
2. 총계정원장	현금			
	건물	✕✕✕		
3. 시산표	시산표			
	자산	✕✕✕	부채	✕✕✕
	비용	✕✕✕	자본	✕✕✕
			수익	✕✕✕
4. 손익 마감	(차) 수익	✕✕✕	(대) 비용	✕✕✕
			(대) 집합손익	✕✕✕
	(차) 집합손익	✕✕✕	(대) 이익잉여금	✕✕✕
5. 재무제표	포괄손익계산서			
	수익			✕✕✕
	비용			(✕✕✕)
	당기순이익			✕✕✕
	재무상태표			
	자산	✕✕✕	부채	✕✕✕
			자본	✕✕✕

02

회계처리부터 재무제표 작성까지의 재무제표 작성 과정을 표로 요약해보았다. 객관식인 공무원 회계학 시험 특성상 총계정원장, 시산표 및 재무제표를 작성해 보라는 문제는 출제되지 않는다. 대부분의 문제는 1단계인 회계처리 수준에서 출제된다. 회계원리에서 배운 재무제표 작성 과정은 전반적인 흐름을 이해하는 정도로 넘어가고, 앞으로 배울 각 계정별 회계처리에 집중하자.

예제 **재무제표 작성 과정-회계처리**

01 교육컨설팅업을 영위하는 ㈜한국의 다음 거래가 회계등식의 구성요소에 미치는 영향으로 옳지 않은 것은?

2022. 관세직 9급

① 주식발행의 대가로 현금 ₩10,000을 출자받았다. 이 거래로 인해 자산이 ₩10,000 증가하고, 자본이 ₩10,000 증가한다.

② 사무실에 사용할 비품 ₩10,000을 취득하면서 현금 ₩5,000을 지급하고 잔액은 나중에 지급하기로 하였다. 이 거래로 인해 자산이 ₩5,000 증가하고, 부채가 ₩5,000 증가한다.

③ 교육컨설팅 용역을 ₩10,000에 제공하였는데 이 중 ₩3,000은 현금으로 받고 잔액은 나중에 받기로 하였다. 이 거래로 인해 자산이 ₩10,000 증가하고, 자본이 ₩10,000 증가한다.

④ 사무실 임차료 ₩5,000을 현금으로 지급하였다. 이 거래로 인해 부채가 ₩5,000 증가하고, 자본이 ₩5,000 감소한다.

● 해설

④ 임차료를 현금으로 지급하였으므로 부채는 증가하지 않는다.

|회계처리|

①	(차)	현금	10,000	(대)	자본금&주발초	10,000
②	(차)	비품	10,000	(대)	현금 미지급금	5,000 5,000
③	(차)	현금 매출채권	3,000 7,000	(대)	매출	10,000
④	(차)	임차료	5,000	(대)	현금	5,000

目 ④

예제 재무제표 작성 과정 - 계정별 원장

02 다음은 ㈜한국의 임차료와 지급어음의 장부마감 전 계정별 원장이다. 장부 마감 시 각 계정별 원장에 기입할 내용으로 옳은 것은?

2016. 관세직 9급

임차료				지급어음	
현금	₩50,000	선급비용	₩40,000		외상매입금 ₩50,000

① 임차료계정 원장의 차변에 차기이월 ₩10,000으로 마감한다.
② 임차료계정 원장의 대변에 집합손익 ₩10,000으로 마감한다.
③ 지급어음계정 원장의 대변에 차기이월 ₩50,000으로 마감한다.
④ 지급어음계정 원장의 차변에 집합손익 ₩50,000으로 마감한다.

● 해설

임차료				지급어음	
현금	₩50,000	선급비용	₩40,000		외상매입금 ₩50,000
		집합손익	₩10,000	차기이월 ₩50,000	

- 손익계정은 집합손익으로, 재무상태표 계정은 차기이월로 마감된다.
- 마감 계정은 대차를 맞추는 곳에 표시해야 한다.
- 임차료계정은 대변에 집합손익으로 마감하며, 지급어음계정은 차변에 차기이월로 마감해야 한다.

답 ②

03 다음과 같은 현금 원장의 내용에 기반하여 추정한 날짜별 거래로 옳지 않은 것은?

2021. 관세직 9급

현금					
1/15	용역수익	70,000	1/2	소모품	50,000
1/18	차입금	100,000	1/5	비품	75,000
			1/31	미지급급여	20,000

① 1월 2일 소모품 구입을 위하여 현금 ₩50,000을 지급하였다.

② 1월 15일 용역을 제공하고 현금 ₩70,000을 수취하였다.

③ 1월 18일 차입금 상환을 위하여 현금 ₩100,000을 지급하였다.

④ 1월 31일 미지급급여 ₩20,000을 현금으로 지급하였다.

> ● 해설
>
> 원장에는 계정의 증감과 함께 적요를 적는다. 현금(자산) 원장이므로 차변에 기록된 내용은 증가 내역을, 대변에 기록된 내용은 감소 내역을 의미한다. 1/18에 차입금을 상환한 것이 아니라, 차입금을 차입하면서 현금을 수취한 것이다.
>
> 답 ③

예제 **재무제표 작성 과정 - 시산표**

04 ㈜한국의 수정후시산표상 자산, 부채, 수익, 비용, 자본금 금액이 다음과 같을 때, 기초이익 잉여금은?

2021. 국가직 9급

계정과목	금액	계정과목	금액
매출	₩120,000	현금	₩130,000
매출원가	₩100,000	재고자산	₩200,000
급여	₩50,000	매입채무	₩170,000
선급비용	₩70,000	미지급금	₩50,000
미지급비용	₩80,000	미수수익	₩50,000
자본금	₩40,000	기초이익잉여금	?

① ₩40,000

② ₩110,000

③ ₩140,000

④ ₩300,000

● 해설

문제에 제시된 자료는 '수정후시산표상' 자료이다. 따라서 각 계정을 대차에 정확하게 배치하면 대차가 일치해야 한다.

문제에서는 여러가지 자본요소 중에서 '자본금'만 제시하였으므로, 문제에서 제시하지 않은 기초이익잉여금을 채우면 대차가 일치한다.

매출원가	100,000	매출	120,000
급여	50,000	미지급비용	80,000
선급비용	70,000	자본금	40,000
현금	130,000	매입채무	170,000
재고자산	200,000	미지급금	50,000
미수수익	50,000	이익잉여금	140,000
계	600,000	계	600,000

답 ③

3 시산표의 작성으로 발견할 수 있는 오류: 대차가 일치하지 않는 오류!

검증 가능(대차 불일치)	검증 불가(대차 일치)
(1) 한 변만 전기를 누락 (2) 한 변에만 분개 (3) 한 변만 금액이 틀림	(1) 하나의 거래를 두 번 기록 (2) 잘못된 계정과목으로 기록 (3) 실제 금액과는 다르지만, 양변에 같은 금액을 기록 (4) 대차를 서로 반대로 기록

현금 10,000을 지급하고 건물을 구입한 경우 회계처리는 다음과 같다.

(차) 건물   10,000   (대) 현금   10,000

건물 10,000 증가, 현금 10,000 감소를 총계정원장에 다음과 같이 전기한다.

현금			건물		
	건물	10,000	현금	10,000	

1. 검증 가능한 오류(대차 불일치)

(1) 한 변만 전기 누락

현금			건물	
건물	10,000			

(2) 한 변에만 분개

현금			건물	
건물	10,000		현금	10,000

(3) 한 변만 금액 틀림

현금			건물	
건물	10,000	현금	20,000	

위처럼 대차가 일치하지 않는 경우 시산표를 통해 오류를 발견할 수 있다. 대차가 불일치하기 위해서는 한 변은 오류가 없고, 한 변에만 오류가 있어야 한다.

2. 검증 불가능한 오류(대차 일치)

(1) 하나의 거래를 두 번 기록

현금		건물	
건물	10,000	현금	10,000
건물	10,000	현금	10,000

(2) 잘못된 계정과목으로 기록

현금		상품	
상품	10,000	현금	10,000

(3) 실제 금액과 다르지만, 양변에 같은 금액 기록

현금		건물	
건물	20,000	현금	20,000

(4) 대차를 서로 반대로 기록

현금			건물	
건물	10,000			현금	10,000

위의 사례들은 모두 오류이다. 하지만 양변 모두 오류가 있어서 대차가 일치한다. 이처럼 대차가 일치하는 경우에는 오류가 있더라도 시산표를 통해 오류를 발견할 수 없다.

시산표의 작성으로 발견할 수 있는 오류

01 시산표를 작성함으로써 발견할 수 있는 오류는?　　　　　　　　2015. 국가직 9급

① 상품을 판매한 거래에 대하여 두 번 분개한 경우

② 거래를 분개함에 있어서 차입금 계정의 차변에 기록하여야 하는데 대여금 계정의 차변에 기록한 경우

③ 실제 거래한 금액과 다르게 대변과 차변에 동일한 금액을 전기한 경우

④ 매출채권 계정의 차변에 전기해야 하는데 대변으로 전기한 경우

> ● **해설**
>
> ① 같은 거래를 두 번 분개하더라도 대차는 일치한다.
> ② 계정을 잘못 적었더라도 같은 변에 기록했으므로 대차는 일치한다.
> ③ 실제 금액과 다르더라도 양변에 같은 금액을 적었다면 대차는 일치한다.
> ④ 전기를 반대 변에 적은 경우 대차는 일치하지 않는다.
>
> 답 ④

02 시산표의 작성을 통해서 발견할 수 있는 오류는?　　　　　　　　2011. 국가직 9급

① 비품 ₩100,000을 현금으로 구입하면서 비품계정에 ₩100,000 차기하고, 현금 계정에 ₩100,000 대기하는 기록을 두 번 반복하였다.

② 매입채무 ₩200,000을 현금으로 지급하면서 현금계정에 ₩100,000 대기하고, 매입 채무계정에 ₩100,000 차기하였다.

③ 매출채권 ₩100,000을 현금으로 회수하면서 매출채권계정에 ₩100,000 차기하고, 현금계정에 ₩100,000 대기하였다.

④ 대여금 ₩100,000을 현금으로 회수하면서 현금계정에 ₩100,000 차기하고, 대여금 계정에 ₩200,000 대기하였다.

> ● **해설**
>
> ① 같은 거래를 두 번 분개하더라도 대차는 일치한다.
> ② 실제 금액과 다르더라도 양변에 같은 금액을 적었다면 대차는 일치한다.
> ③ '양변 모두' 반대 변에 적은 경우 대차는 일치한다.
> ④ 한 변만 금액을 잘못 적은 경우 대차는 일치하지 않는다.
>
> 답 ④

03 시산표에 의해 발견되지 않는 오류는?

2012. 지방직 9급

① 매출채권 ₩720,000을 회수하고, 현금계정 ₩720,000을 차변 기입하고, 매출채권 계정 ₩702,000을 대변 기입하다.

② 매출채권 ₩300,000을 회수하고, 현금계정 ₩300,000을 차변 기입하고, 매출채권 계정 ₩300,000을 차변 기입하다.

③ 매출채권 ₩550,000을 회수하고, 현금계정 ₩550,000을 차변 기입하고, 매출채권 계정 대신 매입채무계정에 ₩550,000을 대변 기입하다.

④ 위 모든 오류가 시산표를 작성하는 과정에서 발견될 수 있다.

● **해설**

① 한 변만 금액을 잘못 적은 경우 대차는 일치하지 않는다.
② 한 변에만 금액을 적은 경우 대차는 일치하지 않는다.
③ 계정을 잘못 적었더라도 올바른 변에 기록했으므로 대차는 일치한다.

답 ③

---

04 다음의 분개장 기록 내역 중 시산표 작성을 통해 항상 자동으로 발견되는 오류만을 모두 고르면?

2021. 국가직 9급

ㄱ. 기계장치를 ₩800,000에 처분하고, '(차)현금 ₩800,000/(대)기계장치 ₩80,000'으로 분개하였다.
ㄴ. 건물을 ₩600,000에 처분하고, '(차)현금 ₩600,000/(대)토지 ₩600,000'으로 분개하였다.
ㄷ. 토지를 ₩300,000에 처분하고, '(차)토지 ₩300,000/(대)현금 ₩300,000'으로 분개하였다.
ㄹ. 신입사원과 월 ₩500,000에 고용계약을 체결하고, '(차)급여 ₩500,000/(대)미지급비용 ₩500,000'으로 분개하였다.

① ㄱ
② ㄱ, ㄹ
③ ㄱ, ㄴ, ㄷ
④ ㄱ, ㄴ, ㄷ, ㄹ

● **해설**

요구사항을 잘 읽었어야 하는 문제이다. 문제에서는 '시산표 작성을 통해 발견되는 오류'를 물었다. 대차가 일치하지 않는 오류가 답이다. 따라서 어떤 회계처리인지 살펴볼 필요 없이, 대차가 일치하지 않는 ㄱ이 답이다.

답 ①

4 재무비율

서술의 편의상 재무비율을 세 가지로 구분하였다. 각 비율들이 어느 비율에 해당하는지는 전혀 중요하지 않으며, 식을 외워서 계산만 할 줄 알면 된다. 공무원 회계학에 자주 출제되는 비율들을 굵은 글씨로 표시하였으니, 더 유의해서 보자.

안전성 비율	(1) 유동비율	유동자산/유동부채
	(2) 당좌비율	당좌자산/유동부채 (당좌자산 = 유동자산 – 재고자산)
	(3) 부채비율	부채/자본
	(4) 이자보상비율	영업이익/이자비용
수익성 비율	(1) 매출액순이익률	당기순이익/매출액
	(2) 총자산이익률	당기순이익/평균 자산
	(3) 자기자본이익률	당기순이익/평균 자기자본
활동성 비율	(1) 총자산회전율	매출액/평균 자산
	(2) 매출채권회전율	매출액/평균 매출채권
	(3) 재고자산회전율	매출원가/평균 재고자산
	(4) 매입채무회전율	매입액/평균 매입채무

1. 유동항목 vs 비유동항목

(1) 일반적 기준: 1년보다 짧으면 유동, 1년보다 길면 비유동

(2) 문제 풀이 시

- 계정과목으로 구분하므로 아래 계정과목별 구분을 기억할 것
- 발생주의 계정들(~수익, ~비용으로 끝나는 계정)은 전부 유동항목으로 분류

|계정과목별 유동, 비유동 구분|

		유동 항목		비유동 항목
자산	재고자산	상품, 제품, 원재료 등	유, 무형자산	토지, 건물, 개발비 등
	당좌자산	재고자산을 제외한 유동자산 • 현금, 매출채권, 미수수익, 선급비용 등	투자자산	투자부동산, 금융자산 등
			기타 비유동자산	당좌개설보증금, 임차보증금, 이연법인세자산 등
부채	유동부채	매입채무, 선수수익, 미지급비용, 단기차입금, 유동성장기부채 등	비유동부채	장기차입금, 사채, 이연법인세 부채 등

2. 재무비율 계산문제 풀이방법 ★중요!

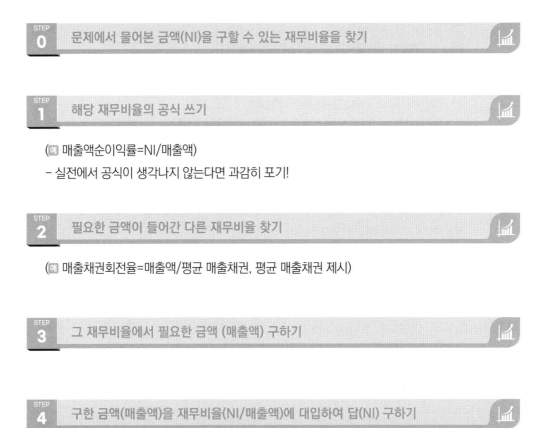

STEP 0 문제에서 물어본 금액(NI)을 구할 수 있는 재무비율을 찾기

STEP 1 해당 재무비율의 공식 쓰기

(예 매출액순이익률=NI/매출액)
– 실전에서 공식이 생각나지 않는다면 과감히 포기!

STEP 2 필요한 금액이 들어간 다른 재무비율 찾기

(예 매출채권회전율=매출액/평균 매출채권, 평균 매출채권 제시)

STEP 3 그 재무비율에서 필요한 금액 (매출액) 구하기

STEP 4 구한 금액(매출액)을 재무비율(NI/매출액)에 대입하여 답(NI) 구하기

예제 재무비율 계산문제

01 다음 자료를 토대로 계산한 ㈜한국의 당기순이익은?   2016. 국가직 9급

• 평균총자산액	₩3,000
• 부채비율 (= 부채/자본)	200%
• 매출액순이익률	20%
• 총자산회전율 (평균총자산 기준)	0.5회

① ₩100   ② ₩200

③ ₩300   ④ ₩400

● 해설

Step 1. 구하고자 하는 금액이 들어간 다른 재무비율 찾기

(1) 매출액순이익률 = NI/매출액

  • 문제에서 매출액을 제시하지 않았으므로 매출액이 들어간 다른 재무비율을 찾는다.

(2) 총자산회전율 = 매출액/평균총자산 = 0.5회

  • 평균총자산이 3,000이므로, 매출액 = 3,000 × 0.5 = 1,500

Step 2. 그 재무비율에서 필요한 금액 (A) 구하기

매출액순이익률의 매출액에 1,500을 대입하면

• NI/1,500 = 20%

• NI = 1,500 × 20% = 300

본 문제에서 부채비율은 사용되지 않는다.

답 ③

---

02 ㈜한국의 2013년도 자료가 다음과 같을 때, ㈜한국의 2013년도 자기자본순이익률(ROE = 당기순이익 ÷ 자기자본)은? (단, 기타포괄손익은 없다고 가정한다) 2014. 관세직 9급

> • 자산총액:₩2,000억 (배당으로 인해 기초와 기말 금액이 동일함)
> • 매출액순이익률: 10%
> • 총자산회전율: 0.5
> • 부채비율(= 부채 ÷ 자기자본) : 300%

① 5%　　　　　　② 10%　　　　　　③ 15%　　　　　　④ 20%

● **해설**

Step 1. 문제에서 물어본 재무비율의 공식 쓰기
자기자본이익률 = 당기순이익/자기자본
문제에서 당기순이익과 자기자본 둘 다 제시하지 않았으므로 각각 구해야 된다.

1. 당기순이익
Step 2. 구하고자 하는 금액이 들어간 다른 재무비율 찾기
매출액순이익률 = NI/매출액
• 문제에서 매출액을 제시하지 않았으므로 매출액이 들어간 다른 재무비율을 찾는다.
  – 총자산회전율 = 매출액/평균총자산 = 0.5회
• 평균총자산이 2,000억이므로, 매출액 = 2,000억 × 0.5 = 1,000억

Step 3. 그 재무비율에서 필요한 금액 구하기
매출액을 매출액순이익률에 대입하면
• NI/1,000억 = 10%
• NI = 1,000억 × 10% = 100억

2. 자기자본
Step 2. 구하고자 하는 금액이 들어간 다른 재무비율 찾기
부채비율 = 부채/자본

Step 3. 그 재무비율에서 필요한 금액 구하기

	B/S		
자산 (4)	2,000억	부채 (3)	1,500억
		자본 (1)	500억

부채비율이 300%이므로 부채를 3, 자본을 1이라고 보자. 문제에서 자산총액이 2,000억이라고 제시했기 때문에 자본은 500억이다.

Step 4. 구한 금액(A)을 문제에서 물어본 재무비율에 대입하기
자기자본이익률 = 당기순이익/자기자본 = 100억/500억 = 20%

답 ④

03 아래 표는 (가)~(라) 기업들의 2009회계연도 자산총액(평균)과 재무비율의 일부이다. 2009회계연도의 당기순이익이 가장 큰 기업은?

2010. 국가직 9급

기업	자산총액(평균)	매출액순이익률	총자산회전율
가	₩100,000	40%	1회
나	200,000	30%	2회
다	300,000	20%	3회
라	400,000	10%	4회

① 가   ② 나
③ 다   ④ 라

● **해설**

1. 구하고자 하는 금액이 들어간 다른 재무비율 찾기

매출액순이익률 = NI/매출액

• 문제에서 매출액을 제시하지 않았으므로 매출액이 들어간 다른 재무비율을 찾는다.

총자산회전율 = 매출액/평균총자산

2. 기업 가~라까지 네 기업의 당기순이익을 구해야 하므로 당기순이익을 식으로 표시해보자.

• 매출액 = 평균총자산 × 총자산회전율,

이를 매출액순이익률 공식에 대입하면

• 매출액순이익률 = NI/평균총자산 × 총자산회전율,

• NI = 평균총자산 × 매출액순이익률 × 총자산회전율

기업	당기순이익 = 평균총자산 × 매출액순이익률 × 총자산회전율
가	100,000 × 40% × 1회 = 40,000
나	200,000 × 30% × 2회 = 120,000
다	300,000 × 20% × 3회 = 180,000
라	400,000 × 10% × 4회 = 160,000

답 ③

04 다음의 20X1년 재무정보를 이용한 매출총이익은? (단, 회전율 계산시 기초와 기말의 평균 값을 이용한다) 2021. 지방직 9급

• 매출채권회전율	10회	• 재고자산회전율(매출원가 기준)	6회
• 기초매출채권	₩600	• 기초재고자산	₩500
• 기말매출채권	₩400	• 기말재고자산	₩700

① ₩1,000 　　　　　　　　　② ₩1,400

③ ₩1,900 　　　　　　　　　④ ₩2,200

● 해설

매출총이익 = 매출액 − 매출원가 = 5,000 − 3,600 = 1,400

(1) 매출액
- 매출채권회전율: 매출액/평균 매출채권 = 10회
- 평균 매출채권: (600 + 400)/2 = 500
- 매출액: 500 × 10회 = 5,000

(2) 매출원가
- 재고자산회전율: 매출원가/평균 재고자산 = 6회
- 평균 재고자산: (500 + 700)/2 = 600
- 매출원가: 600 × 6회 = 3,600

답 ②

3. 분자와 분모가 동일하게 변동하는 경우 (중요!)

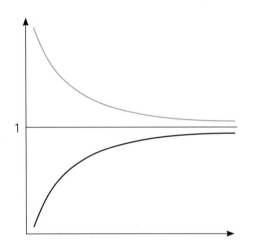

유동비율, 당좌비율은 자산/부채의 형태를 띄고 있기 때문에 자산과 부채가 같이 증가하거나, 같이 감소하는 회계처리를 인식하게 되면 비율의 분자와 분모가 동일하게 변동한다. 분자, 분모가 같은 방향으로 움직일 땐 위 그림을 기억하자. 분자, 분모에 같은 금액을 더하면 1에 가까워진다.

(1) 비율〉100%

$$\frac{200 + X}{100 + X}$$

위의 식에서 X가 0일 땐 2이다. 하지만 X가 무한대로 커지면 점차 작아져 1에 가까워진다.

(2) 비율〈100%

$$\frac{100 + X}{200 + X}$$

위의 식에서 X가 0일 땐 0.5이다. 하지만 X가 무한대로 커지면 점차 커져 1에 가까워진다.

	분자, 분모가 증가	분자, 분모가 감소
비율이 100% 이상	감소	증가
비율이 100% 이하	증가	감소

분자, 분모에 같은 값을 더하면 1에 가까워지므로, 기존 비율이 100% 이상이었으면 감소할 것이고, 100% 이하였으면 증가할 것이다. 분자, 분모에 같은 값을 빼면 그 반대로 움직인다.

[참고] 분자와 분모가 다르게 변동하는 경우

분자	증가	증가	불변	불변	감소	감소
분모	감소	불변	감소	증가	증가	불변
비율	↑	↑	↑	↓	↓	↓

분자, 분모가 같은 방향으로 움직이는 경우에는 비율이 100% 이상인지, 이하인지를 고려하면 되고, 분자, 분모가 다른 방향으로 움직이는 경우에는 변경 전 값과 관계없이, 위 표에 따라 움직인다.

예제 재무비율 – 분자와 분모가 동일하게 변동하는 경우

01 ㈜한국의 현재 유동비율은 130%, 당좌비율은 80%이다. 매입채무를 현금으로 상환하였을 때 유동비율과 당좌비율에 각각 미치는 영향은? 2015. 지방직 9급

	유동비율	당좌비율		유동비율	당좌비율
①	감소	영향없음	②	증가	영향없음
③	감소	증가	④	증가	감소

● 해설

회계처리: 매입채무 XXX / 현금 XXX
• 매입채무 상환으로 인해 유동부채와 유동자산이 동일한 금액으로 감소한다.
• 따라서 유동비율과 당좌비율의 분자와 분모 모두 동일한 금액으로 감소한다.
• 유동비율은 100% 이상이므로 증가하고, 당좌비율은 100% 이하이므로 감소한다.

답 ④

02 ㈜한국은 상품을 ₩500에 구입하면서 대금 중 ₩250은 현금으로 지급하고 나머지는 3개월 이내에 갚기로 하였다. 이 거래 직전의 유동비율과 당좌비율이 각각 200%, 100% 라고 할 때, 이 거래가 유동비율과 당좌비율에 미치는 영향으로 옳은 것은? 2017. 관세직 9급

	유동비율	당좌비율			유동비율	당좌비율
①	감소	감소		②	변동없음	감소
③	감소	변동없음		④	변동없음	변동없음

● **해설**

|회계처리|

(차) 상품(재고자산)	500	(대) 현금	250
		매입채무	250

	분자	분모	비율
유동비율	유동자산 250 증가	유동부채 250 증가	감소
당좌비율	당좌자산 250 감소	유동부채 250 증가	감소

당좌자산은 '유동자산-재고자산'이다. 유동자산이 250 증가이고, 재고자산이 500 증가하므로 당좌자산은 '250 증가-500 증가=250 감소'이다. 유동자산 중 재고자산을 제외한 현금의 증감인 250 감소와 일치한다.

유동비율은 분모, 분자가 같은 방향으로 변동하지만 현재 비율이 200%로 100%보다 크기 때문에 1에 가까워지면서 감소한다.

답 ①

---

03 ㈜한국의 현재 유동비율과 부채비율은 각각 200%와 100%이다. ㈜한국이 2년 후 만기가 도래하는 장기차입금을 현금으로 조기 상환한 경우 유동비율과 부채비율에 미치는 영향은?

2018. 관세직 9급

	유동비율	부채비율
①	증가	증가
②	감소	감소
③	증가	감소
④	감소	증가

● **해설**

상환 시 회계처리: 장기차입금 ✕✕✕ / 현금 ✕✕✕

	분자	분모	비율
유동비율	유동자산 감소	유동부채 불변	감소
부채비율	부채 감소	자본 불변	감소

장기차입금은 비유동부채이므로 유동부채는 불변이다.

답 ②

김 용 재 코 어
공무원회계학
재 무 회 계

- 이 장의 출제 뽀인트!

① 재무정보의 질적 특성 ★중요!
② 재무정보의 측정 기준

개념체계에서는 개념체계의 질적 특성이 가장 많이 출제되며 재무정보의 측정 기준도 가끔 출제된다. 나머지 내용들은 개별 문장들의 정오를 판단하는 것을 위주로 보자. 재무정보의 측정 기준은 출제 빈도가 높지 않기 때문에 심화서에서 다룰 것이다.

03

개념체계

03 개념체계

1 개념체계의 의의

1. 개념체계의 위상: 회계기준 우선

'개념체계'는 회계기준이 아니다. 따라서 '개념체계'의 어떠한 내용도 회계기준이나 회계기준의 요구사항에 우선하지 아니한다.

2. 포괄적 제약요인: 원가 제약

원가는 재무보고로 제공될 수 있는 정보에 대한 포괄적 제약요인이다.
회계 정보를 생성하는 데에는 상당한 비용이 들기 때문에, 원가를 무한히 투입하여 완벽한 회계 정보를 만들어낼 수 없다. 따라서 원가는 정보의 포괄적 제약요인이다.

3. 일반목적재무보고의 한계: 추정 개입

재무보고서는 정확한 서술보다는 상당 부분 추정, 판단 및 모형에 근거한다.
원가 제약으로 인해 회계 정보는 완벽할 수 없으며, 상당한 추정이 개입된다.

예제 **개념체계의 의의**

01 재무보고를 위한 개념체계에 관한 다음 설명 중 옳지 않은 것은?   2017. 계리사

① 새로운 한국채택국제회계기준을 제정하거나 기존의 한국채택국제회계기준의 개정을 검토할 때 도움을 준다.

② 재무제표가 한국채택국제회계기준을 따르고 있는지에 대해 감사인이 의견을 형성하는데 도움을 준다.

③ 재무보고를 위한 개념체계는 한국채택국제회계기준에 우선하므로 특정한 측정과 공시문제에 관한 기준을 정하는데 도움을 준다.

④ 한국채택국제회계기준에서 허용하고 있는 대체적인 회계처리방법의 수를 축소하기 위한 근거를 제공하여 한국회계기준위원회가 재무제표의 표시와 관련되는 법규, 회계기준 및 절차의 조화를 촉진시킬 수 있도록 도움을 준다.

> **● 해설**
>
> 개념체계는 K-IFRS에 우선하지 않는다. 나머지 문장들도 모두 개념체계의 의의에 대한 설명이므로
> 한 번 읽어보고 넘어가자.
>
> 답 ③

2 재무정보의 질적 특성 ★중요!

재무정보의 질적 특성은 전 직렬, 전 급수에서 거의 매년 출제되는 중요한 주제이다. 질적 특성
문제는 반드시 맞히자.

1. 질적 특성의 종류: 목표, 비검적이

근본적 특성	목적적합성	예측가치, 확인가치, 중요성
	표현충실성	완전한 서술, 중립적 서술, 오류 없는 서술
보강적 특성	비교가능성	유사점과 차이점을 식별하고 이해
	검증가능성	표현충실성에 있어 합의에 이를 수 있음
	적시성	정보를 제때에 이용가능하게 하는 것
	이해가능성	정보를 명확하고 간결하게 분류하고, 특징지으며, 표시하는 것

재무정보의 질적 특성은 근본적 특성과 보강적 특성으로 나뉘며, 근본적 특성은 다시 2개로, 보강적
특성은 4개로 나뉜다. 총 6개의 특성의 앞글자를 따서 '목표, 비검적이'라고 외우자. 개념체계 상 순서
이므로 문제도 이 순서대로 출제된다.

예제 재무정보의 질적 특성

01 유용한 재무정보의 질적 특성을 근본적 질적 특성과 보강적 질적 특성으로 구분할 경우
보강적 질적 특성으로 옳지 않은 것은?

2014. 국가직 7급

① 비교가능성   ② 검증가능성   ③ 적시성   ④ 예측가능성

> **● 해설**
>
> ④를 이해가능성으로 바꾸어야 한다. 이번 문제도 개념체계 순으로 출제되었다. '목표, 비검적이'를 외우자.
>
> 답 ④

2. 재무정보의 질적 특성 오답 유형 Top 3

(1) 보강적(or 근본적) 특성에 대한 문제에서 근본적(or 보강적) 특성에 대한 올바른 문장 제시

> 예 Q: 다음 중 보강적 특성에 대한 설명으로 옳지 않은 것은?
> A: 충실한 표현을 위해서 서술은 완전하고, 중립적이며, 오류가 없어야 한다.

보강적 특성에 대해 묻는 문제에서는 아무리 근본적 특성에 대한 좋은 문장이 제시되었더라도 틀린 문장이다. 마찬가지로, 근본적 특성에 대해 묻는 문제에서는 아무리 보강적 특성에 대한 좋은 문장이 제시되었더라도 틀린 문장이다.

세 가지 오답 유형 중 가장 난이도가 높은 유형이다. 문제를 잘 읽지 않고 선지만 읽으면 모두 맞는 문장이기 때문에 답을 골라내지 못할 수도 있다. 문제를 잘 읽자.

(2) A는 B의 특성을 지닌다.

> 예 이해가능성은 이용자들이 항목 간의 유사점과 차이점을 식별하고 이해할 수 있게 하는 질적특성이다.

해당 설명은 이해가능성이 아닌 비교가능성에 대한 설명이다. 이처럼 다른 특성의 설명과 매칭시켜서 틀린 문장을 구성하기도 한다. 총 6가지 특성에 대해 배울 텐데, 특성에 대한 설명이 제시되었을 때 어느 특성에 해당하는 설명인지 연결할 수 있어야 한다.

(3) A는 A가 아니다.

> 예 표현충실성은 모든 면에서 정확한 것을 의미한다.

각 특성의 세부내용을 틀리게 서술한 문장을 내기도 한다. 특히, 각 특성별로 '~이 아니다'라는 문장들이 등장할 텐데, '~이다.'로 바꾸어 출제하는 경우가 많다. 세 가지 오답 유형 중 가장 많이 출제되는 유형이기 때문에, '~이 아니다'라는 문장들은 유의해서 기억하자.

3 근본적 질적 특성

1. 목적적합성: 예측가치, 확인가치, 중요성

(1) 목적적합성의 정의

목적적합한 재무정보는 정보이용자의 '의사결정에 차이가 나도록' 할 수 있다.

(2) 재무정보에 예측가치, 확인가치 또는 이 둘 모두가 있다면 그 재무정보는 의사결정에 차이가 나도록 할 수 있다.

(3) 예측가치

① 예측가치의 정의: 미래 예측에 사용될 수 있음

이용자들이 미래 결과를 예측하기 위해 사용하는 절차의 투입요소로 재무정보가 사용될 수 있다면, 그 재무정보는 예측가치를 갖는다.

② 재무정보가 예측가치를 갖기 위해서 그 자체가 예측치일 필요는 없다.

재무정보가 예측치가 아니더라도 예측가치를 가질 수 있다. 과거 정보도 미래를 예측하는데 도움을 주기 때문이다.

예 기출문제: 과거 정보이지만 미래 문제 예측에 도움이 됨

(4) 확인가치: 재무정보가 과거 평가에 대해 피드백을 제공한다면 확인가치를 갖는다.

(5) 중요성: 기업에 특유한 측면의 목적적합성

중요성은 감사인이 회계감사 과정에서 감사의견을 결정하는 기준 금액이다. 감사인은 감사 과정에서 발견한 오류가 중요성을 초과하지 않는다면 적정 의견을 표명하지만, 중요성을 초과한다면 적정이 아닌 다른 감사의견을 표명한다.

※주의 중요성은 회계기준위원회에서 사전에 획일적으로 정해놓을 수 없음!

중요성은 기업 특유 측면의 목적적합성이다. 중요성은 기업의 규모, 업종의 특성 등을 고려하여 감사인이 결정하며, 사전에 정해놓을 수 없다. 중요성은 각 기업별로 다르고, 한 기업이라고 하더라도 매년 달라진다. '회계기준위원회는 중요성에 대한 획일적인 기준을 미리 정할 수 있다.'와 같이 틀린 문장이 출제된 적이 있으므로 주의하자.

예제 　근본적 질적 특성 - 목적적합성

01 정보이용자가 어떤 회계정보를 이용하여 의사결정을 할 때 그 정보가 없는 경우와 비교하여
보다 유리한 차이를 낼 수 있는 회계정보의 질적특성은? 　　　　　　　　　　2015. 지방직 9급

① 목적적합성　　　　　　　　　　② 표현충실성
③ 적시성　　　　　　　　　　　　④ 비교가능성

> **● 해설**
>
> 목적적합성에 대한 설명이다.
>
> 답 ①

02 재무정보의 질적 특성 중 중요성에 대한 설명으로 옳은 것은? 　　　　　　2018. 지방직 9급

① 근본적 질적 특성인 표현충실성을 갖추기 위한 요소이다.
② 정보이용자가 항목 간의 유사점과 차이점을 식별할 수 있게 한다.
③ 의사결정에 영향을 미칠 수 있도록 정보이용자가 정보를 적시에 이용가능하게 하는
　것을 의미한다.
④ 기업마다 다를 수 있기 때문에 기업 특유의 측면을 고려해야 한다.

> **● 해설**
>
> ①, ④ 중요성은 기업 특유의 목적적합성을 뜻한다. 중요성은 목적적합성과 관련된 요소이다.
> ② 비교가능성에 대한 설명이다.
> ③ 적시성에 대한 설명이다.
>
> 답 ④

2. 표현충실성

표현충실성은 3가지 특성이 있어야 한다. 서술은 완전하고, 중립적이며, 오류가 없어야 할 것이다.

(1) 완전한 서술: 이용자가 서술되는 현상을 이해하는 데 필요한 모든 정보를 포함하는 것

(2) 중립적 서술: 재무정보의 선택이나 표시에 편의가 없는 것.

- 목적이 없거나 행동에 대한 영향력이 없는 정보를 의미하지 않음!

다음과 같이 틀린 문장으로 정말 많이 출제된 문장이다. '중립적 정보는 목적이 없거나 영향력이 없는 정보를 의미한다.' 편의가 없다는 것은 어느 한쪽으로 치우쳐 있지 않고 공정한 관점에서 기술한다는 뜻이다. 가령, 운동경기에서 심판을 생각해보자. 심판이 중립을 지킨다고 해서 심판의 판정이 영향력이 없는가? 오히려 심판이 중립을 지켜야 심판의 판정이 의미가 있는 것이다.

(3) 오류 없는 서술: 표현충실성은 모든 면에서 정확한 것을 의미하지는 않는다.

다음과 같이 틀린 문장으로 정말 많이 출제된 문장이다. '오류가 없다는 것은 모든 면에서 완벽하게 정확하다는 것이다.' 오류가 없다는 것은 현상의 기술에 오류나 누락이 없고, 사용되는 절차상 오류가 없음을 의미한다. 원가 제약으로 인해 재무정보는 완벽하게 정확할 수 없다. 예를 들어, '교통 규칙 준수'와 '교통사고 미발생'은 다른 얘기이다. 교통 규칙을 완벽하게 준수했음에도 불구하고 교통사고는 발생할 수 있다. 오류 없는 서술은 '규칙 준수'에 해당하는 개념이다. 회계와 관련된 규칙을 완벽히 이행했더라도 모든 면에서 정확하지는 않을 수 있다.

예제 **근본적 질적 특성 - 표현충실성**

01 다음 설명에 해당하는 재무정보의 질적 특성은? 2015. 국가직 9급

재무정보가 유용하기 위해서는 서술이 완전하고, 중립적이며, 오류가 없어야 한다.

① 목적적합성   ② 검증가능성

③ 표현충실성   ④ 비교가능성

● 해설

표현충실성에 대한 설명이다.

답 ③

02 한국채택국제회계기준의 『재무보고를 위한 개념체계』에서 규정한 유용한 재무정보의 질적 특성의 내용으로 옳지 않은 것은? 2016. 국가직 9급

① 목적적합한 재무정보는 정보이용자의 의사결정에 차이가 나도록 할 수 있다.

② 정보이용자들이 미래 결과를 예측하기 위해 사용하는 절차의 투입요소로 재무정보가 사용될 수 있다면, 그 재무정보는 예측가치를 갖는다.

③ 중립적 서술은 재무정보의 선택이나 표시에 편의가 없는 것을 의미하는 것으로, 중립적 정보는 목적이 없고 행동에 대한 영향력이 없는 정보를 의미한다.

④ 완전한 서술은 필요한 기술과 설명을 포함하여 정보이용자가 서술되는 현상을 이해하는 데 필요한 모든 정보를 포함하는 것이다.

● 해설

중립적 정보는 목적이 없거나 행동에 대한 영향력이 없는 정보를 의미하지 않는다.

답 ③

03 「재무보고를 위한 개념체계」에서 제시된 회계정보의 질적 특성에 대한 설명으로 옳지 않은 것은? 2020. 국가직 9급

① 표현충실성은 모든 면에서 정확한 것을 의미한다.

② 검증가능성은 정보가 나타내고자 하는 경제적 현상을 충실히 표현하는지를 정보이용자가 확인하는 데 도움을 준다.

③ 정보를 정확하고 간결하게 분류하고, 특정 지으며, 표시하는 것은 정보를 이해가능하게 한다.

④ 적시성은 의사결정에 영향을 미칠 수 있도록 의사결정자가 정보를 제때에 이용가능하게 하는 것을 의미한다.

● 해설

표현충실성은 모든 면에서 정확한 것을 의미하지는 않는다.

답 ①

4 보강적 질적 특성

1. 비교가능성

(1) 비교가능성이란?

이용자들이 항목 간의 유사점과 차이점을 식별하고 이해할 수 있게 하는 질적 특성

비교가능성은 주로 의미가 출제된다. '유사점과 차이점'이라는 키워드가 제시되면 비교가능성이다.

비교를 하기 위해서는 유사점과 차이점이 있어야 한다. 가령, A 회계학 강사와 B 회계학 강사를 비교한다고 해보자. 비교를 한다면 주로 차이점에 집중하겠지만, 사실 '회계학 강사'라는 공통점이 있기 때문에 비교를 하는 것이다. 회계학 강사와 한국사 강사를 비교하진 않을 것이다.

> **※ 주의**
>
> 비교가능성의 정의가 유사점과 차이점을 식별하고 '이해'할 수 있게 하는 특성이라고 기술하고 있지만 이해가능성에 대한 설명이 아님에 유의하자.

(2) 하나의 경제적 현상에 대해 대체적인 회계처리방법을 허용하면 비교가능성이 감소(not 증가)한다.

동일한 현상은 동일하게 회계처리해야 비교가 쉽다는 뜻이다. 같은 거래인데 여러 가지 회계처리를 허용하게 되면 회계처리만 보아서는 같은 거래라는 것을 파악하기 어렵기 때문이다.

(3) 일관성은 비교가능성과 관련은 있지만 동일하지는 않다.

일관성은 한 기업 내에서 기간 간에 또는 기업 간에 동일한 항목에 대해 동일한 방법을 적용하는 것을 말한다. 비교가능성은 목표이고 일관성은 비교가능성을 높이기 위한 수단이다.

(4) 비교가능성은 통일성이 아니다.

모든 것을 통일해버리면 비교가 불가능하다. 비교를 위해서는 비슷한 것은 비슷하게, 다른 것은 다르게 처리해야 한다.

 **'비교가능성은 ~과 동일하다.': 무조건 틀린 말!**

> 비교가능성과 관련된 개념으로 일관성과 통일성이 있다. 둘 다 비교가능성과 관련은 있지만, 같은 개념은 아니다. '~는 비교가능성과 동일하다.', '~는 비교가능성이다.'와 같은 문장이 나온다면 무조건 틀린 말이다.

2. 검증가능성

(1) 검증가능성이란?

합리적인 판단력이 있고 독립적인 서로 다른 관찰자가 어떤 서술이 표현충실성에 있어, 비록 반드시 완전히 의견이 일치하지는 않더라도, 합의에 이를 수 있다는 것

검증가능성은 쉽게 말해, 누가 보더라도 비슷한 결론에 도달할 수 있다는 것을 의미한다.

> **※ 주의** 정의상에 '표현충실성'이 있지만 검증가능성에 대한 설명임!
>
> 정의에 '표현충실성'이라는 키워드가 있어서 표현충실성에 대한 설명이라고 오해하기 쉽다. 표현충실성에 대한 '합의'라는 내용이 나오면 검증가능성에 대한 설명이다.

(2) 계량화된 정보가 검증가능하기 위해서 단일 점추정치이어야 할 필요는 없다.

정보가 검증 가능하기 위해서 '₩20,000'와 같은 점추정치 뿐만 아니라 '₩10,000~₩30,000'와 같은 범위 정보도 검증의 대상이 될 수 있다. 범위가 맞는지 검증하면 된다.

3. 적시성

(1) 적시성이란?

의사결정에 영향을 미칠 수 있도록 의사결정자가 정보를 제때에 이용가능하게 하는 것

'제때에'라는 키워드가 보이면 적시성이라는 것을 알아차리자.

4. 이해가능성

(1) 정보를 명확하고 간결하게 분류하고, 특징지으며, 표시하는 것은 정보를 이해가능하게 한다.

예제 **보강적 질적특성**

01 유용한 재무정보의 보강적 질적 특성에 대한 설명으로 옳지 않은 것은? 2012. 지방직 9급

① 보고기업에 대한 정보는 다른 기업에 대한 유사한 정보와 비교할 수 있어야 한다.

② 재무보고서는 나타내고자 하는 현상을 완전하고, 중립적이며, 오류가 없이 서술하여야 한다.

③ 의사결정에 영향을 미칠 수 있도록 의사결정자가 정보를 제때에 이용가능하게 하여야 한다.

④ 정보는 의사결정자가 이해가능하도록 명확하고 간결하게 분류하고, 특징지으며, 표시하여야 한다.

> **● 해설**
>
> ① 비교가능성에 대한 설명이다.
> ② 표현충실성에 대한 설명이다. 이는 근본적 질적 특성이다. 해당 문제에서도 ①~④번의 선지가 '비검적이'
>   순서대로 제시되었다.
> ③ 적시성에 대한 설명이다.
> ④ 이해가능성에 대한 설명이다.
>
> 답 ②

02 유용한 재무정보의 근본적 질적 특성에 대한 설명으로 옳은 것은?   2014. 지방직 9급

① 정보이용자가 항목 간의 유사점과 차이점을 식별하고 이해할 수 있어야 한다.

② 합리적인 판단력이 있고 독립적인 서로 다른 관찰자가 어떤 서술이 충실한 표현이라는 데, 비록 반드시 완전히 일치하지는 못하더라도, 의견이 일치할 수 있다.

③ 의사결정에 영향을 미칠 수 있도록 의사결정자가 정보를 제때에 이용 가능해야 한다.

④ 완벽하게 충실한 표현을 하기 위해서 서술은 완전하고, 중립적이며, 오류가 없어야 한다.

> **● 해설**
>
> ① 보강적 질적 특성인 비교가능성에 대한 설명이다.
> ② 정의에 '충실한 표현'이 있지만 검증가능성에 대한 설명이므로 주의하길 바란다.
> ③ 적시성에 대한 설명이다.
> ④ 충실한 표현의 3가지 요소를 정확히 언급하고 있다. '완벽하게'라는 표현이 다소 어색하지만, 개념체계
>   원문이다. 나머지는 모두 보강적 특성에 대해 언급하고 있으며, '근본적' 특성에 대해 언급하고 있는 선
>   택지는 4번밖에 없다.
>
> 답 ④

03 재무정보의 질적 특성에 대한 설명으로 옳지 않은 것은?   2018. 국가직 9급

① 유용한 재무정보의 근본적 질적 특성은 목적적합성과 표현 충실성이다.

② 재무정보에 예측가치, 확인가치 또는 이 둘 모두가 있다면 의사결정에 차이가 나도록
   할 수 있다.

③ 검증가능성은 정보이용자가 항목 간의 유사점과 차이점을 식별하고 이해할 수 있게
   하는 질적 특성이다.

④ 적시성은 의사결정에 영향을 미칠 수 있도록 의사결정자가 정보를 제때에 이용가능
   하게 하는 것을 의미한다.

> **● 해설**
>
> 검증가능성이 아닌 비교가능성에 대한 설명이다.
>
> 답 ③

04 유용한 재무정보의 질적특성에 대한 설명으로 옳지 않은 것은?   2020. 지방직 9급

① 재무정보가 유용하기 위해서는 목적적합해야 하고 나타내고자 하는 바를 충실하게 표현해야 한다.

② 목적적합한 재무정보는 이용자들의 의사결정에 차이가 나도록 할 수 있다.

③ 이해가능성은 합리적인 판단력이 있고 독립적인 서로 다른 관찰자가 어떤 서술이 표현충실성에 있어, 비록 반드시 완전히 의견이 일치하지는 않더라도, 합의에 이를 수 있다는 것을 의미한다.

④ 비교가능성, 검증가능성, 적시성 및 이해가능성은 목적적합성과 나타내고자 하는 바를 충실하게 표현하는 것 모두를 충족하는 정보의 유용성을 보강시키는 질적특성이다.

> **● 해설**
>
> 이해가능성이 아닌 검증가능성에 대한 설명이다.
>
> 답 ③

05 재무보고를 위한 개념체계에서 재무정보의 질적 특성에 대한 설명으로 옳지 않은 것은?   2021. 지방직 9급

① 재무정보에 예측가치, 확인가치 또는 이 둘 모두가 있다면 그 재무정보는 목적적합성을 가진다고 할 수 있다.

② 보강적 질적 특성은 근본적 특성을 보강시키는 특성으로 비교가능성, 검증가능성, 적시성, 이해가능성이 있다.

③ 동일한 경제현상에 대해 대체적인 회계처리방법을 허용하면 비교가능성은 증가한다.

④ 적시성은 의사결정에 영향을 미칠 수 있도록 의사결정자가 정보를 제때에 이용가능하게 하는 것을 의미한다.

> **● 해설**
>
> 동일한 거래에 대해서 대체적인 회계처리를 허용하면 비교가능성은 감소한다.
>
> 답 ③

5. 보강적 질적 특성의 적용: 근본적 질적 특성 우선!

① 근본적 질적 특성 ↑, 보강적 질적 특성 ↓: 가능
② 근본적 질적 특성 ↓, 보강적 질적 특성 ↑: 불가능
③ 보강적 질적 특성 A ↓, 보강적 질적 특성 B ↑: 가능 (우선순위가 동일하기 때문)

(1) 근본적 질적 특성 (왕) 〉 보강적 질적 특성 (졸병)

근본적 질적 특성은 보강적 질적 특성에 우선한다. 보강적 질적 특성은, 정보가 목적적합하지 않거나 나타내고자 하는 바를 충실하게 표현하지 않으면, (즉, 근본적 특성이 충족되지 않으면) 그 정보를 유용하게 할 수 없다.

근본적 질적특성을 극대화하기 위해 보강적 질적특성을 감소시키는 것은 가능하지만, 그 반대는 불가능하다. 장기에서 왕과 졸병을 생각해보면 쉽다. 왕(근본적)을 살리기 위해 졸병(보강적)을 희생시키는 것은 가능하지만, 그 반대로 하면 게임을 지는 것과 같은 원리이다.

(2) 하나의 보강적 질적특성이 다른 질적특성의 극대화를 위해 감소될 수도 있다.

보강적 질적특성을 적용하는 것은 어떤 규정된 순서를 따르지 않는 반복적인 과정이다. 때로는 하나의 보강적 질적특성이 다른 질적특성의 극대화를 위해 감소되어야 할 수도 있다. 보강적 질적특성끼리는 우선순위가 동일하기 때문에 서로 감소시킬 수 있다.

예제 **보강적 질적특성의 적용**

01 재무보고를 위한 개념체계 중 목적적합하고 충실하게 표현된 정보의 유용성을 보강시키는 질적 특성에 대한 설명으로 가장 옳지 않은 것은?

2018. 서울시 7급

① 적시성은 의사결정에 영향을 미칠 수 있도록 의사결정자가 정보를 제때에 이용가능하게 하는 것을 의미한다.

② 보강적 질적 특성을 적용하는 것은 어떤 규정된 순서를 따르지 않는 반복적인 과정이다. 때로는 하나의 보강적 질적 특성이 다른 질적 특성의 극대화를 위해 감소되어야 할 수도 있다.

③ 중립적 서술은 합리적인 판단력이 있고 독립적인 서로 다른 관찰자가 어떤 서술이 충실한 표현이라는 데 대체로 의견이 일치할 수 있다는 것을 의미한다.

④ 보강적 질적 특성은 정보가 목적적합하지 않거나 충실하게 표현되지 않으면, 개별적으로든 집단적으로든 그 정보를 유용하게 할 수 없다.

● 해설

중립적 서술은 근본적 질적 특성에 해당하는 표현충실성에 대한 설명이다. 문제에서 보강적 질적 특성에 대한 설명을 물었기 때문에 답이 될 수 없다. 설명 또한 틀렸다. 해당 내용은 검증가능성에 대한 설명이다.

답 ③

Memo

김 용 재 코 어
공 무 원 회 계 학
재 무 회 계

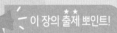 이 장의 출제 뽀인트!

① 재고자산의 매입 및 매출 ★중요!
② 재고자산 관련 비율 ★중요!
③ 저가법

공무원 시험에서 재고자산은 국가직, 지방직 모두 평균적으로 1~2문제 정도 출제되는 아주 중요한 주제이다. 대부분은 재고자산 항등식을 이용하여 기말 재고자산 혹은 매출원가 등을 묻는 형태로 출제되었다. 재고자산 항등식을 풀기 위해서는 순매입액과 순매출액, 그리고 재고 관련 비율에 대한 개념을 숙지해야 한다. 그 다음으로는 소매재고법이 빈번히 출제되었고, 이외에도 저가법 등이 출제되었다. 소매재고법은 난이도가 높아서 심화서에서 다룰 것이다.

재고자산

04 재고자산

1 재고자산의 매입 및 매출 ★중요!

> 재고자산 순매입액 = 매입가액 + 취득 부대비용 − 매입에누리 − 매입환출 − 매입할인 − 리베이트
> (순)매출액 = 총매출액 − 매출에누리 − 매출환입 − 매출할인 − 리베이트

	매입	매출
관련비용 (예 운임)	매입에 가산	매출과 무관 (당기비용)
에누리, 환입/환출, 할인	매입 및 매출 차감	

1. 취득 부대비용: 취득원가에 가산

자료에 제시된 모든 취득 부대비용을 취득원가에 가산하면 된다. 대표적인 예로는 매입운임, 취득 관련 세금 등이 있다.

2. 매출 관련 비용: 매출과 무관 예 매출운임

매출 관련 비용은 판매비와 관리비로 비용처리하며, 매출액에 영향을 미치지 않는다. 기출되었던 대표적인 매출 관련 비용의 예로는 매출운임이 있다. 문제에 매출운임과 같은 매출 관련 비용이 제시된다면 무시하고 매출액을 구하면 된다.

3. 차감항목(에누리, 환입/환출, 할인): 매입 및 매출에서 차감

차감항목은 매입과 매출에서 모두 차감한다. 차감항목에는 에누리, 환입/환출, 할인 및 리베이트 가 있다.

4. 재고자산 항등식 ★중요!

재고자산			
기초	×××	매출원가	×××
매입	×××	기말	×××
계	×××	계	×××

> 재고자산 항등식: 매출원가 = 기초 재고 + 매입액 − 기말 재고

국가직, 지방직 9급 시험 모두 매년 나온다고 봐도 무방할 정도로 자주 출제되는 내용이다. 문제는 기본적으로 재고자산 항등식을 활용하여 매출원가나 매입액, 혹은 기말 재고를 묻는 형식으로 출제된다. 매입액에는 '순'매입액을 대입해야 한다.

5. 매출총이익

> 매출총이익 = 매출액 − 매출원가

매출총이익은 매출액에서 매출원가를 차감한 이익을 의미한다. 상당히 자주 나오는 이익이므로 반드시 기억하자. 매출액에는 '순'매출액을 대입해야 한다.

예제   **재고자산 항등식**

01 〈보기〉는 ㈜서울과 ㈜한성의 매입 및 매출에 관련된 자료이다. (가)와 (나)의 금액은?
(단, 재고감모손실 및 재고평가손실은 없다고 가정한다.)   2018. 서울시 9급

	기초재고액	당기매입액	기말재고액	매출원가
㈜서울	₩100,000	₩240,000	(가)	₩280,000
㈜한성	(나)	₩220,000	₩180,000	₩280,000

	(가)	(나)		(가)	(나)
①	₩ 60,000	₩240,000	②	₩340,000	₩240,000
③	₩ 60,000	₩320,000	④	₩340,000	₩320,000

● **해설**

• 서울 기말 재고액: 100,000 + 240,000 − 280,000 = 60,000
• 한성 기초 재고액: 180,000 + 280,000 − 220,000 = 240,000

답 ①

02 ㈜대한의 2010회계연도의 매출 및 매입 관련 자료에 대한 설명으로 옳은 것은?

2011. 국가직 9급

총매출액	₩1,000	총매입액	₩700
기초재고	₩400	기말재고	₩300
매출환입	₩100	매입에누리	₩100
매출할인	₩100	매입할인	₩100
매입운임	₩100		

① 순매출액은 ₩900이다.　　　　② 순매입액은 ₩800이다.

③ 매출원가는 ₩700이다.　　　　④ 매출총이익은 ₩200이다.

● 해설

① 순매출액 = 1,000 − 100(환입) − 100(할인) = 800
② 순매입액 = 700 − 100(에누리) − 100(할인) + 100(운임) = 600
③ 매출원가 = 400 + 600 − 300 = 700
④ 매출총이익 = 800 − 700 = 100

답 ③

03 상품매매 기업인 ㈜우리의 결산시점에서 각 계정의 잔액이 다음과 같을 때 매출원가와 매출총이익은?

2014. 지방직 9급

기초재고	₩48,000	당기총매입	₩320,000
매입에누리	₩3,000	매입할인	₩2,000
매입운임	₩1,000	매입환출	₩4,000
당기총매출	₩700,000	매출할인	₩16,000
매출에누리	₩18,000	매출환입	₩6,000
매출운임	₩1,000	광 고 비	₩39,000
급 여	₩60,000	수선유지비	₩5,000
기말재고	₩30,000		

	매출원가	매출총이익
①	₩329,000	₩331,000
②	₩330,000	₩330,000
③	₩332,000	₩328,000
④	₩338,000	₩362,000

> **● 해설**
>
> - (순)매입액: 320,000(총매입) − 3,000(에누리) − 2,000(할인) + 1,000(운임) − 4,000(환출) = 312,000
> - 매출원가: 48,000(기초) + 312,000(매입액) − 30,000(기말) = 330,000
> - (순)매출액: 700,000(총매출) − 16,000(할인) − 18,000(에누리) − 6,000(환입) = 660,000
> - 매출총이익: 660,000(매출액) − 330,000(매출원가) = 330,000
>
> 目 ②

04

2 재고자산 관련 비율 ★중요!

재고자산 관련 비율은 재고자산 항등식과 관련하여 매출원가, 매입액, 기말 재고자산 등을 묻는 문제에서 주로 제시된다. 주요 비율은 매출총이익률, 매출원가 대비 이익률, 회전율 및 회수기간이 있다.

1. 매출총이익률과 원가 기준 이익률 ★중요!

> 매출총이익률 = 매출총이익/매출액
> 원가 기준 이익률 = 매출총이익/매출원가

(1) 매출총이익률

매출총이익률이란, 매출총이익을 매출액으로 나눈 수익률을 의미한다. 매출 차감항목이 있을 경우 차감항목을 차감한 '순'매출액을 이용해야 한다. 이는 후술할 매출채권회전율에서도 동일하다. 어떤 비율이든 항상 가감항목을 반영한 '순' 수치들을 이용한다.

(2) 원가 기준 이익률

원가 기준 이익률은 매출총이익을 매출원가로 나눈 수익률을 의미한다. '매출원가에 일정 %를 가산하여 판매가를 결정하였다.'라고 제시한 경우에는 제시된 %가 원가 기준 이익률이 된다.

 **꿀팁!** 이익률을 이용하여 매출액과 매출원가 구하기

	매출총이익률	원가 기준 이익률
매출액	매출원가/(1 − 이익률)	매출원가 × (1 + 이익률)
매출원가	매출액 × (1 − 이익률)	매출액/(1 + 이익률)

매출총이익률이나 원가 기준 이익률이 제시된 경우 매출액과 매출원가는 위 공식을 이용하여 계산한다. 매출총이익률이 제시된 경우에는 매출액을 1로 보고, 원가 기준 이익률이 제시된 경우에는 매출원가를 1로 보자. 다음 사례를 보자.

매출액 100	
매출총이익	20
매출원가	80

매출액 1	
매출총이익	0.2
매출원가	0.8

매출액 1.25	
매출총이익	0.25
매출원가	1

매출액이 100, 매출원가가 80인 경우 매출총이익은 20이고, 매출총이익률은 20/100 = 20%, 원가 기준 이익률은 20/80 = 25%이다. 매출총이익률이 제시된 경우에는 매출액을 1로 보고, 매출총이익이 0.2이므로 매출원가는 0.8에 해당한다. 원가 기준 이익률이 제시된 경우에는 매출원가를 1로 보고, 매출총이익이 0.25이므로 매출액은 1.25에 해당한다. 이 비례 관계를 이용하여 다음과 같이 매출액과 매출원가를 구할 수 있다. 문제에 어느 이익률이 제시되었는지, 그리고 어느 금액을 이용해서 어느 금액을 구하는지 잘 확인하자.

	매출총이익률	원가 기준 이익률
매출액	80/(1 − 20%) = 100	80 × (1 + 25%) = 100
매출원가	100 × (1 − 20%) = 80	100/(1 + 25%) = 80

예제 재고자산 관련 비율 - 매출총이익률

01 ㈜한국의 20X1년의 상품매출액은 ₩1,000,000이며, 매출총이익률은 20%이다. 20X1년의 기초상품재고액이 ₩50,000이고 당기의 상품매입액이 ₩900,000이라고 할 때, 20X1년 말의 재무상태표에 표시될 기말상품재고액은?

2019. 국가직 9급

① ₩70,000   ② ₩100,000

③ ₩150,000   ④ ₩180,000

● 해설

매출액 1	1,000,000
매출총이익 0.2	
매출원가 0.8	1,000,000 × (1 − 20%) = 800,000

기말 재고액: 50,000(기초) + 900,000(매입) − 800,000(매출원가) = 150,000

답 ③

예제 재고자산 관련 비율 - 원가 기준 이익률

02 ㈜한국의 2016년 재고자산 자료가 다음과 같을 때, ㈜한국의 2016년 매출액은?

2016. 국가직 9급

• 기초상품재고	₩2,000	• 기말상품재고	₩4,000
• 당기매입액	₩10,000	• 매출원가에 가산되는 이익률	10%

① ₩6,600   ② ₩7,200

③ ₩8,000   ④ ₩8,800

● 해설

매출액 1.1	8,000 × 1.1 = 8,800
매출총이익 0.1	
매출원가 1	8,000

매출원가 = 2,000 + 10,000 − 4,000 = 8,000

답 ④

2. 이익률 문제에서 화재, 도난 등이 발생한 경우 재고자산 손실액

화재, 도난 등이 발생한 상황에서 재고 손실액을 묻는 문제가 상당히 자주 출제된다. 이 유형은
다음의 순서로 풀면 된다.

STEP 1 매출원가 구하기

손실액 문제에서는 매출원가를 구하는 것이 관건이다. 매출원가를 구하기 위해서는 이익률을 잘 활용
해야 한다. 문제에서 매출총이익률 혹은 원가 기준 이익률을 제시할 텐데, 앞에서 자세히 설명한 팁을
이용해서 매출원가를 구하자.

> 매출원가 = 매출액 × (1 − 매출총이익률)
>
> or
>
> 매출원가 = 매출액/(1 + 원가 기준 이익률)

STEP 2 손실 전 재고자산 구하기

> 손실 전 재고자산 = 기초 재고자산 + 매입액 − 매출원가

Step 1에서 계산한 매출원가를 재고자산 항등식에 대입하면 손실 전 재고자산을 계산할 수 있다.

STEP 3 손실액 구하기

> 손실액 = 손실 전 재고자산 − 손실 후 남은 재고자산
>
> or
>
> 손실액 = 손실 전 재고자산 × 손실률

일반적으로는 손실 후 남은 재고자산을 제시해준다. 남은 재고자산을 손실 전 재고자산에서 빼면
손실액을 계산할 수 있다.
가끔 손실 후 남은 재고자산을 제시하는 것이 아니라, '손실 전 재고의 몇%가 소실되었다.'
라고 제시하는 문제가 있다. 이 경우 손실액은 손실 전 재고자산에 손실률을 곱한 금액이 된다.

예제 화재, 도난 등이 발생한 경우 재고자산 손실액 - 매출총이익률

01 ㈜한국에 당기 중 화재가 발생하여 재고자산과 일부의 회계자료가 소실되었다. 소실 후 남아 있는 재고자산의 가액은 ₩1,500이었다. 복원한 회계자료를 통하여 기초재고가 ₩2,000, 기중 매입액은 ₩12,000, 기중 매출액은 ₩15,000임을 알 수 있었다. ㈜한국의 매출총이익률이 30%인 경우 화재로 소실된 재고자산 금액은? *2014. 지방직 9급*

① ₩2,000   ② ₩2,500

③ ₩3,000   ④ ₩3,500

● **해설**

매출액 1	15,000
매출총이익 0.3	
매출원가 0.7	15,000 × (1 - 30%) = 10,500

• 소실 전 기말 재고자산: 2,000 + 12,000 - 10,500 = 3,500
• 소실된 재고자산 금액: 3,500 - 1,500 = 2,000

답 ①

02 2009년 7월 1일 ㈜갑의 한 창고에서 화재가 발생하였으나 신속한 화재진압으로 보관 중인 상품 중 60%는 피해를 입지 않았다. 2009년도 기초상품재고액은 ₩5,000이었으며, 화재직전까지의 매입액과 매출액은 각각 ₩17,000과 ₩20,000이었다. 이 회사의 평균 매출총이익률이 20%라고 할 때, 화재로 인한 재고손실액을 추정하면? *2010. 관세직 9급*

① ₩2,400   ② ₩4,000   ③ ₩5,000   ④ ₩6,000

● **해설**

매출액 1	20,000
매출총이익 0.2	
매출원가 0.8	20,000 × (1 - 20%) = 16,000

• 화재 전 재고액: 5,000 + 17,000 - 16,000 = 6,000
• 재고 손실액: 6,000 × 40% = 2,400

답 ①

예제 화재, 도난 등이 발생한 경우 재고자산 손실액 - 원가 기준 이익률

03 재고자산과 관련된 자료가 다음과 같을 때, 화재로 소실된 상품의 추정원가는?

2014. 관세직 9급

- 2013년 4월 30일 화재가 발생하여 보유하고 있던 상품 중 ₩350,000(원가)만 남고 모두 소실되었다.
- 2013년 1월 1일 기초재고원가는 ₩440,000이다.
- 2013년 1월 1일부터 2013년 4월 29일까지의 매입액은 ₩900,000이다.
- 2013년 1월 1일부터 2013년 4월 29일까지의 매출액은 ₩1,000,000이다.
- 해당 상품의 매출원가 기준 매출총이익률(= 매출총이익 ÷ 매출원가)은 25%이다.

① ₩150,000   ② ₩190,000   ③ ₩200,000   ④ ₩240,000

● **해설**

매출액 1.25	1,000,000
매출총이익 0.25	
매출원가 1	1,000,000/1.25 = 800,000

- 소실 전 재고(기말 재고): 440,000 + 900,000 − 800,000 = 540,000
- 소실액: 540,000 − 350,000 = 190,000

目 ②

3. 회전율

매출채권회전율 = 매출액/(평균)매출채권

재고자산회전율 = 매출원가/(평균)재고자산

수험 목적상 각 비율이 의미하는 바는 중요하지 않으며, 위 식을 외워서 적용할 줄 아는 것이 가장 중요하다. 평균에 괄호를 쳐 놓았는데, 회전율을 정확히 구하기 위해서는 평균자료를 이용해야 한다. 하지만 한 시점의 매출채권이나 재고자산 금액만 준다면 해당 금액을 이용하면 된다.

예제 회전율

01 다음 자료를 이용할 경우 재고자산회전율은? (단, 재고자산회전율과 매입채무회전율의 분모 계산 시 기초와 기말의 평균값을 이용한다) *2017. 관세직 9급*

• 기초재고자산	₩700,000	• 기말재고자산	₩500,000
• 기초매입채무	₩340,000	• 기말매입채무	₩160,000
• 매입채무회전율	4회		

① 4회　　　　② 3회　　　　③ 2회　　　　④ 1회

● 해설

• 평균 매입채무: (340,000 + 160,000)/2 = 250,000
• 매입액: 250,000 × 4회(매입채무회전율) = 1,000,000
• 매출원가: 700,000 + 1,000,000 − 500,000 = 1,200,000
• 평균 재고자산: (700,000 + 500,000)/2 = 600,000
• 재고자산회전율: 1,200,000/600,000 = 2회

답 ③

02 ㈜한국의 매출채권회전율은 8회이고 재고자산회전율은 10회이다. 다음 자료를 이용한 ㈜한국의 매출총이익은? (단, 재고자산 회전율은 매출원가를 기준으로 한다) *2018. 지방직 9급*

과목	기초	기말
매출채권	₩10,000	₩20,000
재고자산	₩8,000	₩12,000

① ₩20,000　　　② ₩16,000　　　③ ₩13,000　　　④ ₩12,000

● 해설

• 평균 매출채권: 15,000
• 매출액: 15,000 × 8 = 120,000
• 평균 재고자산: 10,000
• 매출원가: 10,000 × 10 = 100,000
• 매출총이익: 120,000 − 100,000 = 20,000

답 ①

3 원가흐름의 가정

1. 계속기록법과 실지재고조사법

계속기록법과 실지재고조사법은 회계원리에서 설명한 내용이므로, 자세한 설명은 생략한다.

(1) 계속기록법

계속기록법은 매출이 발생할 때마다 매출원가 회계처리를 하는 방법이다. 상품을 판매할 때 매출(수익)을 인식하며, 재고자산 원가를 매출원가(비용)로 인식한다.

예제 **원가흐름의 가정 - 계속기록법**

01 ㈜한국의 2012년도 거래는 다음과 같다. 계속기록법을 적용하였을 경우 매출원가는?
(단, 개별법을 적용한다)
2013. 국가직 9급

- 1월1일 전기이월된 상품은 ₩3,000이다.
- 2월9일 ㈜대한으로부터 상품을 현금으로 구입하였는데, 매입대금 ₩8,000에는 매입운임 ₩1,000이 포함되어 있지 않다.
- 3월8일 기초상품을 ㈜민국에 현금으로 ₩4,000에 판매하였다.
- 7월9일 ㈜대한으로부터 구입한 상품 중 절반을 ㈜민국에 외상으로 ₩5,000에 판매하였다.

① ₩7,500　　　　② ₩7,000
③ ₩4,500　　　　④ ₩4,000

● 해설

- 3월 8일: 3,000
- 7월 9일: 4,500 = 9,000 × 0.5
　계: 7,500

- 3월 8일: 기초상품을 판매하였으므로 전기이월된 상품 원가를 사용한다.
- 7월 9일: ㈜대한 매입대금에는 매입운임이 포함되어 있지 않으므로, 매입운임까지 포함한 9,000중 절반이 매출원가이다.

|회계처리|					
2.9	(차)	상품	9,000	(대)	현금	9,000
3.8	(차)	현금	4,000	(대)	매출	4,000
	(차)	매출원가	**3,000**	(대)	상품	3,000
7.9	(차)	매출채권	5,000	(대)	매출	5,000
	(차)	매출원가	**4,500**	(대)	상품	4,500

(2) 실지재고조사법

실지재고조사법은 판매할 때 재고자산 회계처리를 생략하고 매출 회계처리만을 한 뒤, 기말에 실사를 수행하여 기말에 남은 재고 이외의 금액을 전부 매출원가로 계상하는 방식이다. 매입할 때에는 재고자산 대신에 '매입'이라는 일시적인 계정을 사용한다. 기말에는 다음과 같은 기말 수정분개를 통해 매입을 제거한 뒤, 매출원가와 기말 재고자산으로 금액을 안분한다.

(차) 매출원가   XXX   (대) 재고   기초 재고액

(차) 재고   기말 실사액   (대) 매입   매입액

꿀팁! 실지재고조사법 기말수정분개 – 재고자산 T계정을 거꾸로!

위 기말수정분개는 재고자산 T계정을 대차를 반대로 적어 놓은 것과 같다. 재고자산 T계정 차변에는 '기초, 매입'이 위치하고, 대변에는 '매출원가, 기말'이 위치한다. 재고자산 T계정을 생각하면 손쉽게 실지재고조사법 기말 수정분개를 끊을 수 있다.

2. 선입선출법(FIFO)

(1) 먼저 구입한 순서대로 먼저 판매되었다고 가정하는 방법

(2) 실제 물량흐름과 가장 비슷한 방법

(3) 계속기록법과 실지재고조사법의 차이가 없음

매출이 발생할 때마다 매출원가를 구하든(계속기록법), 기말에 한 번에 구하든(실지재고조사법) 기말 재고자산은 가장 마지막에 구입한 재고로 계상되기 때문이다.

 선입선출법 적용 시 풀이법

> ① 매출원가 = 기초 재고부터 매입액을 순차적으로 가산
>
> ② 기말 재고자산 = 가장 마지막 매입부터 역순으로 가산

예제 **선입선출법**

01 ㈜갑의 10월 한 달간의 상품매입과 매출에 관한 자료는 아래와 같다. 회사는 실사법에 의해 기말재고수량을 파악하고, 원가흐름에 대한 가정으로 선입선출법을 적용한다. 10월 31일 현재 실사결과 상품재고수량은 100개로 파악되었다. ㈜갑의 10월 31일 현재 상품재고액은?

2010. 관세직 9급

일자별	내역	수량	매입(또는 판매)단가	금액
10월 1일	전월이월	100개	₩1,000	₩100,000
10월 10일	매입	300개	₩1,200	₩360,000
10월 11일	매입에누리(10월 10일 매입상품)			₩30,000
10월 20일	매출	350개	₩2,000	₩700,000
10월 25일	매입	50개	₩1,300	₩65,000

① ₩65,000 ② ₩75,000
③ ₩120,000 ④ ₩125,000

● 해설

기말 재고량이 100개이므로 기말 재고액은 마지막 매입부터 역으로 가산하면 된다.
10.25 매입분 50개: 65,000
10.10 매입분 50개: (360,000 − 30,000) × 50/300 = 55,000
기말 재고액: 65,000 + 55,000 = 120,000

目 ③

02 ㈜여수는 실지재고조사법에 의해 기말재고수량을 파악하고 원가흐름에 대한 가정으로 선입선출법을 적용한다. 2009년 재고자산과 관련된 자료는 다음과 같다.

거래내용	수량(개)	단가(₩)	원가(₩)
기초재고	100	10	1,000
1차 매입	500	12	6,000
2차 매입	400	15	6,000
합계	1,000		13,000

㈜여수의 2009년 회계기간의 판매량은 700개, 기말재고는 300개이며, 단위당 판매가격은 ₩20으로 일정하였다. ㈜여수의 2009년 매출총이익은?

2010. 국가직 9급

① ₩4,400 　　　　　　　　② ₩4,700

③ ₩4,900 　　　　　　　　④ ₩5,500

● **해설**

매출원가: 1,000(기초) + 6,000(1차 매입) + 100개 × @15(2차 매입) = 8,500

매출액: 700개 × @20 = 14,000

매출총이익: 14,000 - 8,500 = 5,500

답 ④

---

3. 총평균법: 실지재고조사법&평균법

평균법은 선입선출법과 달리 계속기록법과 실지재고조사법의 차이가 존재한다. 평균법은 평균을 내야 하기 때문에 '어디까지 평균을 낼 것인가'가 관건이다. 실지재고조사법 적용 시에는 기말 실사 후에 매출원가를 계산하므로 기초 재고와 총 매입 재고 전체(판매가능상품)를 평균 낸다.

 STEP 1 평균 단가 구하기

> 평균 단가 = 판매가능상품 금액/판매가능상품 수량

총평균법에서는 평균 단가를 먼저 구해준다. 총평균법은 판매가능상품 전체를 평균 내서 기말 재고자산과 매출원가로 안분하므로 기말 재고와 매출원가의 단가가 동일하기 때문이다.

STEP 2 기말 재고자산 및 매출원가 구하기

> 기말 재고자산 = 평균 단가 × 기말 수량
>
> 매출원가 = 평균 단가 × 판매 수량

기말 재고와 매출원가의 단가가 동일하므로 Step 1에서 구한 평균 단가에 각각 기말 수량과 판매 수량을 곱해주면 기말 재고자산과 매출원가를 계산할 수 있다. 계산이 익숙해지면 Step 1과 Step 2를 나누지 않고, 다음과 같이 한 번에 계산할 수도 있다.

> 기말 재고자산 = 판매가능상품 금액 × 기말 수량/판매가능상품 수량
>
> 매출원가 = 판매가능상품 금액 × 판매 수량/판매가능상품 수량

예제 총평균법

01 다음은 대한회사의 상품재고장의 일부이다. 대한회사가 실지재고조사법하의 총평균법을 사용할 경우 1월말 현재 재고자산은 얼마로 기록되는가? (단, 수량감모가 없다고 가정한다.)

2010. 계리사

일자	내역	수량	매입단가
1/1	기초재고	100개	₩100
1/7	매 출	50개	
1/15	매 입	400개	₩150
1/26	매 출	150개	
1/28	매 출	200개	

① ₩10,000   ② ₩12,000
③ ₩12,500   ④ ₩14,000

● 해설

• 총 판매가능상품: 100개 × @100 + 400개 × @150 = 70,000 (500개)
• 단위당 원가: 70,000/500개 = @140
• 기말 재고자산 수량: 100 – 50 + 400 – 150 – 200 = 100개
• 기말 재고자산: 100개 × @140 = 14,000

답 ④

02 다음은 ㈜한국의 2013년 1월의 재고자산 입고 및 판매와 관련된 자료이다. 실지재고 조사법을 사용하고 평균법을 적용할 경우 기말재고액과 매출원가는? 2013. 지방직 9급

일자	입고		판매량
1.1	1,000개	₩11	
1. 5	1,000개	13	
1.10	1,000개	15	
1.15			2,500개
1.25	1,000개	17	

	기말재고액	매출원가
①	₩21,000	₩31,500
②	₩21,000	₩35,000
③	₩24,500	₩31,500
④	₩24,500	₩35,000

● **해설**

- 판매가능상품: 1,000개 × (11 + 13 + 15 + 17) = 56,000
- 단위당 원가: 56,000/4,000 = 14
- 기말 재고: 14 × 1,500개 = 21,000
- 매출원가: 14 × 2,500개 = 35,000

본 문제는 단가가 11, 13, 15, 17로 2씩 차이가 나며, 기초 및 각 매입 수량이 1,000개로 동일하기 때문에 평균인 14원을 계산하기 용이하였다.

답 ②

4. 이동평균법: 계속기록법&평균법

이동평균법은 계속기록법을 적용하는 평균법을 의미한다. 이동평균법은 매출이 발생할 때마다 남은 재고를 평균하므로 계산이 복잡하며, 구체적인 계산 방법은 심화서에서 다룰 것이다.

5. 후입선출법(LIFO): IFRS에서 인정 X!

후입선출법(LIFO, Last In First Out)은 늦게 구입한 순서대로 먼저 판매되었다고 가정하는 방법이다. 기말 재고자산은 선입선출법과 반대로 가장 과거 구입분으로 계상된다. 따라서 후입선출법은 실제 물량흐름과 차이가 크다.

후입선출법 적용 시 회사가 재고 매입을 통제하여 손익 조작의 가능성이 크다. 이를 후입선출청산현상(Lifo-liquidation)이라고 부르며, 이로 인해 한국채택국제회계기준에서는 후입선출법을 인정하지 않고 있다. 'LIFO는 기준서에서 인정하지 않는다'는 것만 기억하면 된다.

4 저가법 ★중요!

재고자산 저가법은 그동안 출제 빈도가 높지 않다가, 최근에 출제 빈도가 높아진 중요한 주제이다. 구조가 다소 복잡하므로 반복해서 숙달하길 바란다.

1. 저가법이란?

$$저가 = \min[취득원가,\ 순실현가능가치(NRV)]$$
$$NRV = 예상\ 판매가격 - 추가\ 완성원가,\ 판매비$$

재고자산은 취득원가와 순실현가능가치 중 낮은 금액으로 측정한다. 순실현가능가치가 취득원가보다 낮다면 취득원가로 계상된 재고자산을 순실현가능가치로 평가하면서 평가손실을 인식하는데, 이 과정을 저가법이라고 부른다. NRV가 취득원가보다 큰 경우 저가는 취득원가가 되며, 평가손실을 인식하지 않는다는 것에 주의하자.

순실현가능가치는 예상 판매가격에서 예상되는 추가 완성원가와 판매비용을 차감한 금액을 말한다. 추가 완성원가와 판매비를 뺀다고 외울 필요 없이, 문제에서 언급하는 각종 추가 비용을 뺀다고 기억하자.

예제   저가법의 정의

01   〈보기〉는 유통업을 하는 ㈜서울의 20X9년 결산일의 재고자산 자료이다. ㈜서울은 재고자산을 저가법으로 평가하고 있다. 20X9년 결산일에 ㈜서울이 인식해야 하는 것은?

2019. 서울시 9급

〈보기〉

상품	재고수량	단위당 취득원가	단위당 추정판매가	단위당 추정판매비
가	40개	₩200	₩250	₩100
나	20개	₩400	₩500	₩100
다	10개	₩100	₩200	₩50

① 재고자산평가손실 ₩2,000   ② 재고자산평가손실 ₩1,500
③ 회계처리 없음   ④ 재고자산평가이익 ₩500

● 해설

	가	나	다
취득원가	40개 × @200 = 8,000	20개 × @400 = 8,000	10개 × @100 = 1,000
저가	40개 × @150 = 6,000	20개 × @400 = 8,000	10개 × @100 = 1,000

• 평가손실: 2,000
• 상품 다의 경우 NRV가 200 − 50 = 150으로 계산되지만 취득원가가 100으로 더 작기 때문에 취득원가가 곧 저가가 되며, 평가손실을 인식하지 않는다.
참고로, 저가법은 손실만 인식하기 때문에 ④번의 '재고자산평가이익'은 계산해보지 않고도 걸러낼 수 있었다.

|회계처리|
(차)   재고자산평가손실   2,000   (대)   재고자산평가충당금   2,000

답 ①

2. 저가법 계산 방법

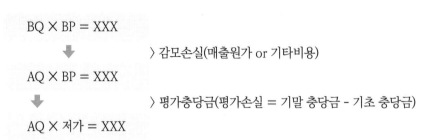

$$BQ \times BP = XXX$$
⬇ 〉감모손실(매출원가 or 기타비용)
$$AQ \times BP = XXX$$
⬇ 〉평가충당금(평가손실 = 기말 충당금 - 기초 충당금)
$$AQ \times 저가 = XXX$$

STEP 1 수량, 단가 채우기

저가법 계산을 위해서는 우선 문제에서 제시한 수치들을 도표화 해야 한다. 다음은 위 표의 좌측에 표시된 항목들의 의미이다.

(1) BQ: 장부상 수량
(2) BP: 장부상 단가. 취득원가를 말한다.
(3) AQ: 실지 수량
(4) 저가: min[BP, NRV]
  저가는 NRV가 아니라 BP와 비교했을 때 작은 것이라는 점에 주의하자.

STEP 2 감모손실

저가법을 적용할 땐 재고 실사 자료와 함께 감모가 제시된다. 감모란, 장부 수량과 비교했을 때 실제 수량이 감소한 것을 말한다. 감모가 발생한 경우 감모손실을 인식하며, 이를 정상 감모와 비정상 감모로 구분한다.

STEP 3 평가충당금

(1) 'NRV〉취득원가'인 경우: 평가손실 X!

취득원가와 저가를 비교해서 차이를 평가손실로 인식한다. NRV가 취득원가보다 큰 경우 저가는 취득원가가 되며, 평가손실을 인식하지 않는다는 것을 주의하자.

(2) 평가손실 = 기말 평가충당금 - 기초 평가충당금

위 표에서 'AQ × BP'와 'AQ × 저가'의 차이를 평가충당금이라고 표시해놓았다. 재고자산평가 충당금은 재고자산의 차감적 평가계정으로, 취득원가와 저가 재고의 차이 금액을 의미한다.

평가손실은 손익계산서상 항목으로 변동분을 의미하고, 평가충당금은 재무상태표 상 항목으로 잔액을 의미한다. 따라서 충당금 기초 금액을 확인한 후, 기말 잔액과의 차이분을 손실로 계상한다. 만약 기초 충당금이 없는 경우에는 기말 충당금이 곧 당기 평가손실이 된다.

STEP 4 | 답 구하기

(1) 기말 재고

취득원가에서 감모손실과 평가손실까지 반영한 금액이 기말 재고의 실제 금액이다. 가장 마지막 줄에 있는 저가 재고 금액(= AQ × 저가)으로 답하면 된다.

(2) 총비용 및 매출원가 중요!

재고자산

기초(순액)	① X X X	매출원가	⑤ X X X	┐
		기타비용	④ X X X	┘ 총비용
매입	② X X X	기말(순액)	④ X X X	
계	② X X X	계	③ X X X	

일반적으로 매출원가는 '기초 재고 + 매입액 – 기말 재고'의 방법으로 구한다. 하지만 문제의 가정에 따라 기타비용이 있다면 이 금액은 매출원가가 아니라 총비용이 된다. 매출원가를 구하기 위해서는 총비용을 구한 뒤, 기타비용을 차감해 주어야 한다.

> 총비용 = 기초 재고(순액) + 매입액 – 기말 재고(순액)
> 매출원가 = 기초 재고(순액) + 매입액 – 기말 재고(순액) – 기타비용

① 기초 재고 금액을 적는다. 단, 기초 충당금이 있는 경우 충당금을 차감한 순액을 적는다. 전기말과 당기초는 같은 시점이므로, 문제에 제시된 전기말 재고자산의 평가충당금이나 NRV를 바탕으로 기초 재고 순액을 계산하자.
② 기초 재고액에 매입액을 가산하여 판매가능상품(기초 + 매입) 금액을 구한다.
③ 대차는 일치하므로 대변에도 판매가능상품 금액을 적는다.
④ Step 4에서 구한 기타비용과 기말 재고 순액(마지막 줄 금액)을 적는다.
⑤ 대변에 빈 금액을 매출원가로 채워주면 끝!

(3) 매출원가 vs 기타비용: 문제에서 시키면 시키는대로, 없으면 정상 감모 및 평가손실을 매출원가로, 비정상 감모를 기타비용으로

IFRS에서는 감모손실과 평가손실에 대한 구체적인 지침 없이, 단순히 '비용화'한다고만 언급하고 있다. 따라서 문제에서 감모손실과 평가손실에 대한 처리 방법을 정해주어야 한다. 문제에 지시

사항이 있다면 문제의 지시 사항대로 처리하고, 언급이 없다면 정상 감모 및 평가손실을 매출원가로, 비정상 감모를 기타비용으로 처리한다.

저가법 – 감모손실과 평가손실

01 ㈜한국의 20×1년 12월 31일 재고자산 관련 자료는 다음과 같다.

> - 장부상 재고수량 5,000개
> - 실지재고 조사수량 4,500개
> - 재고자산 단위당 취득원가 ₩500/개
> - 재고자산 단위당 순실현가능가치 ₩350/개

㈜한국이 20×1년 12월 31일에 인식해야 할 재고자산감모손실과 재고자산평가손실을 바르게 연결한 것은?

2022. 관세직 9급

	재고자산감모손실	재고자산평가손실
①	₩175,000	₩175,000
②	₩175,000	₩750,000
③	₩250,000	₩675,000
④	₩250,000	₩750,000

● **해설**

> BQ × BP : 5,000개 × 500 = 2,500,000   > 감모손실 250,000
> AQ × BP : 4,500개 × 500 = 2,250,000   > 평가충당금 675,000
> AQ × 저가 : 4,500개 × 350 = 1,575,000

- 저가=min[BP, NRV]=min[500, 350]=350
- 기초 평가충당금에 대한 언급이 없으므로 기말 평가충당금이 곧 평가손실이 된다.

답 ③

02 다음은 ㈜한국의 기말 상품재고에 대한 자료이다. ㈜한국이 인식할 재고자산감모손실과
재고자산평가손실은?

2012. 계리사

- 장부수량 : 1,000개
- 실사수량 : 950개
- 취득단가 : ₩1,000
- 단위당 순실현가치 : ₩900

	재고자산감모손실	재고자산평가손실
①	₩45,000	₩ 95,000
②	₩45,000	₩100,000
③	₩50,000	₩ 95,000
④	₩50,000	₩100,000

● 해설

BQ × BP : 1,000개 × @1,000 = 1,000,000 > 감모손실 50,000
AQ × BP : 950개 × @1,000 = 950,000 > 평가충당금 95,000
AQ × 저가 : 950개 × @900 = 855,000

- 감모손실: (1,000 − 950) × @1,000 = 50,000
- 평가충당금: (1,000 − 900) × 950개 = 95,000
- 기초 평가충당금에 대한 언급이 없으므로 기말 평가충당금이 곧 평가손실이 된다.

답 ③

저가법 - 총비용

03 다음은 ㈜한국의 상품과 관련된 자료이다. ㈜한국이 당기에 인식해야 할 총비용은?
(단, 비정상적인 감모손실은 없다)

2012. 국가직 7급

• 기초상품재고액	₩100,000
• 당기상품매입액	₩700,000
• 장부상 기말상품재고액(220개, 단가 ₩1,100)	₩242,000
• 기말상품 실제재고수량(200개)	
• 기말상품 개당 순실현가능가치	₩1,000

① ₩558,000　　　　　　　　　② ₩578,000

③ ₩580,000　　　　　　　　　④ ₩600,000

● **해설**

BQ × BP
AQ × BP
AQ × 저가 : 200개 × @1,000 = 200,000

재고자산

기초	100,000	매출원가 기타비용	600,000	] 총비용
매입	700,000	기말(순액)	200,000	
계	800,000	계	800,000	

• 총비용: 100,000 + 700,000 − 200,000 = 600,000

• 매출원가와 기타비용의 구분 없이 '총비용'을 물었기 때문에 판매가능상품에서 기말 저가 재고(순액)를 차감하면 된다.

[참고]

BQ × BP : 220개 × @1,100 = 242,000
AQ × BP : 200개 × @1,100 = 220,000　　> 감모손실 22,000
AQ × 저가 : 200개 × @1,000 = 200,000　　> 평가충당금 20,000

기초 평가충당금에 대한 언급이 없으므로 기말 평가충당금이 곧 평가손실이 된다.

답 ④

예제 **저가법 - 매출원가**

04 재고자산평가손실과 정상적 원인에 의한 재고감모손실은 매출원가로, 비정상적인 감모 손실은 기타비용으로 보고하는 경우 다음 자료를 토대로 계산한 매출원가는? _{2014. 국가직 9급}

- 판매가능원가(= 기초재고원가 + 당기매입원가): ₩78,000
- 계속기록법에 의한 장부상 수량: 100개
- 실지재고조사에 의해 파악된 기말재고 수량: 90개
- 재고부족수량: 40%는 비정상적 원인, 나머지는 정상적 원인에 의해 발생됨
- 기말재고자산의 원가: @₩100
- 기말재고자산의 순실현가능가치: @₩90

① ₩69,500   ② ₩69,300

③ ₩68,400   ④ ₩68,600

● **해설**

BQ × BP : 100개 × @100 = 10,000   > 감모손실 1,000 < 정상(매출원가): 600
AQ × BP : 90개 × @100 = 9,000   비정상(기타비용): 400
AQ × 저가 : 90개 × @90 = 8,100   > 평가충당금 900

기초 평가충당금에 대한 언급이 없으므로 기말 평가충당금이 곧 평가손실이 된다.

재고자산

기초	×××	매출원가	69,500
		기타비용	400
매입	×××	기말(순액)	8,100
계	78,000	계	78,000

매출원가: 78,000 − 8,100 − 400 = 69,500

답 ①

예제 **저가법 - 기초 평가충당금이 있는 경우**

05 ㈜한국의 2016년 기초상품재고는 ₩50,000이고 당기매입원가는 ₩80,000이다. 2016년 말 기말상품재고는 ₩30,000이며, 순실현가능가치는 ₩23,000이다. 재고자산평가손실을 인식하기 전 재고자산평가충당금 잔액으로 ₩2,000이 있는 경우, 2016년 말에 인식할 재고자산평가손실은?

2016. 국가직 7급

① ₩3,000   ② ₩5,000

③ ₩7,000   ④ ₩9,000

● **해설**

- 기말 평가충당금: 30,000 - 23,000 = 7,000
- 평가손실: 7,000 - 2,000 = 5,000

평가충당금은 기말에만 기말수정분개를 통해 변화한다. 재고자산평가손실을 인식하기 전 평가충당금 잔액 2,000은 15년 말에 계상된 평가충당금을 의미한다. 15년 말과 16년 초는 같은 시점이므로, 이 금액이 16년 관점에서는 기초 평가충당금이 된다.

평가충당금 7,000은 기말 잔액이므로, 기초 평가충당금 2,000과의 차액 5,000이 평가손실이 된다. 평가손실 계산 시에는 항상 충당금 기초 금액을 확인해야 함에 주의하자.

[참고]

```
BQ × BP : 30,000
AQ × BP : 30,000
                  > 평가충당금 7,000
AQ × 저가 : 23,000
```

문제에서 감모에 대한 언급이 없으므로, 30,000과 23,000의 차이는 평가충당금으로 본다.

답 ②

5 재고자산에 포함될 항목

회사의 실제 재고가 창고에 있는 실사 재고와 정확히 일치하지 않을 수 있다. 회사의 재고이지만 창고 밖에 있는 재고도 있기 때문이다. 실제 재고와 실사 재고 사이의 차이를 발생시키는 요인으로는 미착품, 적송품, 시송품, 저당상품 등이 있다. 추가로, 많은 수험생들이 헷갈려 하는 할부판매상품에 대해서도 설명할 것이다.

주로 문제는 창고 실사 자료와 함께 추가 자료를 제시하고, 기말 현재 정확한 재고자산원가를 구하는 방식으로 출제된다. 기말 재고자산원가를 구한 뒤 기초 재고와 매입액을 조정하여 매출원가를 구하는 형식의 문제가 출제되기도 하였다.

1. 미착품

미착품이란 기말 현재 운송중인 상품을 말한다. 온라인 주문을 했는데 12월 31일 현재 발송이 시작되었지만 아직 구매자에게 배송이 완료되지 않고 택배 회사가 운송중인 상황을 생각하면 된다. 이 경우 인도조건에 따라 미착품의 소유권이 결정된다.

(1) 선적지 인도조건: 물품을 싣는 곳(선적지)에서 소유권이 이전되는 조건

선적하는 순간 소유권이 이전되므로 구매자의 재고자산에 포함된다.

(2) 도착지 인도조건: 물품이 도착한 곳(도착지)에서 소유권이 이전되는 조건

재고가 도착해야 소유권이 이전되므로 판매자의 재고자산에 포함된다.

 미착품 처리 방법

	구매자	판매자
선적지 인도	O	X
도착지 인도	X	O

① 문제에 제시된 기업이 구매자(매입)인지, 판매자(매출)인지 구분하기

② 선적지 인도조건인지, 도착지 인도조건인지 구분하기

인도조건만 봐서는 기업의 재고인지 판단할 수 없다. 반드시 문제에 제시된 기업이 구매자인지, 판매자인지 먼저 파악한 다음에 인도조건을 따져 봐야 한다.

2. 적송품

적송품이란 위탁판매 과정에서 위탁자가 수탁자에게 보낸 상품을 말한다. 위탁자(CPA김수석)가 상품(교재) 판매를 수탁자(서점)에게 위탁한 경우, 수탁자가 보유하고 있는 상품이 적송품이 된다. 위탁자는 수탁자가 판매할 때 수익을 인식하며, 그 전까지 수탁자가 보유하고 있는 상품은 위탁자의 재고자산에 가산해야 한다.

3. 시송품

시송품이란 먼저 상품을 사용해보고 나중에 구매를 결정하도록 고객에게 보낸 상품을 말한다. 이러한 판매 방법을 시용판매라고 부른다. 시송품은 고객이 구매 의사를 밝혔을 때 수익을 인식하며, 고객이 구매 의사를 밝히지 않은 상품은 판매자의 재고자산에 포함된다.

4. 저당상품

저당상품이란 회사가 자금을 차입하면서 대여자에게 담보로 제공한 재고를 의미한다. 담보제공 재고라고 부르기도 한다. 저당상품은 차입금 상환 전까지 대여자가 보관하지만 소유권이 이전된 것이 아니므로 차입자의 재고자산에 포함된다. 차입자가 차입금을 상환하지 못하여 대여자가 담보권을 행사했을 때 차입자의 재고자산에서 제거한다.

5. 할부판매상품 ⭐중요

할부판매는 상품 대금을 여러 차례에 나누어 지급하는 형태의 판매를 의미한다. 할부판매상품은 인도가 되는 시점에 구매자에게 소유권이 이전된다. 하지만 많은 수험생들이 할부판매는 대금 지급이 완료되지 않았기 때문에 판매자의 재고자산에 포함되어야 한다고 오해한다. 이 문제는 스마트폰 할부 구입을 예로 들면 쉽게 이해할 수 있다. 할부 대금을 모두 지급하지 않았다 하더라도 스마트폰의 소유권은 구매자에게 있다. 할부판매는 대금 지급만 여러 차례로 나누어 이루어질 뿐 일반 판매와 동일하다.

 **재고자산에 포함될 항목 요약**

미착품	선적지 인도조건 시 구매자, 도착지 인도조건 시 판매자의 재고	
적송품	수탁자가 팔기 전까지는 위탁자의 재고	창고 밖에 있지만 재고에 포함
시송품	고객이 구매 의사를 밝히기 전까지는 판매자의 재고	
저당상품	대여자가 보관해도 차입자의 재고로 인식	
할부판매상품	인도 시점에 소유권 이전 예 스마트폰 할부 구입	

예제 **재고자산에 포함될 항목**

01 다음 중 판매자의 기말 재고자산에 포함되지 않는 것은?   2017. 관세직 9급 수정

① 고객이 구매의사를 표시하지 않은 시용판매 상품
② 위탁판매를 하기 위하여 발송한 후, 수탁자가 창고에 보관 중인 적송품
③ 판매대금을 일정기간에 걸쳐 분할하여 회수하는 조건으로 판매 인도한 상품
④ 도착지 인도조건으로 선적되어 운송 중인 미착상품

● **해설**

① 시송품은 고객이 구매의사를 표시하지 않았다면 판매자의 재고에 포함시킨다.
② 적송품은 수탁자가 판매하기 전까지는 위탁자의 재고이다.
③ 할부판매상품은 대금 회수 여부와 관계없이 판매 시점에 소유권이 이전된다.
④ 도착지 인도조건인 경우 아직 도착하지 않았으므로 여전히 판매자의 재고이다.

답 ③

02 다음은 2014년 12월 31일 현재 ㈜한국의 재고자산과 관련한 자료이다. 재무상태표에 표시되는 재고자산의 금액은?

2015. 관세직 9급

- 매입을 위해 운송 중인 상품 ₩250 (FOB선적지기준: ₩150, FOB도착지기준: ₩100)
- 시송품 중 매입의사가 표시되지 않은 상품: 판매가 ₩260 (원가에 대한 이익률 30%)
- 적송품 중 판매되지 않은 상품 ₩300
- 창고재고 ₩1,000원 (수탁상품 ₩100 포함)

① ₩1,550

② ₩1,610

③ ₩1,710

④ ₩1,750

● 해설

미착품	150
시송품	260/1.3 = 200
적송품	300
창고재고	1,000 - 100 = 900
기말재고	1,550

- 미착품: 회사가 매입자이므로 선적지 인도기준 재고가 회사의 재고이다.
- 시송품: 원가 기준 이익률이 30%이므로 매가를 1.3으로 나누어야 한다. 재무상태표에 재고자산은 매가가 아닌 원가로 표시된다.
- '수탁상품'이란 수탁자가 위탁자로부터 받은 적송품을 의미한다. 창고재고 중 수탁상품은 다른 기업 (위탁자)의 재고이므로 수탁자의 재고에서 차감해야 한다.

답 ①

03 ㈜한국의 외부감사를 맡고 있는 A회계법인은 2011년도 12월 말 현재 미착상품(FOB 선적지 인도기준) ₩18,000에 대해 장부에는 매입으로 기록되었으나, 실지재고조사과정 에서 기말재고자산에는 포함되지 않았음을 발견하였다. 수정전시산표상 기초재고자산은 ₩50,000이고, 당기매입액은 ₩180,000이고, 실지재고조사법에 의해 조사된 기말재 고자산은 ₩48,000이었다. 감사과정에서 발견된 사항을 반영하였을 경우 매출원가는? (단, 재고감모손실은 없다)

2011. 관세직 9급

① ₩164,000　　　　　　　　　② ₩178,000

③ ₩182,000　　　　　　　　　④ ₩200,000

● **해설**

• 실제 기말 재고: 48,000 + 18,000 = 66,000
• 매출원가: 50,000 + 180,000 − 66,000 = 164,000

답 ①

김 용 재 코 어
공 무 원 회 계 학
재 무 회 계

공무원 시험에서 유형자산은 국가직, 지방직 모두 평균적으로 1문제 이상 출제되는 중요한 주제이다. 유형자산에서는 원가모형 손상차손, 감가상각이 가장 많이 출제되었으며, 이외에도 일괄취득, 재평가모형, 교환 등이 빈번히 출제되었다.

05

유형자산

05 유형자산

1 유형자산의 취득원가

취득원가 가산 항목	당기 비용 항목
(1) 관세 및 취등록세, 설치원가, 조립원가, 전문가에게 지급하는 수수료 (2) 설치장소 준비 원가 (3) 시운전원가 (4) 규제로 인해 설치하는 설비원가	(1) 재산세, 수선유지비, 보험료, 교육훈련비, 광고선전비 (2) 새로운 시설을 개설하는 데 소요되는 원가 (3) 시제품의 원가 및 매각액 (4) 재배치, 재편성 원가, 초기 가동손실, 완전조업도에 미치지 못하는 원가 (5) 건설 시작 전에 건설용지를 주차장으로 사용하여 발생한 손익

1. 취득원가 vs 비용의 대원칙: 취득 과정에서 발생 vs 취득 완료 이후 발생

위의 표에 서술된 항목들은 사례이다. 위 항목 이외의 내용도 출제되며, 스스로 판단할 수 있어야 한다. 취득 과정에서 발생한 지출은 취득원가에 포함되고, 취득 완료 이후에 발생한 지출은 비용화된다는 것이 구분의 대원칙이다. 가령, 취등록세와 설치원가 등은 취득 과정에서 발생하므로 취득원가에 가산하지만, 재산세와 수선유지비, 보험료 등은 취득 이후 보유 과정에서 매년 발생하므로 당기비용 처리한다. 재산세는 취득 시 1회만 납부하는 취등록세와 달리 매년 납부한다는 것에 유의하자. 이외에도 광고선전비와 교육훈련비는 대표적인 비용 항목이므로 꼭 기억해두자.

2. 설치장소 준비 원가 vs 새로운 시설 개설을 개설하는 데 소요되는 원가

김수석도 수험생 때 과연 저 두 가지 항목의 뜻이 어떻게 다른지 의아했다. '설치장소를 준비하는 원가가 곧 새로운 시설을 개설하는 데 소요되는 원가 아닌가?' 맞다. 수험생은 두 개념이 서로 다른지 구분할 필요가 없다. 저 개념들은 기준서의 원문이고, 실무에서 판단할 몫이기에, 시험도 원문 그대로 출제된다. 따라서 수험생은 뜻을 궁금해할 필요 없이, 어떤 항목이 자산인지 구분할 줄만 알면 된다. 표의 왼편에 있는 '설치장소 준비 원가'가 '준비 원가' 4글자로 끝나기 때문에 취득원가(4글자)라고 외우자. '설치장소 준비원가 취득원가'를 10번만 읽어보자. 입에 잘 붙으면서, 문제에 제시된 '설치장소 준비 원가'를 보면 나도 모르게 '취득원가'를 되뇌이고 있을 것이다. 오른편에 있는 '새로운 시설을 ~원가'는 마지막이 '원가' 2글자로 끝나기 때문에 '비용'(2글자)으로 외우자. 이때, 설치장소 준비 원가도 마지막이 '원가' 2글자로 끝나는데, 앞에 뭐가 붙어 있는지 꼭 확인하자. 준비원가면 취득원가, 그냥 원가면 비용이다.

| 예제 | 유형자산의 취득원가 |

01 유형자산의 취득원가를 인식할 때 경영진이 의도하는 방식으로 자산을 가동하기 위해 필요한 장소와 상태에 이르게 하는 데 직접 관련되는 원가의 예로 옳지 않은 것은? 2013. 국가직 7급

① 설치장소 준비 원가
② 최초의 운송 및 취급관련 원가
③ 새로운 시설을 개설하는 데 소요되는 원가
④ 전문가에게 지급하는 수수료

> ● 해설
>
> 발문에 '경영진이 의도하는 방식으로 자산을 가동하기 위해 필요한 장소와 상태에 이르게 하는 데 직접 관련되는 원가'가 취득원가를 뜻하는 것인데, 이것을 몰랐어도 문제를 푸는 데 지장이 없다. 3개가 취득원가 가산항목이고 1개만 비용 항목이기 때문이다. 새로운 시설을 개설하는 데 소요되는 '원가'만 비용 항목이다. 2글자로 끝나니 비용(2글자)으로 외우자. '설치장소 준비 원가'도 원가로 끝나긴 하지만 '준비'까지 붙여서 4글자로 보자.
>
> 답 ③

3. 시운전원가: 취득원가 가산, 시제품의 원가 및 매각액은 당기손익

기업이 기계장치 등을 매입한 경우에는 기계가 잘 작동하는지 확인하기 위해 발생하는 시운전원가가 취득 과정에서 필수적인 원가이다. 시운전을 해보고 작동이 제대로 되지 않는 경우 해당 기계를 매입하지 않을 수도 있기 때문이다. 따라서 시운전원가는 취득원가에 가산한다.

시운전 과정에서 생산한 시제품의 원가 및 매각액은 당기손익으로 인식한다. 기존에는 시제품의 순매각액을 유형자산의 취득원가에서 차감하였으나, 실무에서 적용하기 어려웠기 때문에 최근에 기준서를 개정하였다.

4. 재배치, 재편성 원가, 초기 가동손실, 완전조업도에 미치지 못하는 원가: 당기비용

재편성, 재배치 원가는 이름에서부터 '다시' 한다는 의미를 내포하고 있다. 취득이 완료된 후에 '다시' 편성하고, 배치하는 것이기 때문에 당기비용 처리한다.

초기 가동손실이나 완전조업도에 미치지 못하는 원가도 마찬가지이다. 초기 가동손실이 발생하기 위해서는 먼저 취득이 완료되어야 한다. 취득이 완료되어야 가동할 수 있기 때문이다. 초기에 가동손실이 발생하든, 완전조업도 수준에 미치지 못하든 전혀 중요하지 않다. 취득이 끝났고, 그에 따라 사용하고 있다는 것이 중요하다. 이러한 원가들은 당기비용 처리한다.

5. 건설 시작 전에 건설용지를 주차장으로 사용하여 발생한 손익: 당기손익

건설을 위해 토지를 구입했는데 아직 건설이 시작되지 않아 토지가 놀고 있을 때 일시적으로 주차장으로 사용하는 경우가 있다. 이러한 상황에서 주차장 관련 원가와 수입이 발생하는데, 토지의 취득원가에 반영하는 것이 아니라 당기손익으로 처리한다. 이는 별도의 주차장 사업이지, 토지의 취득과는 무관하기 때문이다.

6. 규제로 인해 설치하는 설비원가: 취득원가에 가산

공장이나 기계장치 취득 시에 환경 규제 등으로 인해 환경정화장치 등의 설치가 의무인 경우가 있다. 이런 경우 해당 장치의 원가는 유형자산을 사용하기 위해 필수적으로 발생하는 지출이므로 취득원가에 가산한다.

예제 **유형자산의 취득원가**

02 ㈜대한은 다음 자료와 같이 기계장치를 취득하였다. 기계장치의 취득원가는? 2011. 국가직 9급

• 기계장치 구입대금	₩20,000	• 시운전비	₩2,000
• 운반비	₩1,000	• 구입 후 수선비	₩2,000
• 설치비	₩3,000		

① ₩21,000 ② ₩25,000

③ ₩26,000 ④ ₩28,000

● **해설**

• 취득원가: 20,000 + 1,000 + 3,000 + 2,000 = 26,000
• 구입 후 수선비는 취득 과정이 완료된 후 발생한 지출이므로 당기 비용으로 처리한다.

답 ③

2 일괄취득 및 토지에 대한 지출

여러 유형자산을 한꺼번에 일괄취득할 수도 있다. 일괄취득 시 개별 자산의 취득원가는 상황에 따라 다음과 같이 구한다.

1. 모두 사용 시: 공정가치 비율로 안분

일괄취득의 일반적인 상황이다. 예를 들어 토지, 건물, 기계장치를 일괄취득했다면, 총 매입대금을 공정가치 비율로 안분해서 각 자산의 취득원가를 구한다.

예제 일괄취득 - 모두 사용 시

01 ㈜한국은 20X1년 초 토지, 건물 및 기계장치를 일괄취득하고 현금 ₩1,500,000을 지급하였다. 취득일 현재 자산의 장부금액과 공정가치가 다음과 같을 때, 각 자산의 취득원가는? (단, 취득 자산은 철거 혹은 용도변경 없이 계속 사용한다) 2019. 국가직 9급

구분	장부금액	공정가치
토지	₩1,095,000	₩1,350,000
건물	₩630,000	₩420,000
기계장치	₩380,000	₩230,000

	토지	건물	기계장치
①	₩1,350,000	₩420,000	₩230,000
②	₩1,095,000	₩630,000	₩380,000
③	₩1,095,000	₩315,000	₩162,500
④	₩1,012,500	₩315,000	₩172,500

> **● 해설**
>
> 일괄취득 시 취득원가는 공정가치 비율로 안분한다.
> • 토지: 1,500,000 × 1,350,000/2,000,000 = 1,012,500
> • 건물: 1,500,000 × 420,000/2,000,000 = 315,000
> • 기계장치: 1,500,000 × 230,000/2,000,000 = 172,500
> 자료상 '장부금액'은 문제 풀이와 전혀 관련이 없다. 취득원가는 공정가치 비율로 안분하므로 우리는 공정가치만 궁금하다. 나머지 자료에 관심을 갖지 말자. 참고로, 이 문제의 경우 토지, 건물, 기계장치의 취득원가를 모두 구하는 것이 아니라, 4개의 선택지가 다 다른 기계장치만 구해도 정답을 골라낼 수 있다.
>
> 답 ④

2. 토지만 사용 시

(1) 건물을 즉시 철거: 취득가액 전부 토지에 배부! ★중요!

> 토지의 취득원가 = 일괄구입가격 + 철거비용 - 폐자재 처분 수입

건물을 즉시 철거하는 경우, 건물에는 취득원가를 배부하지 않는다. 건물은 토지를 취득하기 위해 구입한 것이고, 즉시 철거되면서 제거되기 때문이다. 토지를 철거하면서 발생한 '순철거비용'(=철거비용-폐자재 처분 수입)은 건물이 없는 빈 토지를 만들기 위한 취득부대비용이므로 토지의 취득원가에 가산한다.

(2) 건물을 사용하다가 철거: FV 비율로 취득원가 안분 → 건물 감가상각 → 철거 시 처분손실 인식

> 건물 처분손실 = 건물 미상각 잔액 + 철거비용 - 폐자재 처분 수입

건물을 사용하다가 철거하는 경우, 철거 전까지는 앞에서 다뤘던 '모두 사용 시'에 해당한다. 따라서 토지와 건물의 공정가치 비율대로 취득원가를 안분한 뒤, 건물을 감가상각한다. 존재하던 자산이 제거되었으므로 건물의 미상각 잔액을 처분손실로 처리하며, 철거비용은 건물을 제거하면서 발생한 비용이므로 처분손실에 가산한다. 건물 처분 시에도 폐자재 처분 수입이 발생할 수 있는데, 이 경우 처분손실에서 차감하면 된다. 중요한 내용은 아니므로 기억할 필요는 없다.

 **핵심 콕!** 건물 철거 시점에 따른 철거비용의 처리방법

(1) 건물을 즉시 철거	토지 취득원가에 가산
(2) 건물을 사용하다가 철거	처분손실

철거비용의 처리 방법은 건물의 철거 시점에 따라 달라진다. '(1) 건물을 즉시 철거'하는 경우에는 철거비용을 토지의 취득원가에 가산한다. '아무것도 없는 토지'를 취득하기 위해서 건물을 철거하는 것이므로 철거비용이 취득 부대비용 성격을 띄기 때문이다. 반면 '(2) 건물을 사용하다 철거'하는 경우에는 기존에 있는 건물을 제거하는 것이므로 처분손실로 처리한다.

(3) 토지의 취득원가에 가산하는 지출

다음의 지출은 토지의 취득원가에 가산한다. 기준서에 서술된 부분이 아니라, 그동안의 공무원 기출문제에서 취득원가로 보았던 부분이다. 문제마다 용어가 조금씩 다르게 출제되므로 토지의 취득원가에 가산할지, 건물의 취득원가에 가산할지 애매하다. 어차피 객관식 문제이므로 해당 항목을 토지로 보고 답을 찾아보고, 답이 없다면 건물로 보고 답을 다시 찾아보자.

① 구획정리비용: 토지의 구획을 명확히 하기 위해서 발생하는 비용
② 토지정지비용: 토지의 높이를 원하는 높이로 맞추는데 드는 비용

예제 **일괄취득 – 토지만 사용 시**

02 ㈜한국은 건물신축을 위해 영업용 토지를 ₩1,000,000에 매입하였다. 매입시 지급한 현금은 다음과 같다. 토지의 취득원가는?   2013. 관세직 9급

• 구건물 철거비용	₩225,000	• 취득세	₩7,000
• 소유권 이전 등기료	₩70,000	• 전세입주자 모집광고비	₩80,000

① ₩1,382,000   ② ₩1,302,000   ③ ₩1,077,000   ④ ₩1,000,000

● 해설

매입가액	1,000,000
구건물 철거비용	225,000
소유권 이전 등기료	70,000
취득세	7,000
토지 취득원가	1,302,000

• 구건물 철거비용: '건물 신축을 위해' 토지를 취득한 것이므로 철거비용을 토지의 취득원가에 가산한다.
• 소유권 이전 등기료, 취득세: 취득 관련 부대비용이므로 토지의 취득원가에 가산한다.
• 전세입주자 광고비: 광고선전비는 대표적인 비용항목이다. 자산의 취득원가에 가산하지 않는다.

답 ②

03 ㈜갑은 회사사옥 건립을 목적으로 기존건물이 있는 토지를 ₩300,000에 취득하였다. 이 토지의 취득과정에서 다음과 같은 추가지출과 수입이 발생하였다. 토지의 취득원가는?   2010. 관세직 9급

• 기존건물철거비용	₩20,000	• 취득세와 등록세	₩6,000
• 철거건물 부산물 매각액	₩4,000	• 토지의 구획정리비용	₩3,000

① ₩285,000   ② ₩319,000   ③ ₩325,000   ④ ₩333,000

● 해설

토지 매입가액	300,000
철거비용	20,000
부산물 매각액	(4,000)
취등록세	6,000
구획정리비용	3,000
토지 취득원가	325,000

토지의 구획정리비용은 토지의 취득원가에 가산한다.

답 ③

04 ㈜한국은 20X1년 1월 1일에 토지와 토지 위의 건물을 일괄하여 ₩1,000,000에 취득하고 토지와 건물을 계속 사용하였다. 취득시점 토지의 공정가치는 ₩750,000이며 건물의 공정가치는 ₩500,000이다. 건물의 내용연수는 5년, 잔존가치는 ₩100,000이며, 정액법을 적용하여 건물을 감가상각한다(월할 상각, 원가모형 적용). 20X3년 1월 1일 ㈜한국은 더 이상 건물을 사용할 수 없어 해당 건물을 철거하였다. 건물의 철거와 관련하여 철거비용이 발생하지 않았을 경우, 20X3년 1월 1일에 인식하는 손실은?

2022. 관세직 9급

① ₩120,000 ② ₩280,000
③ ₩360,000 ④ ₩400,000

● 해설

건물의 취득원가: 1,000,000 × 500,000/(500,000 + 750,000) = 400,000
−토지와 건물을 일괄취득한 후, 계속 사용하였으므로 취득 시점의 공정가치 비율대로 안분한다.

X3.1.1 처분손실 = 건물의 X3.1.1 장부금액 = 400,000 − (400,000 − 100,000) × 2/5 = 280,000
−사용하던 건물을 철거하는 경우 처분손실은 '건물의 처분 시점 장부금액+철거비용'이나 철거비용이 발생하지 않았으므로 건물의 처분 시점 장부금액이 처분손실이 된다.

目 ②

---

3. 토지에 대한 지출

(1) 내용연수 무한 or 지자체가 보수 담당: 토지로 회계처리

내용연수가 무한한 경우에는 상각하면 안 되기 때문에 토지로 처리한다. 이와 마찬가지로, 지자체가 보수를 담당하는 경우에는 회사가 관리할 필요가 없으므로 내용연수가 무한하다고 보고 토지로 처리한다.

(2) 내용연수 유한 or 회사가 보수 담당: 구축물로 회계처리

내용연수가 유한한 경우와, 회사가 보수를 담당하는 경우에는 영구적이지 않으므로 구축물로 처리한 후, 감가상각한다.

예제 토지에 대한 지출

01 20X1년 ㈜한국의 사옥건설을 위해 매입한 토지와 건물신축과 관련된 금액이 다음과 같을 때, 토지의 취득원가는? (단, 토지진입로는 영구적이나 울타리는 내용연수가 5년이다)

2017. 지방직 9급

내역	금액(₩)
구건물 포함 토지 매입대금	3,000
구건물 철거비	500
구건물 철거 시 발생한 고철 매각대금	300
울타리 공사비	1,000
건물을 신축한 건설회사에 지급한 건설원가	6,000
토지진입로 공사비	1,000
건물 건설 계약금	500
토지 취득 시 부담하기로 한 미지급 재산세	50
토지 취득 중개수수료	100
건축설계비	500
신축건물 지정차입금의 건설기간 이자비용	100
취득 후 토지분 재산세	200

① ₩4,350 ② ₩4,500

③ ₩4,550 ④ ₩5,500

● 해설

내역	금액(₩)
구건물 포함 토지 매입대금	3,000
구건물 철거비	500
구건물 철거 시 발생한 고철 매각대금	(300)
토지진입로 공사비	1,000
토지 취득 시 부담하기로 한 미지급 재산세	50
토지 취득 중개수수료	100
계	4,350

토지진입로는 영구적이므로 토지의 취득원가에 가산하나, 울타리의 내용연수는 유한하므로 토지가 아닌 구축물로 계상한다. '취득 후' 재산세는 당기비용 처리하지만, '취득 시 부담하기로 한' 재산세는 취득을 위해 발생하는 지출이므로 토지의 취득원가에 가산한다.

답 ①

02 ㈜한국은 공장을 신축하기 위해 토지를 구입하였는데 이 토지에는 사용불가능한 창고건물이 있었다. 다음 자료를 기초로 계산한 토지의 취득원가는?
2008. 국가직 7급

• 토지의 구입가격	₩ 500,000
• 토지 구입을 위한 중개인 수수료	₩ 20,000
• 토지 취득세 및 등기비	₩ 30,000
• 창고건물 철거비용	₩ 50,000
• 창고건물 철거시 발생한 폐기물 처분가액	₩ 10,000
• 영구적으로 사용가능한 하수도 공사비	₩ 10,000
• 토지정지비용	₩ 20,000

① ₩ 610,000　　② ₩ 620,000　　③ ₩ 630,000　　④ ₩ 640,000

● 해설

토지 구입가격	500,000
중개인 수수료	20,000
취득세 및 등기비	30,000
철거비용	50,000
폐기물 처분가액	(10,000)
영구적으로 사용가능한 하수도 공사비	10,000
토지정지비용	20,000
토지의 취득원가	620,000

공장을 신축하기 위해 토지를 구입하였으므로, 토지 구입가격을 전부 토지의 취득원가에 가산하고 철거비용과 폐기물 처분가액도 토지의 취득원가에 가감한다. 하수도는 영구적으로 사용 가능하므로 공사비를 토지의 취득원가에 가산한다.

目 ②

3 교환

교환거래란 돈을 지급하고 구입하는 것이 아니라 내 자산과 상대방의 자산을 바꾸는 것을 말한다. 출제자가 교환 문제에서 묻는 것은 딱 두 가지이다. 유형자산처분손익과 신자산의 취득원가가 그것이다. 교환 문제는 크게 상업적 실질이 있는 경우와, 상업적 실질이 결여된 상황으로 나뉜다. 본서에서 언급하는 '구 자산'은 기존에 내가 보유하던 자산을, '신 자산'은 교환을 통해 새로 취득하는 자산을 말한다.

1. 상업적 실질이 있는 경우

(1) 유형자산처분손익 = 구 자산 공정가치(FV) - 구 자산 장부금액(BV)

상업적 실질이 있는 경우 기존에 보유하던 자산의 공정가치에서 장부금액을 차감한 금액이 처분손익이 된다.

(2) 신 자산의 취득원가

현금 지급 시와 현금 수령 시, 신 자산의 취득원가는 다음과 같이 계산한다.

	현금 지급 시	현금 수령 시
상황	나 → 너 1. 구자산 FV 2. 현금 지급액 3. 신 자산 취득원가	나 ← 너 1. 구자산 FV 2. 현금 수취액 3. 신 자산 취득원가
신 자산의 취득원가	구 자산 FV + 현금 지급액	구 자산 FV - 현금 수취액

교환 시 준 것과 받은 것은 일치해야 한다. 따라서 신 자산의 취득원가는 구 자산의 FV에서 현금 수취액은 더하고, 현금 지급액은 차감한다. 현금을 받았으면 내 자산이 더 비싸다는 것을, 현금을 줬다면 내 자산이 더 싸다는 것을 의미하기 때문이다.

예제 상업적 실질이 있는 경우 - 유형자산처분손익

01 ㈜대한은 20X1년 1월 1일 컴퓨터 A를 취득하였다.(취득원가 ₩2,100,000, 잔존가치 ₩100,000, 내용연수 5년, 정액법 상각) 20X3년 1월 1일 ㈜대한은 사용하고 있는 컴퓨터 A를 ㈜민국의 신형 컴퓨터 B와 교환하면서 현금 ₩1,500,000을 추가로 지급하였다. 교환 당시 컴퓨터 A의 공정가치는 ₩1,325,450이며, 이 교환은 상업적 실질이 있다. ㈜대한이 인식할 유형자산처분손익은?

2018. 지방직 9급

① 처분손실 ₩25,450 ② 처분이익 ₩25,450

③ 처분손실 ₩65,450 ④ 처분이익 ₩65,450

● 해설

감가상각과 교환이 같이 출제된 문제였다. 유형자산처분손익을 물어보았는데, 처분손익은 'FV − BV'으로 구하므로 BV만 구하면 된다.

X0 2,100,000 n = 5, s = 100,000

X1 ↓ (800,000) = (2,100,000 − 100,000) × 2/5

X2 1,300,000

X3년 초 장부금액이 1,300,000이므로 처분이익은 25,450이다.

目 ②

---

02 ㈜한국은 사용 중인 기계장치 A(장부금액 ₩300,000, 공정가치 ₩150,000)를 ㈜대한의 사용 중인 기계장치 B(장부금액 ₩350,000, 공정가치 ₩250,000)와 교환하였으며 공정가치 차액에 대하여 현금 ₩100,000을 지급하였다. 해당 교환거래가 상업적 실질이 존재하는 경우, ㈜한국과 ㈜대한이 각각 인식할 유형자산처분손실은?

2020. 국가직 7급

	㈜한국	㈜대한
①	₩100,000	₩100,000
②	₩100,000	₩150,000
③	₩150,000	₩100,000
④	₩150,000	₩150,000

> **● 해설**
>
> 유형자산처분손익: 구 자산 FV – BV
> - ㈜한국: 150,000 – 300,000 = (–)150,000
> - ㈜대한: 250,000 – 350,000 = (–)100,000
>
> [참고] 회계처리
>
> | | ㈜한국 | | | ㈜대한 | |
> |---|---|---|---|---|---|
> | 구 자산 빼고 | | 기계장치 300,000 | | | 기계장치 350,000 |
> | 현금 적고 | | 현금 100,000 | 현금 100,000 | | |
> | 처분손익 | 처분손실 150,000 | | 처분손실 100,000 | | |
> | 나머지 신자산 | 신자산 250,000 | | 신자산 150,000 | | |
>
> 답 ③

예제 상업적 실질이 있는 경우 – 신 자산의 취득원가

03 ㈜서울은 공정가액이 ₩190,000인 신기계장치를 인수하고 현금 ₩60,000과 장부가액이 ₩120,000(취득원가 ₩135,000, 감가상각누계액 ₩15,000)인 구기계장치를 제공하였다. 단, 구기계장치의 공정가액은 ₩130,000이며 교환거래는 상업적 실질이 있다고 가정한다. 신기계장치의 취득원가는 얼마인가?

2017. 서울시 9급

① ₩120,000   ② ₩130,000

③ ₩180,000   ④ ₩190,000

> **● 해설**
>
>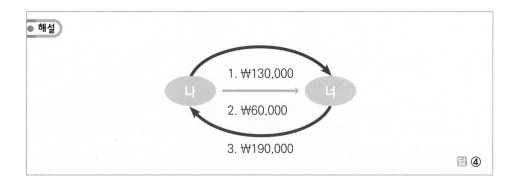
>
> 답 ④

2. 상업적 실질이 결여되었거나, 공정가치를 신뢰성 있게 측정할 수 없는 경우

	현금 지급 시	현금 수령 시
상황		
처분손익	0	
신 자산의 취득원가	구 자산 BV + 현금 지급액	구 자산 BV − 현금 수취액

(1) 유형자산처분손익 = 0

상업적 실질이 결여된 거래의 사례로는 오락실에서 1,000원짜리 지폐를 500원짜리 동전 2개로 바꾸는 것이 있다. 거래이긴 하지만, 1,000원짜리 지폐 한 장과 500원짜리 동전 2개는 사실상 같은 것이기 때문이다. 이처럼 상업적 실질이 결여된 거래에 대해서는 처분손익을 인식하지 않는다. 공정가치를 신뢰성 있게 측정할 수 없는 경우에도 마찬가지로 처분손익을 인식하지 않는다.

(2) 신 자산의 취득원가

상업적 실질이 결여되었거나, 공정가치를 신뢰성 있게 측정할 수 없는 경우에는 구 자산을 공정가치로 평가하지 않는다. 따라서 구 자산의 장부금액에 현금 수수액을 반영해서 신 자산의 취득원가를 계산한다.

예제 **상업적 실질이 결여된 경우**

01 2014년 1월 1일 ㈜한국은 당사의 기계장치 X를 ㈜민국의 기계장치 Y와 교환하고, ㈜한국은 ㈜민국으로부터 현금 ₩100,000을 수령하였다. 각 회사의 기계장치의 장부가액과 공정가치에 대한 정보는 다음과 같다.

구분	기계장치 X	기계장치 Y
장부가액	₩400,000	₩300,000
공정가치	₩700,000	₩600,000

기계장치 X와 기계장치 Y의 교환거래가 상업적 실질이 있는 경우와 상업적 실질이 없는 경우 각각에 대하여 ㈜한국이 교환으로 취득한 기계장치 Y의 취득원가를 계산하면?

2015. 국가직 9급

	상업적 실질이 있는 경우	상업적 실질이 없는 경우
①	₩300,000	₩600,000
②	₩500,000	₩200,000
③	₩600,000	₩300,000
④	₩700,000	₩400,000

● 해설

(1) 상업적 실질이 있는 경우

신 자산의 취득원가 = 700,000 - 100,000 = 600,000

1. ₩700,000
2. ₩100,000
3. ₩600,000

처분이익 = 700,000(FV) - 400,000(BV) = 300,000

구 자산 빼고			기계장치(X)	400,000
현금 적고	현금	100,000		
처분손익			처분이익	300,000
나머지 신자산	기계장치(Y)	600,000		

(2) 상업적 실질이 결여된 경우: 처분이익 = 0

신 자산의 취득원가 = 400,000 - 100,000 = 300,000

1. ₩400,000
2. ₩100,000
3. ₩300,000

구 자산 빼고			기계장치(X)	400,000
현금 적고	현금	100,000		
처분손익			처분이익	0
나머지 신자산	기계장치(Y)	300,000		

답 ③

02 ㈜민국은 취득원가 ₩500,000, 감가상각누계액 ₩300,000인 기계장치를 보유하고 있다. ㈜민국은 해당 기계장치를 제공함과 동시에 현금 ₩50,000을 수취하고 새로운 기계장치와 교환하였다. ㈜민국이 보유하고 있던 기계장치의 공정가치가 ₩300,000으로 추정될 때, 교환에 의한 회계처리로 옳지 않은 것은?   2014. 지방직 9급

① 상업적 실질이 있는 경우 새로운 기계장치의 취득원가는 ₩250,000으로 인식한다.
② 상업적 실질이 있는 경우 제공한 기계장치의 처분이익은 ₩50,000으로 인식한다.
③ 상업적 실질이 결여된 경우 새로운 기계장치의 취득원가는 ₩150,000으로 인식한다.
④ 상업적 실질이 결여된 경우 제공한 기계장치의 처분손익은 인식하지 않는다.

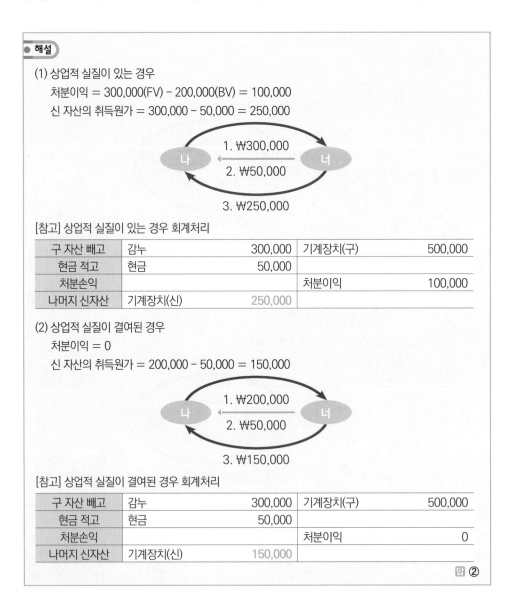

● 해설

(1) 상업적 실질이 있는 경우
　　처분이익 = 300,000(FV) − 200,000(BV) = 100,000
　　신 자산의 취득원가 = 300,000 − 50,000 = 250,000

　　　　　　　　　　　　1. ₩300,000
　　　　　나　　　　　　　　　　　　　너
　　　　　　　　　　　　2. ₩50,000

　　　　　　　　　　　　3. ₩250,000

[참고] 상업적 실질이 있는 경우 회계처리

구 자산 빼고	감누	300,000	기계장치(구)	500,000
현금 적고	현금	50,000		
처분손익			처분이익	100,000
나머지 신자산	기계장치(신)	250,000		

(2) 상업적 실질이 결여된 경우
　　처분이익 = 0
　　신 자산의 취득원가 = 200,000 − 50,000 = 150,000

　　　　　　　　　　　　1. ₩200,000
　　　　　나　　　　　　　　　　　　　너
　　　　　　　　　　　　2. ₩50,000

　　　　　　　　　　　　3. ₩150,000

[참고] 상업적 실질이 결여된 경우 회계처리

구 자산 빼고	감누	300,000	기계장치(구)	500,000
현금 적고	현금	50,000		
처분손익			처분이익	0
나머지 신자산	기계장치(신)	150,000		

답 ②

 교환 요약

다음은 각 상황별로 교환 시 인식할 유형자산처분손익과 신자산의 취득원가를 표로 정리한 것이다. 빈 종이에 많이 그려보고, 숙지해서 문제를 보자마자 필요한 공식이 바로바로 떠오르도록 하자.

	1. 상업적 실질이 있는 경우	2. 상업적 실질이 결여된 경우
(1) 처분손익	구자산 FV – 구자산 BV	0
(2) 신자산의 취득원가	구자산 FV ± 현금 수수액	구자산 BV ± 현금 수수액

4 감가상각

1. 감가상각방법 ★중요!

정액법, 연수합계법 — (취득원가 – 잔존가치) × 상각률

정률법, 이중체감법 — 미상각잔액 × 상각률

감가상각방법에는 4가지가 있으며, 크게 둘로 나뉜다. 위의 두 가지는 각 방법마다 상각률만 다를 뿐 (취득원가 – 잔존가치)에 상각률을 곱하는 것은 동일하다. 아래의 두 가지도 상각률만 다를 뿐 미상각잔액에 상각률을 곱하는 것은 동일하다. 미상각잔액은 '취득원가 – 기초 감가상각누계액'을 말한다. 기초 장부금액이라고 생각하면 된다.

> 1. 정액법: (취득원가 – 잔존가치) ÷ 내용연수
> 2. 연수합계법: (취득원가 – 잔존가치) × 내용연수를 역수로 표시한 당년도 수 ÷ 내용연수 합계
>   (1) 내용연수 합계 = n(n + 1)/2
>   (2) 내용연수가 4년인 경우 상각률의 분모(내용연수 합계): 10 (4/10, 3/10, 2/10, 1/10)
> 3. 정률법: (취득원가 – 기초 감가상각누계액) × 감가상각률
> 4. 이중체감법: (취득원가 – 기초 감가상각누계액) × 2/내용연수

앞으로 감가상각은 ↓(직선 화살표)로 표시할 것이다. 또한, 모든 연도는 기말 기준으로 표시할 것이다. 즉, X1초는 X0말과 동일하므로 X0으로, X1말은 X1로 표시할 것이다.

예제 **감가상각비**

01 ㈜한국은 2009년 1월 1일에 기계를 ₩100,000에 취득하였다. 이 기계의 내용연수는 4년이고, 잔존가치는 ₩20,000으로 추정된다. 2009년 12월 31일 이 기계의 감가상각을 정액법과 연수합계법을 적용하여 계산할 때 두 방법의 감가상각비 차이는? 2010.국가직 9급

① ₩13,000
② ₩12,000
③ ₩11,000
④ ₩10,000

● 해설

- 정액법: (100,000 − 20,000) × 1/4 = 20,000
- 연수합계법: (100,000 − 20,000) × 4/10 = 32,000
- 감가상각비 차이: 12,000

답 ②

 감가상각 관련 변동분 vs 잔액

변동분	잔액
감가상각비	감가상각누계액 = Σ감가상각비 장부금액 = 취득원가 − 감가상각누계액 유형자산처분손익 = 처분가액 − 장부금액

감가상각을 처음 배울 때에는 문제에 등장하는 개념이 변동분인지, 잔액인지 헷갈릴 것이다. 감가상각비는 각 연도별 금액이므로 변동분이지만, 나머지는 전부 잔액에 해당하는 개념이다. 감가상각누계액은 감가상각비의 누적액이므로 잔액이며, 장부금액은 취득원가에서 감누를 차감한 금액이므로 잔액이다. 유형자산처분손익은 본래 변동분에 해당하는 개념이지만, 장부금액을 구해야 하므로 잔액을 계산해야 한다.

2. 특정 시점의 장부금액을 빠르게 구하기

(1) 정액법

> X2말 감가상각누계액 = (취득원가 - 잔존가치) × 2/내용연수
> X2말 장부금액 = 취득원가 - X2말 감가상각누계액

정액법은 매년 상각비가 1/n으로 동일하므로, 경과 내용연수만큼 상각대상금액을 상각하면 특정 시점의 감가상각누계액을 쉽게 구할 수 있다.

(2) 연수합계법 (내용연수 4년 가정 시)

> X2말 감가상각누계액 = (취득원가 - 잔존가치) × (4 + 3)/10
> X2말 장부금액 = 취득원가 - X2말 감가상각누계액

유형자산을 취득한 첫 연도부터 상각률의 분자가 4, 3, 2, 1로 감소하므로 특정 연도 말의 감가상각누계액을 구할 때엔 각 연도별 감가상각비를 계산할 필요 없이 누적으로 한 번에 계산할 수 있다. 특정 시점의 감가상각누계액과 장부금액은 자주 묻는 요소이므로 반드시 숙지하자.

예제　**특정 시점의 장부금액을 빠르게 구하기**

01　㈜한국은 2010년 1월 1일에 기계장치를 ₩5,000,000에 매입하였다. 기계장치의 잔존 가치는 ₩500,000이고, 내용연수는 5년이다. 매년 12월 31일에 감가상각을 실시하며, 2012년 12월 31일에 해당 기계를 ₩2,000,000에 매각했다. 해당 기계를 연수합계법으로 감가상각할 때, 매각시 인식할 유형자산처분손익은?　　　2012. 관세직 9급

① 유형자산처분이익 ₩500,000　　② 유형자산처분이익 ₩600,000
③ 유형자산처분손실 ₩500,000　　④ 유형자산처분손실 ₩600,000

> ● **해설**
>
> 09　5,000,000 n = 5, s = 500,000 연수합계법
> ↓　3,600,000 = (5,000,000 − 500,000) × 12/15
> 12　1,400,000
> 처분손익: 2,000,000 − 1,400,000 = 600,000 이익
> 취득한 10년 초부터 처분한 12년 말까지 3개년을 상각해야 된다. 내용연수가 5년이므로 상각률의 분모
> 는 '5 × 6/2 = 15'이고, 분자는 '5 + 4 + 3 = 12'이다.　　　　　　　　　　답 ②

(3) 정률법, 이중체감법

> $$X2말\ 장부금액 = 취득원가 × (1 - 상각률)^2$$
> $$X2말\ 감가상각누계액 = 취득원가 - X2말\ 장부금액$$

정률법 가정 시 X2말 장부금액은 각 연도별 감가상각비를 구할 필요 없이 한 번에 계산할 수 있다. 이중체감법도 상각률만 다를 뿐 같은 방식으로 계산이 가능하다. 다음 그림을 보면, 상각률이 0.451이라고 가정할 때 매년 기초 미상각잔액 중 0.451에 해당하는 부분은 감가상각 되고, 0.549에 해당하는 부분만 기말에 남는다. 따라서 경과된 연수만큼 0.549(= 1 − 0.451)를 제곱하면 장부금 액을 구할 수 있다.

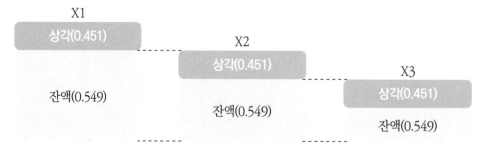

예제 특정 시점의 장부금액을 빠르게 구하기

02 ㈜미래는 2009년 1월 1일에 기계장치를 취득하여 이중체감잔액법(double declining balance method)을 적용하여 감가상각하고 있다. 기계장치의 내용연수는 5년이며, 잔존가치는 ₩50,000이다. ㈜미래가 2010년도에 인식한 당해 기계장치의 감가상각비가 ₩48,000이라고 한다면, 기계장치의 취득원가는? *2010. 지방직 9급*

① ₩150,000   ② ₩200,000

③ ₩250,000   ④ ₩300,000

● 해설

이중체감법의 상각률은 2/5이므로, 09년말 장부금액과 10년도 감가비는 다음과 같이 표시할 수 있다.

• 09년 말 장부금액: 취득원가 × 3/5
• 10년도 감가상각비: 취득원가 × 3/5 × 2/5 = 48,000
• 취득원가 = 200,000

답 ②

---

03 ㈜대한과 ㈜한국은 2010년 1월 1일에 각각 동일한 기계를 ₩100,000에 취득하였다. 두 회사 모두 기계의 내용연수는 4년이고, 잔존가치는 ₩10,000으로 추정한다. 이 기계의 감가상각을 위하여 ㈜대한은 상각률 40%의 정률법을 적용하고, ㈜한국은 연수합계법을 적용한다면, 두 회사의 2011년 12월 31일 재무상태표에 보고되는 이 기계에 대한 감가상각누계액의 차이는? *2012. 지방직 9급*

① ₩1,000   ② ₩4,000

③ ₩5,400   ④ ₩6,000

● 해설

(1) ㈜대한(정률법)
    11년 말 장부금액: $100,000 \times (1 - 40\%)^2 = 36,000$
    11년 말 감가상각누계액: 100,000 − 36,000 = 64,000
(2) ㈜한국(연수합계법)
    11년 말 감가상각누계액: (100,000 − 10,000) × (4 + 3)/(4 + 3 + 2 + 1) = 63,000
(3) 감가상각누계액의 차이: 64,000 − 63,000 = 1,000

답 ①

---

3. 기중 취득 및 기중 처분 자산의 감가상각 ★중요!

대부분의 자산은 기초(1월 1일)에 취득하고, 기초에 처분하는 것으로 제시되지만, 그렇지 않은 경우도 종종 출제된다. 만약 자산을 기중에 취득하거나, 처분하는 경우에는 보유 기간 동안 상각을 해주어야 한다.

(1) 일반 사항 (정액법)

지금까지 계산한 감가상각비는 모두 1년치 감가상각비이다. 취득 시점이 1월 1일이 아닌 경우 보유 첫 해에는 감가비를 보유 기간만큼 월할 상각해야 한다. 가령, 7월 1일에 취득했다면 1년치 감가비를 계산한 다음 × 6/12를 해야 한다. 다음 예제를 보자.

예제 **기중 취득 자산의 감가상각**

01 ㈜대한은 2010년 7월 1일에 취득원가 ₩650,000, 잔존가치 ₩50,000의 기계장치를 취득한 후 사용해오고 있다. 이 기계장치의 내용연수가 3년이고, 기계장치에 대한 감가상각 방법으로 정액법을 사용한다고 할 때, 2011년말 재무상태표에 보고되어야 할 이 기계장치의 장부금액은?

2011. 지방직 9급

① ₩300,000 　　　　　　　　② ₩350,000
③ ₩400,000 　　　　　　　　④ ₩450,000

● 해설

- 10년도 상각비: (650,000 − 50,000) × 1/3 × 6/12 = 100,000
- 11년도 상각비: (650,000 − 50,000) × 1/3 = 200,000 = (550,000 − 50,000) × 1/2.5
- 11년말 감가상각누계액: 100,000 + 200,000 = 300,000
- 11년말 장부금액: 650,000 − 300,000 = 350,000

- 10년 7월 1일에 취득하므로 월할 상각해야 함에 주의한다. 정액법이므로 다음과 같이 11년말 감가상각 누계액을 빠르게 구할 수도 있다.
- 11년 말 감가상각누계액: (650,000 − 50,000) × 1.5/3 = 300,000
  - 3년 중에 1.5년이 지났으므로 상각률을 1.5/3으로 한 번에 곱할 수도 있다.

답 ②

02 ㈜서울은 2016년 3월 1일 기계장치를 ₩1,000,000에 취득하였다. 기계장치의 내용연수는 3년, 추정 잔존가치는 ₩100,000이고 정액법을 이용하여 감가상각한다. ㈜서울은 2017년 7월 1일에 기계장치를 ₩730,000에 처분할 경우, 처분 시점의 감가상각누계액과 처분손익은 얼마인가? 2017. 서울시 9급

① 감가상각누계액 ₩400,000 처분이익 ₩130,000
② 감가상각누계액 ₩450,000 처분이익 ₩180,000
③ 감가상각누계액 ₩400,000 처분손실 ₩130,000
④ 감가상각누계액 ₩450,000 처분손실 ₩180,000

● 해설

(1) 17.7.1 감가상각누계액: (1,000,000 − 100,000) × 16개월/36개월 = 400,000
(2) 17.7.1 장부금액: 1,000,000 − 400,000 = 600,000
(3) 처분이익: 730,000 − 600,000 = 130,000 이익

답 ①

(2) 연수합계법: 연도가 걸쳐 있으면 나눠서 계산할 것! ★중요!

정액법과 달리 연수합계법은 매년 상각률이 달라진다. 이때 상각률은 회계연도가 아니라 취득 시점으로부터의 경과 연수에 따라 달라진다. 예를 들어, 내용연수가 4년이라면 '취득 시점으로부터' 1년간은 상각률이 4/10, 그다음 1년간은 3/10이 된다. X1년 7월 1일에 취득한 자산에 대해 내용연수 4년, 연수합계법을 적용한다면 다음 그림과 같이 X1.7.1~X2.6.30까지는 4/10을, X2.7.1~X3.6.30까지는 3/10을 이용해야 한다.

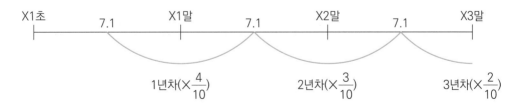

예제 **기중 취득 - 연수합계법**

01 ㈜대한은 2010년 10월 1일에 취득원가 ₩650,000, 잔존가치 ₩50,000의 기계장치를 취득한 후 사용해오고 있다. 이 기계장치의 내용연수가 4년이고, 기계장치에 대한 감가상각 방법으로 연수합계법을 사용한다고 할 때, 2011년말 재무상태표에 보고되어야 할 이 기계 장치의 장부금액은?

2011. 지방직 9급

> ● 해설
>
> - 10년도 상각비: (650,000 − 50,000) × 4/10 × 3/12 = 60,000
> - 11년도 상각비: (650,000 − 50,000) × (4/10 × 9/12 + 3/10 × 3/12) = 225,000
> - 11년말 감가상각누계액: 285,000
> - 11년말 장부금액: 650,000 − 285,000 = 365,000
>
> '10.10.01~11.09.30'까지가 1년차이고, 4/10의 상각률을 적용한다. 이 기간이 10년도에 3개월 11년도에 9개월 걸쳐 있으므로 이를 3:9로 안분한 것이다. 그리고 11년도에는 10월부터 3개월간이 2년차이기 때문에 3/10의 상각률을 적용한 뒤, 3/12를 곱해서 월할 상각한 것이다.
>
> 연수합계법이므로 다음과 같이 11년말 감가상각누계액을 빠르게 구할 수도 있다.
> 11년 말 감가상각누계액: (650,000 − 50,000) × (4/10 + 3/10 × 3/12) = 285,000
> 1년차는 전부 지났고, 2년차는 3개월만 지났기 때문에 '4/10 + 3/10 × 3/12'를 상각률로 이용하여 11 년 말 감가상각누계액을 구할 수 있다.
>
> 🖩 **365,000원**

02 ㈜한국은 20X1년 7월 1일 생산에 필요한 기계장치를 ₩1,200,000에 취득(내용연수 4년, 잔존가치 ₩200,000)하였다. 동 기계장치를 연수합계법을 적용하여 감가상각할 때, 20X4년 손익계산서에 보고할 감가상각비는? (단, 원가모형을 적용하고 손상차손은 없으며, 감가상각은 월할 계산한다)

2021. 국가직 9급

① ₩50,000   ② ₩150,000
③ ₩180,000   ④ ₩250,000

> ● 해설
>
> X1.7.1에 기계장치를 취득하였기 때문에 월할 상각을 주의하자. 연수합계법은 적용하므로 상각률이 4/10, 3/10, 2/10, 1/10이 되는데 X4년에는 2/10이 6개월, 1/10이 6개월 적용된다. 따라서 X4년도 감가비는 다음과 같이 계산한다.
> (1,200,000 − 200,000) × (2/10 × 6/12 + 1/10 × 6/12) = 150,000
>
> 🖩 ②

03 ㈜한국은 20X1년 10월 1일에 기계장치를 ₩1,200,000(내용연수 4년, 잔존가치 ₩200,000)에 취득하고 연수합계법을 적용하여 감가상각하고 있다. 20X2년 말 포괄손익계산서와 재무상태표에 보고할 감가상각비와 감가상각누계액은? (단, 감가상각비는 월할 계산한다)

2018. 국가직 9급

① 감가상각비 ₩375,000   감가상각누계액 ₩475,000
② 감가상각비 ₩375,000   감가상각누계액 ₩570,000
③ 감가상각비 ₩450,000   감가상각누계액 ₩475,000
④ 감가상각비 ₩450,000   감가상각누계액 ₩570,000

● 해설

- 감가상각비: $(1,200,000 - 200,000) \times (4/10 \times 9/12 + 3/10 \times 3/12) = 375,000$
- 감가상각누계액: $(1,200,000 - 200,000) \times (4/10 + 3/10 \times 3/12) = 475,000$

계산 식이 복잡해 계산기 없이 푸는 것이 까다로웠던 문제이다. 감가상각비는 X2년도 분만 계상하는 것에 비해, 감가상각누계액은 X1년도 분부터 누적으로 계상하는 것에 유의한다.

답 ①

---

04 ㈜한국은 2015년 4월 1일 기계장치를 ₩80,000에 취득하였다. 이 기계장치는 내용연수가 5년이고 잔존가치가 ₩5,000이며, 연수합계법에 의해 월할로 감가상각한다. ㈜한국이 이 기계장치를 2016년 10월 1일 ₩43,000에 처분한 경우 기계장치 처분손익은? (단, ㈜한국은 원가모형을 적용한다)

2016. 국가직 9급

① 처분손실 ₩2,000   ② 처분이익 ₩2,000
③ 처분손실 ₩3,000   ④ 처분이익 ₩3,000

● 해설

- 16.10.1 감가상각누계액: $(80,000 - 5,000) \times (5/15 + 4/15 \times 6/12) = 35,000$
- 16.10.1 장부금액: $80,000 - 35,000 = 45,000$
- 처분손익: $43,000 - 45,000 = $ 처분손실 2,000

연수합계법은 연도별 감가상각비를 따로 구하는 것보다 필요한 시점의 감가상각누계액을 구하는 것이 훨씬 간단하다. 보유기간이 1년 6개월이므로 1년차의 5/15는 전부 더하고, 2년차의 4/15는 6/12를 곱해서 상각대상금액(80,000 – 5,000)과 곱한다.

답 ①

5 감가상각의 변경 ★중요!

감가상각에는 상당한 추정이 개입된다. 어떻게 상각할지(상각법), 몇 년 쓸지(내용연수), 다 쓰면 가치가 얼마일지(잔존가치). 이 모든 요소들이 최초 취득 시점에 추정을 통해 정해진다. 다음 요소들이 변경되었을 때 각각 어떻게 처리하는지 알아보자.

1. 자본적 지출 vs 수익적 지출

구분	처리 방법	키워드
자본적 지출	장부금액에 가산	'생산능력 증대', '대규모'
수익적 지출	당기비용 처리	'일상적인 수선 및 유지'

(1) 자본적 지출

'자본적 지출'이란, 유형자산과 관련한 지출이 발생했을 때 장부금액에 가산하는 항목을 뜻한다. 자본적 지출이 발생하는 경우 장부금액에 가산하고, 그 가산된 금액을 기준으로 감가상각을 수행해야 한다. 자본적 지출이 발생하는 경우 문제 풀이에서 '↘' 표시를 할 것이다. 감가상각했다면 시간이 지남에 따라 아래로 쭉 뻗지만(↓), 자본적 지출은 시간이 지난 것은 아니기 때문이다.

(2) 수익적 지출

'수익적 지출'이란, 유형자산과 관련한 지출이 발생했을 때 당기비용으로 처리하는 항목을 뜻한다. 수익적 지출이 발생하는 경우 장부금액에 미치는 영향이 없으므로 무시하고 계속해서 감가상각하면 된다.

꿀팁! 일상적이라는 언급이 있을 때만 수익적 지출, 언급이 없다면 자본적 지출!

> 문제에서는 지출이 자본적 지출인지, 수익적 지출인지 명시적으로 제시하는 것이 아니라, 상황을 제시해준다. 기준서에는 자본적 지출과 수익적 지출의 사례를 나열하고 있지만 그를 외우는 것은 비효율적이다. 우리는 뉘앙스 차이로 판단하자. 자본적 지출은 '생산능력 증대', '대규모'와 같이 자산의 가치를 증대시키는 지출을 의미한다. 반면 수익적 지출은 일상적인 수선유지비를 의미한다.
> '일상적'이라는 키워드가 없다면 자본적 지출로 보자. 출제진이 수익적 지출을 내기 위해서는 출제 오류를 방지하기 위해 반드시 '일상적'이라는 뉘앙스를 적극적으로 풍길 것이다.
> 위 방법대로 해도 잘 모르겠다면 자본적 지출이라고 찍자. 대부분 문제에서는 감가상각의 변경을 만들기 위해 자본적 지출로 제시한다. 수익적 지출만 단독으로 제시하는 경우는 거의 없다. 수익적 지출은 자본적 지출과 함께 등장하는 것이 일반적이며, 자본적 지출로 나온 키워드들과 비교해보았을 때 일상적이라는 느낌이 있을 것이다.

예제 감가상각의 변경 - 자본적 지출과 수익적 지출

01 ㈜한국은 20X1년 한 해 동안 영업사업부 건물의 일상적인 수선 및 유지를 위해 ₩5,300을 지출하였다. 이 중 ₩3,000은 도색비용이고 ₩2,300은 소모품 교체 비용이다. 또한, 해당 건물의 승강기 설치에 ₩6,400을 지출하였으며 새로운 비품을 ₩9,300에 구입하였다. 위의 거래 중 20X1년 12월 31일 재무상태표에 자산으로 기록할 수 있는 지출의 총액은?

2020. 국가직 9급

① ₩11,700   ② ₩15,700
③ ₩18,000   ④ ₩21,000

● 해설

₩5,300은 '일상적인 수선 및 유지를 위해' 지출한 것이므로 수익적 지출에 해당한다. '도색비용, 소모품 교체 비용'을 보고 수익적 지출임을 판단하도록 출제한 것이 아니었다. 소모품의 경우 자산화 하는 경우도 있기 때문에 문제의 상황을 보아야 한다. 승강기 설치나 비품은 일상적인 수선을 위해 지출한다는 언급이 없으므로 자본적 지출을 의도하고 제시한 것으로 보아야 한다. 승강기가 애매했더라도, 비품은 자산 계정이므로 ₩9,300은 무조건 들어가야 한다. 하지만 선지에 ₩9,300이 없으므로 승강기 설치비용까지 가산한 ₩15,700이 답이다.

🖹 ②

---

2. n(내용연수): '잔여'내용연수 확인!

내용연수가 바뀌는 경우, 이미 지나간 기간은 차감한 수정된 '잔여' 내용연수(=잔존내용연수)로 상각한다. 가령, 내용연수가 5년인 자산에 대해서 2년 경과 후 내용연수를 6년으로 수정한다면, 정액법 가정 시 상각률은 1/6이 아닌 1/4가 된다. 이미 지나간 기간은 차감한 잔여내용연수로 상각률을 계산해야 한다.

문제에서 수정 후 '잔여내용연수'를 직접 주는 경우도 있는데, 이때는 문제에 제시된 잔여내용연수를 바로 사용하면 된다.

한편, 내용연수가 바뀌지 않더라도, 이미 지나간 기간이 있으므로 상각률이 바뀌니 주의하자. 내용연수가 5년인 자산에 대해서 2년 경과 후 '잔존가치'만 바꿨다고 하자. 내용연수는 바뀌지 않았지만 경과한 기간으로 인해 정액법 가정 시 상각률은 1/5가 아닌 1/3이 된다.

02 ㈜한국은 20X1년 1월 1일 기계장치를 ₩100,000에 취득하여 원가모형(잔존가치 ₩10,000, 내용연수 6년, 정액법 월할 상각)으로 평가하고 있다. 20X2년 1월 1일 ㈜한국은 기계장치의 생산능력 증대를 위해 ₩5,000을 지출하였고, 이러한 지출로 인해 기계장치의 잔존내용연수와 잔존가치 변동은 없다. ㈜한국이 20X3년 4월 1일 기계장치를 ₩65,000에 처분하였다면, 동 기계장치와 관련하여 인식할 기계장치처분손익은? 2017. 지방직 9급

① 기계장치처분이익 ₩1,250   ② 기계장치처분손실 ₩1,250
③ 기계장치처분손실 ₩5,000   ④ 기계장치처분손실 ₩9,000

● 해설

X0   100,000 n = 6, s = 10,000
          ↓ (15,000)
X1   85,000
      ⌐
     90,000 n = 5, s = 10,000
          ↓ (16,000)
X2   74,000
          ↓ (16,000) × 3/12
X3.4.1 70,000

- X1 감가상각비: (100,000 − 10,000)/6 = 15,000
- X2 감가상각비: (90,000 − 10,000)/5 = 16,000
- X3.4.1 장부금액: 74,000 − 16,000 × 3/12 = 70,000
- 처분손익: 65,000 − 70,000 = (−)5,000 처분손실

답 ③

[예제] **감가상각의 변경 – 자본적 지출, 내용연수**

03 ㈜구봉은 20X1년 1월 1일에 생산용 기계 1대를 ₩100,000에 구입하였다. 이 기계의 내용연수는 4년, 잔존가액은 ₩20,000으로 추정되었으며 정액법에 의해 감가상각하고 있었다. ㈜구봉은 20X3년도 초에 동 기계의 성능을 현저히 개선하여 사용할 수 있게 하는 대규모의 수선을 시행하여 ₩16,000을 지출하였다. 동 수선으로 내용연수는 2년이 연장되었으나 잔존가치는 변동이 없을 것으로 추정된다. 이 기계와 관련하여 20X3년도에 인식될 감가상각비는? 2018. 지방직 9급

① ₩28,000   ② ₩24,000
③ ₩20,000   ④ ₩14,000

● 해설

X0   100,000 n = 4, s = 20,000
X1   ↓ (40,000) = (100,000 - 20,000) × 2/4
X2   60,000
        ↳
        76,000 n = 2 + 2 = 4, s = 20,000
            ↓ (14,000) = (76,000 - 20,000) × 1/4
X3   62,000

(1) 자본적 지출: X3년도 지출은 기계의 성능을 현저히 개선하는 '대규모 수선'이므로 자본적 지출에 해당한다.
(2) 내용연수: 내용연수 연장 시 '잔존'내용연수에 연장분을 가산해야 한다. 따라서 X2년도 잔존내용연수는 4년이며, 정액법이므로 상각률은 1/4가 된다.

답 ④

05

04 ㈜한국은 2006년 초에 기계장치를 ₩5,000,000에 구입하였으며, 이 기계장치의 잔존가치는 없고 내용연수는 10년이며, 감가상각은 정액법에 의한다. 이 기계장치를 5년간 사용한 후 2011년 초에 ₩1,500,000을 들여 대폭적인 수선을 한 결과 내용연수가 3년 더 연장되었다. 2011년 말에 계상해야 할 감가상각비는? 2011. 관세직 9급

① ₩312,500   ② ₩500,000
③ ₩520,000   ④ ₩800,000

● 해설

05   5,000,000 n = 10, s = 0, 정액법
        ↓ 2,500,000 = (5,000,000 - 0) × 5/10
10   2,500,000
        ↳
        4,000,000 n = 10 - 5 + 3 = 8, s = 0, 정액법
            ↓ 500,000 = (4,000,000 - 0) × 1/8
11   3,500,000

답 ②

3. s(잔존가치): 0이 아닌지 항상 확인!

잔존가치를 바꾸면 바꾼 잔존가치로 남은 기간동안 상각하면 된다. 잔존가치를 바꿨을 때는 실수를 안 하는데 오히려 안 바꿨을 때 잔존가치를 차감하지 않는 실수를 종종 한다. 잔존가치를 바꾸지 않았다면 취득 시 가정한 잔존가치를 계속해서 사용하면 된다. 대부분의 문제에서는 잔존가치를 0으로 제시하지만, 0이 아닐 수도 있으므로 잔존가치를 바꾸지 않더라도 잔존가치를 항상 확인하는 습관을 갖자.

예제 **감가상각의 변경 - 자본적 지출, 내용연수, 잔존가치**

05 ㈜한국은 20X1년 1월 1일에 기계장치를 ₩450,000에 취득하면서 운송비와 설치비로 ₩50,000을 지출하였다. 이 기계장치는 내용연수 5년, 잔존가치 ₩0으로 정액법을 적용하여 감가상각하고 있다. 20X3년 1월 1일 사용 중이던 동 기계장치의 생산능력을 높이고 사용기간을 연장하기 위해 ₩100,000을 지출하였으며, 일상적인 수선을 위해 ₩5,000을 지출하였다. 지출의 결과로 기계장치의 내용연수는 5년에서 7년으로 연장되었으며 잔존가치는 ₩50,000으로 변경되었다. ㈜한국이 20X3년도에 인식해야 할 감가상각비는? (단, 원가모형을 적용하며 손상차손은 없다) *2019. 국가직 9급*

① ₩50,000   ② ₩60,000

③ ₩70,000   ④ ₩80,000

● 해설

```
X0  500,000 n = 5, s = 0
X1    ↓  (200,000) = (500,000 − 0) × 2/5
X2  300,000
     ↳
       400,000 n = 7 − 2 = 5, s = 50,000
```

(1) 취득원가: X1초 운송비와 설치비는 취득부대비용이므로 취득원가에 가산한다.

(2) 후속 지출: X3초 사용기간을 연장하기 위한 지출은 자본적 지출로 취득원가에 가산하지만, 일상적인 수선은 수익적 지출로 당기비용 처리한다.

(3) 내용연수 변경: 내용연수가 5년에서 7년으로 연장되었는데, 7로 나누는 것이 아니라, 경과연수 2년을 고려하여 5로 나눈다는 것에 주의한다. 출제자는 7로 나누었을 때 계산되는 50,000도 ①번에 함정으로 끼워 놓았다.

X3년도 감가상각비: (400,000 − 50,000)/5 = 70,000

目 ③

---

4. 상각 방법

상각 도중에 상각 방법이 변경되는 경우, '남은 금액을, 남은 기간동안' 새로운 상각 방법으로 상각하면 된다. 남은 금액은 변경 시점 현재의 장부금액을, 남은 기간은 잔여내용연수를 말한다.

예제   **감가상각의 변경 - 상각방법, 내용연수**

06 ㈜한국은 20X1년 1월 1일 기계장치를 ₩1,550에 취득하고 연수합계법(잔존가치 ₩50, 내용연수 5년)으로 감가상각하였다. 20X3년 1월 1일 현재 동 기계장치의 감가상각방법을 정액법으로 변경하고, 잔존내용연수를 20X7년 말까지인 5년으로 변경하였다. 잔존가치의 변동이 없다고 할 경우 ㈜한국이 20X3년 포괄손익계산서에 인식할 감가상각비와 재무상태표에 인식할 감가상각누계액은?

2017. 지방직 9급

	감가상각비	감가상각누계액
①	₩100	₩900
②	₩120	₩1,020
③	₩100	₩1,000
④	₩120	₩1,120

● **해설**

X0   1,550 n = 5, s = 50, 연수합계법
X1   ↓ (900) = (1,550−50) × 9/15
X2   650 n = 5, s = 50, 정액법
        ↓ (120) = (650 − 50) × 1/5
X3   530

- 감가상각비: 120, 감가상각누계액: 900 + 120 = 1,020
- 본 문제의 경우 모든 선지의 감가상각누계액이 다르기 때문에 감가상각누계액만 구해도 답을 구할 수 있다.

답 ②

6 원가모형 손상차손 ⭐중요!

1. 원가모형

유형자산의 평가 모형에는 원가모형과 재평가모형 두 가지가 있다. 원가모형은 취득원가를 상각하면서 손상이 발생하는 경우 손상차손만을 인식하는 모형이고, 재평가모형은 여기에 공정가치로 '재평가'까지 하는 모형이다. 공무원 회계학에서 원가모형이 재평가모형에 비해 출제 빈도가 훨씬 높다. 원가모형을 적용하는 경우 매 보고기간 말마다 자산손상을 시사하는 징후가 있는지를 검토한 후, 손상징후가 있다면 손상차손을 인식한다.

2. 원가모형 손상차손 풀이법: '상각 – 손상 – 상각 – 환입'

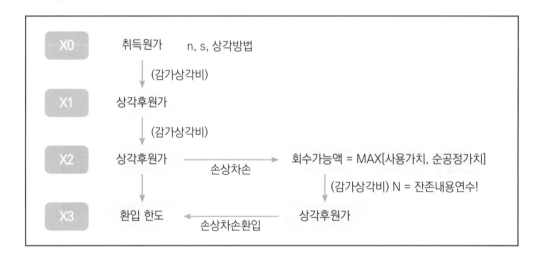

1차 상각

문제에 제시된 감가상각의 요소(취득원가, n, s, 상각방법)에 따라 감가상각한다. 문제에서 손상징후가 발생하였다고 제시한 시점이나 회수가능액이 제시된 시점까지 상각하면 된다. 위 풀이법에 표시된 '상각후원가'는 말 그대로 (감가)상각 후 남은 금액을 의미한다.

STEP 2 손상: 무조건 큰 거

손상징후가 있는 연도에는 상각 완료 후, 손상차손을 인식한다. 손상의 기준 금액은 회수가능가액이다.

> 회수가능가액(=회수가능액) = MAX[사용가치, 순공정가치]

수험 목적상 사용가치와 순공정가치의 의미는 중요하지 않으며, '어떤 항목과 어떤 항목 중에 큰 것이었는지'도 기억할 필요가 없다.

한글을 읽을 필요 없이, 문제에 제시되는 두 개의 숫자 중 무조건 큰 것을 고르면 된다. 문제에서 회수가능가액 자체를 제시하는 경우 그 금액을 사용하면 되지만, 각각 제시해서 골라야 하는 경우에는 큰 금액을 사용하면 된다.

회수가능가액 결정

① 숫자 하나만 제시하면: 그 금액

② 숫자 두 개를 제시하면: 한글 읽을 필요 없이 무조건 큰 금액!

※ 주의 재고자산 저가법 기준 금액과의 비교

재고자산 저가법 적용 시 기준 금액이 'min[순실현가능가치, 장부금액]'인 것과 헷갈리지 않도록 주의한다. 저가법에서는 둘 중 작은 금액이 저가이고, 원가모형은 둘 중 큰 금액이 회수가능가액이다. 저가법은 보수주의 원칙에 따라 순실현가능가치가 장부금액보다 낮을 경우에만 평가손실을 인식하기에 작은 금액을 사용한다.

STEP 3 2차 상각: 잔존내용연수, 잔존가치 주의!

(1) 잔존내용연수

손상차손을 인식한 후, 다시 상각을 해야 한다. 이때 내용연수 적용에 주의한다. 원가모형 손상 문제에서는 주로 정액법을 적용하는데, 원래 정액법은 상각률이 매년 1/n으로 동일하지만, 손상 후 2차 상각에서는 지나간 기간은 차감하고 상각률이 '1/잔존n'으로 바뀐다.

(2) 잔존가치

대부분의 문제에서는 잔존가치를 0으로 제시하지만, 0이 아닐수도 있으니 잔존가치도 항상 주의하자.

조금만 더 힘내보자!

STEP 4 손상차손환입: 한도 주의! ★중요!

> 손상차손환입 한도 = 손상을 인식하지 않았을 경우의 장부금액
> = 손상 인식 이전 금액에서 한 번 더 상각한 금액

원가모형에서는 장부금액이 공정가치를 반영하지 않는다. 따라서 재평가모형과 달리 원가모형은 손상차손환입에 한도가 존재한다. 기준서에서는 한도를 '손상을 인식하지 않았을 경우의 장부금액'이라고 기술하고 있는데, 이를 구하기 위해서는 손상차손을 인식하기 전 장부금액에서 한 번 더 상각한 금액을 구하면 된다. 풀이법 그림에서 X2년 장부금액에서 X3년까지 한 번 더 상각한 금액이 손상차손환입 한도이다.

3. 원가모형 손상차손 회계처리

(1) 손상: (차) 손상차손 X X X (대) 손상차손누계액 X X X

손상이 발생할 때는 손상차손(PL)을 인식하면서 대변에 손상차손누계액이라는 차감적 평가 계정을 설정한다. 손상차손누계액은 감가상각누계액과 마찬가지로 자산의 장부금액을 감소시키는 역할을 한다.

(2) 환입: (차) 손상차손누계액 X X X (대) 손상차손환입 X X X

손상차손을 환입할 때에는 기존에 인식했던 손상차손누계액을 제거하면서, 대변에 손상차손환입 (PL)이라는 수익 계정을 인식한다.

예제 원가모형 손상차손 - 손상차손

01 ㈜김수석은 20X1년 1월 1일 기계장치를 ₩1,100,000에 구입하고, 원가모형을 적용하였다. 내용연수는 5년, 잔존가치는 ₩100,000으로 추정되며, 정액법을 적용한다. 20X2년말 손상징후가 발생하여 손상검사를 실시한 결과 사용가치와 순공정가치는 각각 ₩400,000, ₩340,000으로 판명되었다. 이후 20X3년말에 손상이 회복되어 회수가능액이 ₩550,000이 된 경우 20X3년 손상차손환입액은?

● 해설

X0 1,100,000 n = 5, s = 100,000
  ↓ (200,000) = (1,100,000 − 100,000) × 1/5
X1 900,000
  ↓ (200,000)
X2 700,000   →   400,000(MAX) n = 5 − 2 = 3
  ↓ 손상 (300,000) ↓ (100,000) = (400,000 − 100,000) × 1/3
X3 500,000(한도) ← 300,000
      환입 200,000

Step 1. 1차 상각
  (1,100,000 − 100,000) × 2/5 = 400,000 X2년말까지 2년치를 한 번에 상각해도 된다.

Step 2. 손상
  회수가능액 = MAX[400,000, 340,000] = 400,000
  각각이 무슨 항목인지 알 필요 없이 무조건 큰 금액으로 손상차손을 인식하면 된다.
  손상차손 = 700,000 − 400,000 = 300,000

Step 3. 2차 상각: (400,000 − 100,000) × 1/3 = 100,000
  내용연수가 5년이지만 2년이 지났으므로 3으로 나누는 것에 주의한다.

Step 4. 손상차손환입
  X3년말 손상이 회복되었지만 환입 한도를 고려하여 환입액을 구해야 한다. 한도는 '손상을 인식하지 않았을 경우의 장부금액'이라고 했는데, 손상이 없다고 치고 X3말까지 상각하자. X2말 700,000에서 상각을 한 번 더 하면 된다. 정액법이므로 그 전까지 상각액인 200,000을 한 번 더 상각하면 500,000이 된다. 이게 환입 한도이다. X3말 회수가능액이 550,000이지만 한도를 초과하므로 500,000까지만 환입 해야 하며, 환입액은 200,000이 된다.

[참고] 손상차손 회계처리
손상: (차) 손상차손   300,000   (대) 손상차손누계액   300,000
환입: (차) 손상차손누계액 200,000   (대) 손상차손환입   200,000

손상차손 인식 시 '손상차손누계액'이라는 차감적 평가 계정을 계상한다. 감가상각누계액과 동일한 개념이라고 이해하면 된다. 손상차손환입이 발생한 경우에는 반대로 손상차손누계액을 감소시키면 된다.

🖩 200,000원

02 ㈜한국은 2015년 초에 취득원가 ₩850,000의 기계장치를 구입하고, 원가모형을 적용하였다. 내용연수는 4년(잔존가액 ₩50,000)이며, 감가상각은 정액법에 의한다. 2016년 말에 처음으로 손상징후가 있었으며, 기계장치의 순공정가치와 사용가치는 각각 ₩300,000과 ₩350,000이었다. 2016년 말에 인식해야할 손상차손은?   2016. 지방직 9급

① ₩0   ② ₩50,000   ③ ₩100,000   ④ ₩150,000

● 해설

14 850,000 n = 4, s = 50,000
　↓ (200,000) = (850,000 − 50,000) × 1/4
15 650,000
　↓ (200,000)
16 450,000　→　350,000(MAX)
　　손상 (100,000)

답 ③

예제　**원가모형 손상차손 - 손상 후 장부금액**

03 ㈜한국은 20X1년 1월 1일에 기계장치를 취득하고 원가모형을 적용하여 감가상각하고 있다. 기계장치와 관련된 자료는 다음과 같다.

•취득원가	₩2,000,000	•잔존가치	₩200,000
•내용연수	6년	•감가상각방법:정액법	

20X3년 말 기계장치에 대해 손상이 발생하였으며 손상시점의 순공정가치는 ₩600,000이고 사용가치는 ₩550,000이다. 20X3년 말 손상차손 인식 후 장부금액은?   2020. 지방직 9급

① ₩550,000   ② ₩600,000   ③ ₩650,000   ④ ₩700,000

● 해설

계산이 필요 없었던 문제이다. 문제에서 손상차손이나 손상차손환입이 아닌 손상차손 인식 후 장부금액을 물어보았기 때문에 문제에 제시된 순공정가치와 사용가치 중 큰 금액인 ₩600,000이 바로 답이 된다.

[참고] 상각 스케쥴
X0 2,000,000 n = 6, s = 200,000
　↓ (2,000,000 − 200,000) × 3/6 = (900,000)
X3 1,100,000　→　MAX[600,000, 550,000] = **600,000**
　　손상차손 500,000

답 ②

예제	원가모형 손상차손 - 손상차손환입

04 원가모형을 적용하는 ㈜서울은 20X1년 1월 1일에 건물을 ₩10,000,000에 취득(정액법 상각, 내용연수 10년, 잔존가치 없음)하여 사용하고 있다. 20X4년 12월 31일 동 건물에 손상이 발생하였으며, 이때 건물의 순공정가치와 사용가치는 각각 ₩3,000,000과 ₩3,600,000이었다. 반면 20X5년 12월 31일에는 동 건물의 순공정가치와 사용가치가 각각 ₩4,800,000과 ₩5,500,000으로 회복되어 손상차손환입이 발생하였다. ㈜서울이 20X5년도에 인식할 손상차손환입액은?　　　　　　　　　　　　　　　　2018. 서울시 7급

① ₩1,800,000　　　　　　　　　② ₩2,000,000

③ ₩2,300,000　　　　　　　　　④ ₩2,500,000

> ● **해설**
>
> X0　10,000,000 n = 10, s = 0
>
> 　　↓ (4,000,000) = (10,000,000 − 0) × 4/ 10
>
> X4　6,000,000　→　3,600,000(MAX) n = 6, s = 0
>
> 　　↓　　　　　　　　↓ (600,000) = (3,600,000 − 0) × 1 / 6
>
> X5　5,000,000　←　3,000,000
>
> 　　　　환입 2,000,000
>
> 답 ②

예제	원가모형 손상차손 - 계산형 말문제

05 ㈜한국은 20X1년 초 기계를 ₩480,000(내용연수 5년, 잔존가치 ₩0, 정액법 상각)에 구입하고 원가모형을 채택하였다. 20X2년 말 그 기계에 손상징후가 있었으며, 이때 기계의 순공정가치는 ₩180,000, 사용가치는 ₩186,000으로 추정되었다. 20X3년 말 회수가능액이 ₩195,000으로 회복되었다면 옳지 않은 것은?　　　　　　　　　　　2018. 국가직 9급

① 20x2년 말 손상차손 인식 전 장부금액은 ₩288,000이다.

② 20x2년 말 손상차손으로 인식할 금액은 ₩102,000이다.

③ 20x3년 말 감가상각비로 인식할 금액은 ₩62,000이다.

④ 20x3년 말 손상차손환입액으로 인식할 금액은 ₩71,000이다.

> **● 해설**
>
> X0 480,000 n = 5, s = 0
>   ↓ (96,000) = (480,000 − 0) × 1/5
> X1 384,000
>   ↓ (96,000) = (480,000 − 0) × 1/5 = (384,000 − 0) × 1/4
> X2 288,000   →   186,000(MAX) n = 5 − 2 = 3
>   ↓ 손상 (102,000) ↓ (62,000)
> X3 192,000(한도) ← 124,000
>   환입 68,000
>
> ④ 20x3년 말 손상차손환입액으로 인식할 금액은 68,000이다. 나머지 선지들은 모두 옳다. 그런데 71,000은 어떻게 나온 숫자일까? 문제에서 X3말 회수가능액을 195,000으로 제시했다. 환입 한도를 지키지 않았다면 환입액은 ④번 선지대로 71,000으로 계산된다. 이처럼 출제자들은 원가모형 손상 문제에서 환입 한도를 아주 좋아한다. 환입에는 한도가 있다는 것을 항상 유의하자.
>
> 답 ④

7 재평가모형

1. 재평가모형의 적용 – 토지 ★중요!

재평가모형은 원가모형과 동일하지만, '재평가 과정'이 있다는 점에서 다르다. 손상이 없다면 원가모형에서는 매년 상각만 하지만, 재평가모형에서는 상각 이후에 공정가치로 재평가를 한다. 재평가는 반드시 매년 해야 하는 것은 아니며, 주기적으로 신뢰성 있게만 하면 된다. 재평가모형도 중요한 주제이지만, 원가모형에 비해서는 출제 빈도가 낮은 편이다.

공무원 회계학에서는 재평가모형을 대부분 토지로 출제한다. 토지는 다른 유·무형자산과 달리 상각을 하지 않아 회계처리가 비교적 간단하기 때문이다. 토지는 상각할 필요가 없으므로 상각자산과 달리 상각하면서 아래로 뻗을 필요 없이, 오른쪽으로만 화살표를 뻗으며 매년 공정가치 평가만 수행해주면 된다. 토지 이외의 상각자산의 재평가모형 적용은 심화서에서 다룰 것이다.

(1) 재평가손익 계정과목

	OCI(기타포괄손익)	PL(당기손익)
평가이익	재평가잉여금	재평가이익
평가손실		재평가손실

상각 후 장부금액을 공정가치로 평가하는데, 평가손익의 각 계정과목은 위와 같다. 당기손익 항목은 손익계산서상 당기순이익을 거쳐 재무상태표상 이익잉여금에 집계되는 반면, 재평가잉여금은 바로 재무상태표상 기타포괄손익으로 계상된다. 따라서 기타포괄손익은 평가이익과 손실을 구분하지 않고 '재평가잉여금'이라는 하나의 계정을 사용한다. 당기손익(PL)과 기타포괄손익(OCI)이 어떻게 다른지 모른다면 회계원리편 23p를 참고하자.

(2) 재평가모형 – 토지 풀이법: 상각 없이 매년 평가만

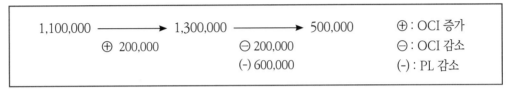

앞으로 재평가모형에서 ⊕, ⊖는 기타포괄손익(OCI)을, (+), (-)는 당기손익(PL)을 의미하는 것으로 표시할 것이다.

STEP 1 1차 평가

최초 평가에서 평가이익은 OCI(기타포괄손익)로, 평가손실은 PL(당기손실)로 인식한다. 따라서 재평가 첫 해에는 OCI(재평가잉여금) 혹은 PL(재평가손실)이 계상된다.

STEP 2 2차 평가

재평가논리 – "올라가면 OCI, 내려가면 PL, 상대방 것이 있다면 제거 후 초과분만 인식"
1차 평가 후, 그 다음 해에도 2차 평가를 해야 한다. 2차 평가는 다음과 같이 이루어진다.

1차 평가	2차 평가	
이익 (OCI)	이익	OCI
	손실	OCI 제거 후, 초과분 PL
손실 (PL)	이익	PL 제거 후, 초과분 OCI
	손실	PL

1차 평가와 같은 방향으로 평가가 이루어진다면 (이익 – 이익, 손실 – 손실) 1차 평가와 같은 방식으로 처리하면 된다. 만약 다른 방향이라면 (이익 – 손실, 손실 – 이익) 1차 평가에서 인식한 금액을 제거하고, 초과하는 부분만 원칙대로 인식한다. 이와 같은 재평가 과정을 문장으로 표현하면 다음과 같다. 10번만 소리 내어 읽어보자.

"올라가면 OCI, 내려가면 PL, 상대방 것이 있다면 제거 후 초과분만 인식"

예제 **재평가모형의 적용 – 토지: 손익에 미치는 영향**

01 ㈜김수석은 20X1년 1월 1일 토지를 ₩1,100,000에 구입하였다. ㈜김수석은 유형자산에 대해 재평가모형을 사용하며, 20X1년말과 20X2년말의 공정가치는 각각 ₩1,300,000, ₩500,000이다. X2년도 당기손익으로 인식할 재평가손실은?

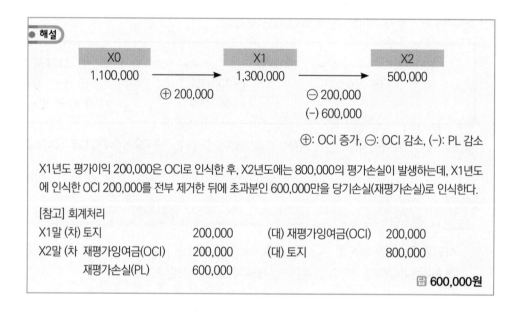

● 해설

	X0		X1		X2
	1,100,000	→	1,300,000	→	500,000
		⊕ 200,000		⊖ 200,000	
				(–) 600,000	

⊕: OCI 증가, ⊖: OCI 감소, (–): PL 감소

X1년도 평가이익 200,000은 OCI로 인식한 후, X2년도에는 800,000의 평가손실이 발생하는데, X1년도에 인식한 OCI 200,000를 전부 제거한 뒤에 초과분인 600,000만을 당기손실(재평가손실)로 인식한다.

[참고] 회계처리

X1말 (차) 토지	200,000	(대) 재평가잉여금(OCI)	200,000
X2말 (차 재평가잉여금(OCI)	200,000	(대) 토지	800,000
재평가손실(PL)	600,000		

📋 **600,000원**

02 ㈜대한은 2011년 초에 토지를 ₩10,000에 구입하였다. ㈜대한은 이 토지에 대해 재평가모형을 적용하고 있으며, 2011년 말에 ₩14,000, 2012년 말에 ₩8,000으로 각각 재평가되었다. 2012년 말에 시행한 토지의 재평가가 2012년도 당기순이익에 미치는 영향은?

2013. 국가직 7급

① 영향 없음   ② ₩2,000 감소
③ ₩4,000 감소   ④ ₩6,000 감소

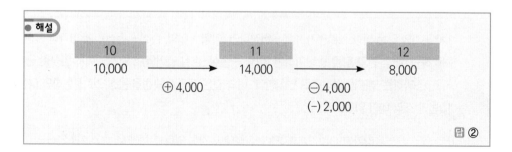

● 해설

	10		11		12
	10,000	→	14,000	→	8,000
		⊕ 4,000		⊖ 4,000	
				(–) 2,000	

📋 ②

03 ㈜서울은 토지를 취득한 후 재평가모형에 의하여 토지에 대한 회계처리를 한다. 토지의 취득원가와 각 회기 말 토지의 공정가치는 〈보기〉와 같다. 토지의 재평가와 관련하여 ㈜서울이 20X3년에 인식할 당기손실과 총포괄손실은? (단, 법인세 효과는 고려하지 않는다.)

2018. 서울시 7급

───── 〈보기〉 ─────

구분	취득원가	각 회계기간 말 공정가치		
	20X1년 초	20X1년	20X2년	20X3년
토지	₩2,500	₩3,000	₩2,700	₩2,300

① 당기손실 ₩400 총포괄손실 ₩0

② 당기손실 ₩300 총포괄손실 ₩100

③ 당기손실 ₩300 총포괄손실 ₩400

④ 당기손실 ₩200 총포괄손실 ₩400

● 해설

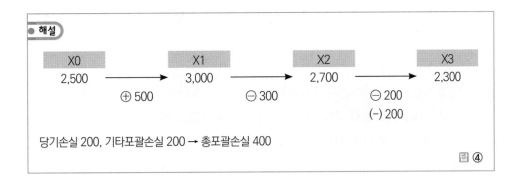

당기손실 200, 기타포괄손실 200 → 총포괄손실 400

답 ④

04 ㈜한국은 유형자산에 대하여 재평가모형을 사용하고 있으며, 토지를 20X1년 초 ₩1,000,000에 취득하였다. 20X1년 말 재평가 결과 토지의 공정가치는 ₩900,000이었고, 20X2년 말 재평가 결과 토지의 공정가치가 ₩1,050,000인 경우, 20X2년 말 당기손익에 포함될 자산재평가이익과 자본항목에 표시될 재평가잉여금은?

2021. 국가직 9급

	자산재평가이익	재평가잉여금
①	₩0	₩50,000
②	₩50,000	₩100,000
③	₩100,000	₩50,000
④	₩150,000	₩150,000

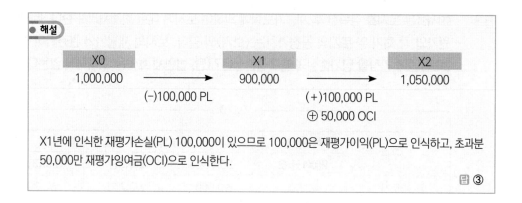

해설

X1년에 인식한 재평가손실(PL) 100,000이 있으므로 100,000은 재평가이익(PL)으로 인식하고, 초과분 50,000만 재평가잉여금(OCI)으로 인식한다.

답 ③

예제 **재평가모형의 적용 - 토지: 계산형 말문제**

05 ㈜지방은 20X1년 중에 토지를 ₩100,000에 취득하였으며, 매 보고기간마다 재평가모형을 적용하기로 하였다. 20X1년말과 20X2년말 현재 토지의 공정가치가 각각 ₩120,000과 ₩90,000이라고 할 때, 다음 설명 중 옳은 것은?

2014. 지방직 9급

① 20X1년에 당기순이익이 ₩20,000 증가한다.
② 20X2년에 당기순이익이 ₩10,000 감소한다.
③ 20X2년말 현재 재평가잉여금 잔액은 ₩10,000이다.
④ 20X2년말 재무상태표에 보고되는 토지 금액은 ₩100,000이다.

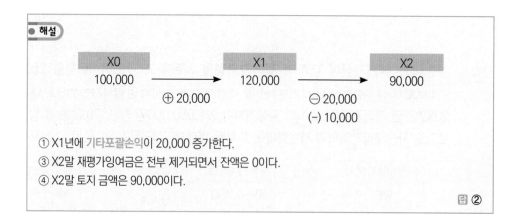

해설

① X1년에 기타포괄손익이 20,000 증가한다.
③ X2말 재평가잉여금은 전부 제거되면서 잔액은 0이다.
④ X2말 토지 금액은 90,000이다.

답 ②

2. 재평가모형 적용 시 유형자산의 처분손익

: 유형자산처분손익(PL) = 처분가액 – 장부금액 (재평가잉여금은 재분류조정 X)

감누	감누	유형자산	취득원가
현금	처분가액		
처분 손익 = 처분가액 – 장부금액			
(재평가잉여금	XXX	이익잉여금	XXX)

재평가모형을 적용하는 유형자산을 처분할 때에는 재평가잉여금(OCI)을 처리하는 것이 관건이다. 손실이 더 큰 경우에는 PL로 인식하여 남은 OCI가 없지만, 이익이 더 큰 경우 재무상태표상 OCI가 남아있다.

유형자산을 처분할 때 이 OCI(재평가잉여금)은 재분류조정하지 않는다. OCI가 처분손익에 미치는 영향이 없으므로 OCI를 무시한 채로 처분가액과 장부금액을 비교하여 처분손익을 계산하면 된다. 유형자산처분손익은 이익이든, 손실이든 무관하게 당기손익 항목이다. 재평가 과정과 헷갈리지 않도록 하자.

대신, 유형자산이 제거되면서 OCI는 이익잉여금으로 직접 대체할 수 있다. 선택 회계처리이므로 이익잉여금으로의 대체는 생략할 수 있다.

예제 **재평가모형의 적용 - 토지: 처분손익**

01 ㈜김수석은 20X1년 1월 1일 토지를 ₩1,100,000에 구입하였다. ㈜김수석은 유형자산에 대해 재평가모형을 사용하며, 20X1년말 공정가치는 ₩1,300,000이다. ㈜김수석은 해당 토지를 20X2년 1월 1일 ₩1,600,000에 처분하였다. 동 토지로 인해 20X2년도 당기손익에 미치는 영향은?

● 해설

X2초	(차) 현금	1,600,000	(대) 토지	1,300,000
			유형자산처분이익(PL)	300,000
(선택)	(차) 재평가잉여금	200.000	(대) 이익잉여금	200,000

X1년도 재평가를 통해 OCI가 200,000 증가한다. 하지만 OCI는 무시하고 토지의 장부금액인 1,300,000과 처분가액인 1,600,000을 비교하여 처분이익 300,000을 계상한다. 마지막 OCI의 이익잉여금으로의 대체 회계처리는 선택사항이다.

🔲 **300,000 증가**

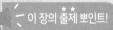

① 투자부동산의 측정 모형 중요!

투자부동산의 대부분의 문제는 투자부동산의 측정 모형으로 출제되며, 20년도 7급 시험에 투자부동산 계정 대체 문제가 처음으로 등장하였다. 심화서에서 투자부동산 계정 대체까지 다룰 것이므로, 7급 수험생은 심화서까지 공부하길.

투자부동산

[1] 투자부동산의 측정 모형

06 투자부동산

1 투자부동산의 측정 모형

투자부동산이란 임대수익이나 시세차익을 얻기 위하여 보유하고 있는 부동산을 말한다. 문제에서 건물을 취득하였는데 임대수익이나 시세차익이 목적이라면 일반적인 유형자산이 아닌 투자부동산으로 분류해야 한다.

투자부동산은 최초 인식 시 원가로 측정한 뒤, 공정가치모형과 원가모형 중 하나를 선택하여 모든 투자부동산에 적용한다.

	감가상각	공정가치 평가
원가모형	O	X
공정가치모형	X	O(PL)

1. 원가모형

원가모형은 유형자산 기준서를 준용한다. 유형자산과 같은 방법으로 내용연수에 따라 감가상각한다.

2. 공정가치모형 ★중요!

감가상각하지 않고, 공정가치로 평가하면서 평가손익은 당기손익(PL)으로 인식.

※ 주의 공정가치모형에서 감가상각요소가 제시되어도 상각하지 말 것!

투자부동산 문제는 대부분 공정가치모형을 적용한다. 공정가치모형은 감가상각하지 않음에도 불구하고 문제에서는 내용연수, 잔존가치, 상각방법 등의 감가상각요소를 같이 제시한다. 문제에서 감가상각요소가 보이면 나도 모르게 감가상각하려 들 것이다. 문제를 보자마자 상각하려고 하지 말고, 투자부동산에서 무슨 모형을 적용하고 있는지 따져본 뒤, 공정가치모형이라면 상각하지 않고 공정가치 평가만 하자.

예제 **투자부동산의 측정 모형 - 손익에 미치는 영향**

01 ㈜한국은 20X1년 1월 1일 임대수익과 시세차익을 목적으로 건물을 ₩100,000,000
(내용연수 10년, 잔존가치 ₩0, 정액법)에 구입하고, 해당 건물에 대해서 공정가치모형을
적용하기로 하였다. 20X1년 말 해당 건물의 공정가치가 ₩80,000,000일 경우 ㈜한국이
인식해야 할 평가손실은?   2020. 국가직 9급

① 기타포괄손실 ₩10,000,000

② 당기손실 ₩10,000,000

③ 기타포괄손실 ₩20,000,000

④ 당기손실 ₩20,000,000

> ● 해설
>
> 건물을 '임대수익과 시세차익을 목적으로' 취득하였으므로 투자부동산으로 분류한다. 투자부동산에 대해서
> 공정가치모형을 적용하는 경우, 감가상각하지 않고 공정가치 평가만 수행하며, 평가손익은 당기손익으로
> 인식한다.
> 평가손익: 80,000,000 - 100,000,000 = (-)20,000,000 당기손실
>
> 답 ④

02 ㈜서울은 2016년 초에 ₩100,000에 3층 건물을 취득하여 임대목적으로 사용하기 시작
하였다. 건물의 내용연수는 10년이며, ㈜서울은 보유하는 모든 건물에 대해서 잔존가치
없이 정액법으로 감가상각한다. ㈜서울이 2016년 초에 취득한 임대목적 건물에 대해
공정가치모형을 적용할 경우 2016년에 건물에 대해서 인식할 총비용은 얼마인가? (단,
2016년 말 현재 건물의 공정가치는 ₩94,000이다.)   2016. 서울시 7급

① ₩0   ② ₩4,000

③ ₩6,000   ④ ₩10,000

> ● 해설
>
> 건물을 임대목적으로 사용하므로 투자부동산으로 분류한다. 투자부동산 공정가치모형 적용 시 감가상각
> 없이 공정가치 평가손익만 당기손익으로 인식한다.
> 평가손익: 94,000 - 100,000 = (-)6,000 손실
>
> 답 ③

03 ㈜한국은 2013년 1월 1일에 투자 목적으로 건물을 ₩10,000(내용연수 10년, 잔존가치 ₩0, 정액법 상각)에 취득하였다. 회사는 투자부동산을 공정가치모형으로 평가하고 있으며, 2013년 결산일과 2014년 결산일의 동 건물의 공정가치는 각각 ₩8,000과 ₩9,500이다. 이 경우 2013년과 2014년의 포괄손익계산서에 미치는 영향은?　　　　　2015. 국가직 9급

		2013년			2014년	
①	감가상각비	₩1,000		감가상각비	₩1,000
②	투자부동산평가손실	₩2,000		투자부동산평가이익	₩1,500
③	투자부동산평가손실	₩2,000		투자부동산평가손실	₩500
④	투자부동산평가손실	₩1,000		투자부동산평가이익	₩500

● **해설**

2013: 8,000 − 10,000 = (−)2,000 평가손실
2014: 9,500 − 8,000 = 1,500 평가이익
투자부동산에 대해 공정가치모형을 적용하고 있으므로 감가상각 하지 않고, 공정가치 평가만 수행한다.

답 ②

04 ㈜서울은 〈보기〉의 3가지 자산을 소유하고 있으며 투자부동산으로 분류하고 있다. ㈜서울은 투자부동산에 대하여 공정가치모형을 사용하고 있다. 20X2년 ㈜서울의 포괄손익계산서에 포함되어야 할 손익은?

2018. 서울시 7급

─── 〈보기〉 ───

구분	취득원가	20X1년 말 공정가치	20X2년 말 공정가치
자산1	₩300	₩390	₩370
자산2	₩350	₩290	₩275
자산3	₩310	₩385	₩390

① ₩105 이익 　　　　② ₩80 이익
③ ₩35 손실 　　　　④ ₩30 손실

● **해설**

투자부동산 공정가치모형 적용 시 감가상각 없이 공정가치 평가손익만 당기손익으로 인식한다.
평가손익: (−)30 손실
• 자산1: 370 − 390 = (−)20
• 자산2: 275 − 290 = (−)15
• 자산3: 390 − 385 = 5

답 ④

김용재코어
공무원회계학
재무회계

① 연구단계 VS 개발단계 ★중요!
② 무형자산의 인식

무형자산은 계산문제가 거의 나오지 않으며, 대부분 말문제로 출제된다. 무형자산에서는 연구단계와 개발단계의
구분이 가장 중요하다. 이외에도 무형자산으로 인식할 수 없는 항목이 빈번히 출제된다.

07

무형자산

07 무형자산

1 연구단계 vs 개발단계

1. 연구단계: 비용, 개발단계: 조건부 자산 ★중요!

연구단계에서 발생한 지출은 비용으로, 개발단계에서 발생한 지출은 자산 인식요건을 모두 충족하는 경우 자산으로 인식한다. 여기서 개발단계가 '조건부' 자산화라는 것에 주의하자. 개발단계에서 발생한 지출이 자산화된다고 언급하면 틀린 선지이다. 개발단계의 자산 인식 요건은 수험 목적상 중요하지 않으므로 생략한다.

김수석의 꿀팁! 연구개발비(R&D)

> 여기서 연구단계를 초반단계로, 개발단계를 후반단계로 이해하면 될 것이다. 어떤 단계가 초반단계인지 외우기 위해서는 '연구개발비(R&D)'를 떠올리자. R&D는 'Research(연구) &Development(개발)'의 약자로, 연구(R)가 앞에 있으므로 이를 초반단계, 개발(D)이 뒤에 있으므로 어느 정도 진행이 된 후반단계로 기억하면 쉽다. 연구단계는 초반단계이므로 비용화, 개발단계는 후반단계이므로 조건부 자산화한다고 기억하자.

2. 보수주의 규정

(1) 연구단계와 개발단계를 구분할 수 없는 경우에는 모두 연구단계로 본다. ★중요!

(2) 최초에 비용으로 인식한 무형항목에 대한 지출은 이후에 자산으로 인식할 수 없다.

위 두 규정은 모두 보수주의에서 비롯된 것이다. 보수주의에 따르면 자산을 적게, 비용은 크게 계상한다. 따라서 (1) 구분할 수 없는 경우 연구단계로 보아 비용화하고, (2) 최초에 비용으로 인식한 경우 이후에 자산으로 인식할 수 없게 규정해 놓은 것이다. 위 두 문장도 자주 출제되는 문장이므로 잘 기억하자.

예제 **연구단계 vs 개발단계**

01 기업회계기준서 제3호 무형자산과 관련한 설명으로 옳지 않은 것은? 2010. 지방직 9급

① 프로젝트의 개발단계에서 발생한 지출은 모두 무형자산으로 인식한다.

② 프로젝트의 연구단계에서 발생한 지출은 모두 발생한 기간의 비용으로 인식한다.

③ 프로젝트를 연구단계와 개발단계로 구분할 수 없는 경우에는 그 프로젝트에서 발생한 지출은 모두 연구단계에서 발생한 것으로 본다.

④ 내부적으로 창출한 브랜드, 출판표제, 고객 목록과 이와 실질이 유사한 항목은 무형자산으로 인식하지 않는다.

> **● 해설**
>
> ① 개발단계에서 발생한 지출은 '자산인식요건 충족 시' 무형자산으로 인식한다.
> ④ 맞는 문장이다. 본 장의 뒷부분에서 다룰 내용이다.
>
> 답 ①

07

02 자산에 대한 설명으로 옳지 않은 것은? 2015. 지방직 9급

① 유형자산의 감가상각방법은 적어도 매 회계연도 말에 재검토하고, 이를 변경할 경우 회계추정의 변경으로 보아 전진법으로 회계처리한다.

② 유형자산에 대해 재평가모형을 적용하는 경우 최초 재평가로 인한 장부금액의 증가액은 당기손익이 아닌 기타포괄손익으로 회계처리한다.

③ 연구개발과 관련하여 연구단계에서 발생한 지출은 당기비용으로 회계처리하고, 개발단계에서 발생한 지출은 무형자산의 인식기준을 모두 충족할 경우 무형자산으로 인식하고 그 외에는 당기비용으로 회계처리한다.

④ 투자부동산에 대해 공정가치모형을 적용하는 경우 감가상각비와 공정가치변동으로 발생하는 손익은 모두 당기손익으로 회계처리한다.

> **● 해설**
>
> 투자부동산에 대해 공정가치모형 적용 시 감가상각하지 않고, 공정가치 평가만 수행한다.
>
> 답 ④

2 무형자산의 인식

1. 무형자산의 정의

무형자산이란, 물리적 실체는 없지만 식별가능한 비화폐성자산을 말한다. 가끔씩 나오는 문장이므로 알아두자.

2. 무형자산의 인식조건

무형자산의 인식조건은 다음의 두 가지가 있다.

(1) 자산에서 발생하는 미래경제적효익이 기업에 유입될 가능성이 높고,

(2) 자산의 원가를 신뢰성 있게 측정할 수 있는 경우에만 무형자산을 인식한다.

3. 무형자산의 최초 인식

(1) 원칙: 원가 측정

무형자산을 최초로 인식할 때에는 원가로 측정한다.

(2) 사업결합 시: 공정가치 측정

사업결합으로 취득하는 무형자산의 원가는 취득일의 공정가치로 한다. 이는 '사업결합' 기준서에 따른 것으로, 사업결합으로 인수하는 모든 자산과 부채는 공정가치로 계상하기 때문이다.

4. 무형자산으로 인식할 수 없는 항목 ★중요!

(1) 내부창출 영업권

내부적으로 창출한 영업권은 자산으로 인식하지 않는다.

(2) 내부창출 브랜드 등

내부적으로 창출한 브랜드, 제호, 출판표제, 고객 목록과 이와 실질이 유사한 항목은 무형자산으로 인식하지 않는다. 사업을 전체적으로 개발하는 데 발생한 원가와 구별할 수 없기 때문이다.

 **꿀팁!** '내부창출~'은 자산 아님!

내부창출 영업권, 내부창출 브랜드 등 모두 자산으로 인식하지 않는다. 두 규정을 따로 외우지 말고 그냥 '내부창출'이 붙어 있는 것들은 전부 자산으로 인식하지 않는다고 기억하자.

(3) 숙련된 종업원

숙련된 종업원 (종업원의 노하우 ex〉손맛 등)은 기업이 통제가능성을 갖고 있다고 볼 수 없으므로 무형자산으로 인식하지 않는다.

예제   **무형자산의 인식**

01   무형자산의 회계처리에 대한 설명으로 옳지 않은 것은?   2020. 지방직 9급

① 무형자산을 최초로 인식할 때에는 원가로 측정한다.
② 무형자산이란 물리적 실체는 없지만 식별할 수 있는 비화폐성자산이다.
③ 내부적으로 창출한 영업권은 자산으로 인식하지 아니한다.
④ 연구(또는 내부 프로젝트의 연구단계)에 대한 지출은 무형자산으로 인식한다.

> ● 해설
>
> ④ 개발단계에 대한 지출은 자산인식요건을 충족시킨 경우에 한하여 무형자산으로 인식한다.   답 ④

02   무형자산의 인식에 대한 설명으로 옳은 것은?   2015. 국가직 9급

① 내부 프로젝트의 연구단계에 대한 지출은 자산의 요건을 충족하는지를 합리적으로 판단하여 무형자산으로 인식할 수 있다.
② 개발단계에서 발생한 지출은 모두 무형자산으로 인식한다.
③ 사업결합으로 취득하는 무형자산의 취득원가는 취득일의 공정가치로 인식하고, 내부적으로 창출한 영업권은 무형자산으로 인식하지 아니한다.
④ 내부적으로 창출한 브랜드, 출판표제, 고객 목록과 이와 실질이 유사한 항목은 무형자산으로 인식한다.

> ● 해설
>
> ① 개발단계에 대한 설명이다. (X)
> ② 개발단계는 요건 충족 시 자산으로 인식한다. (X)
> ③ 사업결합 취득으로 인수하는 모든 자산과 부채는 공정가치로 인식한다. 내부창출 영업권은 무형자산으로 인식하지 않는다는 점을 반드시 기억하자. (O)
> ④ 해당 항목은 무형자산으로 인식하지 않는다. (X)
>   답 ③

07

김 용 재 코 어

공무원회계학

재 무 회 계

① 현금성자산 계산문제
② 은행계정조정표

이 장의 주요 출제 주제는 현금성자산 계산문제, 은행계정조정표, 대손이다. 국가직 9급에서는 현금성자산을 계산하는 문제가, 지방직 9급에서는 은행계정조정표 문제가 자주 출제되었다. 최근 들어 대손의 출제 빈도가 높아지고 있지만, 난이도가 높으므로 대손은 심화서에서 다루겠다.

현금성자산

08 현금성자산

1 현금 및 현금성자산

현금성자산이란 현금으로 전환이 용이하고 가치변동 위험이 중요하지 않은 금융상품으로 취득 당시 만기가 3개월 이내에 도래하는 것을 뜻한다.

여기서 '취득 당시' 만기가 3개월 이내라는 점이 중요하다. 취득 당시에는 만기가 길었으나, 시간이 지남에 따라 결산일 현재(12월 31일) 만기가 3개월 이내인 경우에는 현금성자산으로 분류하지 않는다. 본 주제에서는 현금성 자산에 해당하는지만 알면 되며, 어떤 항목으로 분류되는지 알 필요는 없다.

현금성 자산: 즉시 현금화 가능	현금성이 아닌 항목: (즉시) 현금화 불가
타인발행수표, 자기앞수표 우편환, 송금환 보통예금, 당좌예금 통화 배당금지급통지표, 국공채이자표	선일자수표, 어음 우표, 수입인지 적금, 당좌차월, 당좌개설보증금 직원가불금, 차용증서
만기에 따라 달라지는 항목: 양도성예금증서, 환매채, 국공채, 상환우선주	

 꿀팁! 현금성 자산 vs 현금성이 아닌 항목: 즉시 현금화 가능 여부

현금성 자산으로 분류하기 위해서는 '즉시' 현금화가 가능해야 한다. 애초에 현금화할 수 없거나, 일정 기간이 지나간 후에 현금화할 수 있다면 현금성 항목이 아니라고 이해하면 보다 쉽게 기억할 수 있다.

1. 수표 및 어음: 수표는 현금 O, 어음은 현금 X (예외 – 선일자수표: 현금 X)

수표는 바로 현금화할 수 있으므로 현금성자산으로 분류하는 반면, 어음은 일정 기한이 도래해야 현금화할 수 있으므로 현금성자산이 아니며, 매출채권으로 분류한다.

선일자수표는 수표의 예외로, 어음과 같이 현금성자산이 아닌 매출채권으로 분류한다. 선일자수표란 발행일에 미래 일자를 써놓은 수표를 말한다. 원래 수표는 발행 즉시 현금화 가능한데, 발행일을 미래 일자로 기입하면 그 날짜가 도래하기 전에는 수표가 유효하지 않다. 해당 발행일이 도래해야 현금화가 가능하므로 선일자수표는 현금성자산이 아니다.

2. 우편환, 송금환: 현금 O

환은 멀리 떨어진 지역에 현금을 수송하는 증서이다. 환을 이용하면 거액의 현금을 운반하는 불편함을 감수할 필요 없이, 환만 보내면 된다. 가령, 서울에서 부산으로 1억을 송금하고 싶다면 우체국에서 1억을 주고 환을 구입한다. 그리고 부산으로 환을 보내면 환을 받은 사람이 부산에 있는 우체국에 환을 제시하면 현금을 받을 수 있다.

우편환과 송금환은 수표와 유사하게 우체국에 제시하면 현금을 수령할 수 있으므로, 현금성자산으로 분류한다.

3. 우표, 수입인지: 현금 X

우표와 수입인지는 비용을 미리 지불한 것으로 현금성자산이 아닌 선급비용에 해당한다. 우체국에 우표를 주면 편지를 배송해주는 것이지, 현금을 주는 것이 아니다. 예비역들은 훈련소에서 우표를 써봤을 것이다. 원래 편지를 보내기 위해서는 우체국에서 우편비용을 지불해야 한다. 하지만 훈련소에서는 우체국에 갈 수 없기 때문에 우표를 사 들고 입대를 하고, 훈련소에서 편지에 우표를 붙이면 편지를 배송해준다.

수입인지도 마찬가지이다. 수수료를 낼 때는 현금으로 내야 하나, 미리 인지를 사두고 필요할 때마다 사용하는 것이다.

4. 예금, 적금: 예금은 현금 O, 적금은 현금 X

보통예금과 당좌예금 등의 예금은 입출금이 자유로워 언제든지 인출이 가능하므로 현금성자산이다. 반면 적금은 만기가 길어 바로 현금화할 수 없으므로 현금성자산이 아니다.

5. 당좌차월 및 당좌개설보증금: 현금 X

당좌차월은 당좌예금이 (-)부의 잔액일 때 명칭인데, 이는 차입금이다. 마이너스 통장을 떠올리면 쉽게 이해할 수 있다. 이는 회사의 자산이 아닌 부채이다.

당좌개설보증금은 당좌예금 개설 시 보증금으로 예치하는 것인데, 이는 당좌예금 해지 시에만 인출 가능하므로 만기가 길어 현금성자산이 아니다.

6. 통화: 현금 O

화폐와 동전은 대표적인 현금성 항목이다.

7. 배당금지급통지표, 국공채이자표: 현금 O

배당금지급통지표와 국공채이자표는 제시하면 배당금이나 이자를 바로 현금으로 받을 수 있으므로 현금성항목이다.

8. 직원가불금, 차용증서: 현금 X

직원에게 월급을 가불해주거나, 돈을 빌려주어 차용증을 보유하는 경우 현금이 아닌 대여금(투자자산)이다. 직원가불금은 급여를 선급해준 것이므로, 선급비용으로 보아도 된다. 무엇으로 보든 현금은 아니다.

9. 양도성예금증서, 환매조건부채권(환매채), 국공채, 상환우선주 등: 취득 당시 만기에 따라 결정

위 항목들은 취득 당시 만기가 3개월 이내인지에 따라 분류가 달라진다. 일반적으로 주식은 현금성자산에 속하지 않지만, 취득일로부터 만기가 3개월 이내에 도래하는 상환우선주는 현금성자산으로 분류한다.

위 계정 과목들을 외울 필요는 없다. 계정들이 단독으로 제시되는 것이 아니라 반드시 취득 시점과 만기일이 함께 제시되기 때문이다. 취득 시점과 만기일을 비교하여 현금성 여부를 판단하면 된다.

예제　현금성자산 계산문제

01　재무상태표에 현금및현금성자산으로 표시될 금액은?　　2020. 국가직 9급

• 수입인지	₩50,000
• 송금수표	₩50,000
• 선일자수표	₩50,000
• 자기앞수표	₩100,000
• 타인발행수표	₩100,000
• 당좌개설보증금	₩100,000
• 취득 당시 만기 120일인 양도성예금증서	₩100,000

① ₩400,000　　　　　　② ₩350,000

③ ₩300,000　　　　　　④ ₩250,000

> ● 해설

	재공품
송금수표	₩50,000
자기앞수표	₩100,000
타인발행수표	₩100,000
계	₩250,000

冒 ④

02 다음은 2013년 12월 31일 현재 ㈜한국이 보유하고 있는 항목들이다. ㈜한국이 2013년 12월 31일의 재무상태표에 현금및현금성자산으로 표시할 금액은? 2014. 국가직 9급

• 지급기일이 도래한 공채이자표	₩5,000
• 당좌거래개설보증금	₩3,000
• 당좌차월	₩1,000
• 수입인지	₩4,000
• 선일자수표(2014년 3월 1일 이후 통용)	₩2,000
• 지폐와 동전 합계	₩50,000
• 2013년 12월 20일에 취득한 만기 2014년 2월 20일인 양도성예금증서	₩2,000
• 2013년 10월 1일에 취득한 만기 2014년 3월 31일인 환매채	₩1,000

① ₩56,000 ② ₩57,000

③ ₩58,000 ④ ₩59,000

● 해설

지급기일 도래한 공채이자표	5,000
지폐와 동전	50,000
양도성예금증서	2,000
합계	57,000

양도성예금증서는 취득 당시 만기가 3개월 이내이지만, 환매채는 3개월 이상이므로 현금성자산에 포함되지 않는다. 3개월의 기준이 보고기간 종료일(12월 31일)이 아닌 취득일이라는 것을 주의하자.

답 ②

08

03 2010년 12월 31일 결산일 현재 ㈜대한이 보유하고 있는 자산 중 재무상태표에 계상할
현금및현금성자산은? 2011. 국가직 9급

• 통화	₩1,500
• 수입인지	₩100
• 만기가 도래한 국채이자표	₩300
• 송금환	₩400
• 배당금지급통지표	₩50
• 만기가 1개월 후인 타인발행 약속어음	₩200
• 2010년 12월 1일에 취득한 환매채(만기 2011년 1월 31일)	₩500

① ₩1,500 ② ₩2,250 ③ ₩2,750 ④ ₩2,950

● 해설

통화	1,500
만기가 도래한 국채이자표	300
송금환	400
배당금지급통지표	50
환매채	500
합계	2,750

어음은 만기와 관계없이 현금성자산으로 분류할 수 없다. 게다가, 문제에 취득일도 제시되지 않았다.

🖹 ③

2 은행계정조정표

은행계정조정표란, 회사가 보유하는 예금에 대해서 회사가 계산한 잔액과 은행이 계산한 잔액 사이에 차이가 있을 때 그 차이를 조정하여 정확한 예금 잔액을 계산하는 표이다. 은행이 보유하는 예금에 대한 표가 아니라는 것에 주의하자. 표는 양측 잔액에서 출발하여 조정 사항을 반영해 올바른 금액을 구하는 형태이지만, 회사 혹은 은행측 잔액을 하나만 제시한 뒤, 다른 측의 잔액을 구하는 형태의 문제도 자주 출제되었다. 아래 내용들이 조정 사항이며, 실제 문제에서는 용어가 조금씩 다르게 출제될 수도 있다.

	가산 항목	차감 항목	가감 항목
회사 측 조정	미통지예금 어음 추심	부도수표 은행수수료	이자손익 회사측 오류
은행 측 조정	미기입예금 (= 마감후 입금)	기발행미인출수표 (= 미지급수표)	은행 측 오류

1. 회사측 조정 사항

조정 사항	내용	회사 잔액에서
미통지예금	회사계좌에 입금되었으나 회사가 기록하지 않음	가산
받을어음 추심	어음을 회수하였으나 회사는 이를 누락함	
부도수표	회사 보유 수표가 부도처리되었으나 회사가 누락함	차감
은행수수료	은행수수료를 회사가 누락함	
이자손익	이자수익, 이자비용을 회사가 누락함	조정
회사측 오류	거래 금액을 잘못 기재함	

2. 은행측 조정 사항

조정 사항	내용	은행 잔액에서
미기입예금 (마감후 입금)	회사가 입금한 내역을 은행이 누락함	가산
기발행미인출수표 (미지급수표)	회사가 발행한 수표가 은행에서 출금되지 않음	차감
은행 측 오류	다른 회사의 거래를 본 회사의 거래로 잘못 반영함	조정

08

 상황 중심으로 보자!

은행계정조정표 조정 사항의 명칭, 그리고 어느 측 조정 사항인지를 세세히 암기하기보다는 상황을 중심으로 보자. 문제에서 단순히 '미기입예금 ₩10,000'과 같이 제시하는 경우보다, '은행에 미기록된 예금은 ₩10,000이다'와 같이 상황을 제시하는 경우가 더 많다. 문제에서 제시한 상황을 보고 어느 측에서, 그리고 더할지 뺄지 판단하자.

3. 조정 전 금액과 조정 후 금액의 명칭

	회사	은행
조정 전 금액	회사 측 당좌예금 잔액 ㈜한국의 당좌예금 잔액 ㈜한국의 수정 전 당좌예금 잔액 당좌예금 장부상 잔액 당좌예금계정 장부가액	은행계정명세서상의 잔액 예금잔액증명서상 당좌예금 잔액 은행 측 잔액증명서 은행계산서의 당좌예금 잔액
조정 후 금액	정확한 당좌예금 잔액, 정확한 당좌예금계정의 잔액	

은행계정조정표에서는 문제에 제시한 금액과 문제에서 묻고 있는 금액이 조정 전 금액인지, 조정 후 금액인지 정확히 파악해야 한다. 조정 전 금액과 조정 후 금액이 문제에서 표현되는 방식이 일관되지 않으므로, 기출문제에 등장한 표현을 기억할 필요가 있다.

'회사 측', '(주)한국의', '장부상' 당좌예금의 잔액은 회사가 장부상에 계상한 당좌예금 잔액을 뜻하므로 회사가 계산한 회사측 조정 전 금액을 의미한다. 반면, '은행계정명세서', '예금잔액증명서', '은행계산서'는 예금 잔액이 얼마인지 은행에서 증명해주는 서류를 의미한다. 이들은 은행에서 계산한 금액이므로, 은행측 조정 전 금액을 의미한다.

마지막으로, '정확한'이라는 표현이 등장하면 조정 후 금액을 의미한다. 회사측과 은행측 모두 조정 전 금액은 정확하지 않은 금액이기 때문이다.

 은행계정조정표 풀이법

[유형 1] 조정 후 금액

	회사		**은행**
조정 전	×××	조정 전	×××
회사 측 조정	××× ××× ××× ×××	은행 측 조정	××× ××× ××× ×××
조정 후	① ×××	조정 후	① ×××

조정 후 금액을 묻는 경우 조정 전 금액에 조정 사항을 반영하여 조정 후 금액을 구하면 된다. 조정 후 금액은 일치하기 때문에 회사와 은행 중에 원하는 쪽을 골라 한 번만 계산하면 된다. 검산하고 싶다면, 양쪽 다 계산하여 조정 후 금액이 일치하는지 확인하면 된다.

[유형 2] 조정 전 금액
문제에서 올바른 예금 잔액을 묻기도 하지만, 조정 전 금액을 묻는 경우도 많다. 이 경우 다음 순서대로 풀자.

	회사		**은행**
조정 전	×××	조정 전	③ ×××
회사 측 조정	××× ××× ××× ×××	은행 측 조정	××× ××× ××× ×××
조정 후	① ×××	조정 후	② ×××

① 문제에서 제시한 조정 전 금액에서 출발하여 조정 사항을 반영하여 올바른 예금 잔액을 먼저 구하자.
② 올바른 예금 잔액은 일치하므로 반대쪽에도 똑같이 적자.
③ 조정 사항을 '역으로 반영하여' 조정 전 금액을 구한다.
  '조정 전 + 조정 사항 = 조정 후'이므로 '조정 전 = 조정 후 − 조정 사항'의 방식으로 구해야 한다.

예제 **은행계정조정표 - 조정 후 금액**

01 다음 자료를 토대로 계산한 ㈜한국의 정확한 당좌예금 잔액은? '2016. 국가직 9급

• ㈜한국의 조정 전 당좌예금 계정 잔액	₩12,200
• 은행 예금잔액증명서 상 잔액	₩12,500
• ㈜한국에서 발행하였으나 은행에서 미인출된 수표	₩2,000
• ㈜한국에서 입금처리하였으나 은행에서 미기록된 예금	₩700
• ㈜한국에서 회계처리하지 않은 은행수수료	₩500
• 타회사가 부담할 수수료를 ㈜한국에 전가한 은행의 오류	₩200
• ㈜한국에서 회계처리하지 않은 이자비용	₩300

① ₩10,700   ② ₩11,400   ③ ₩13,400   ④ ₩14,100

● **해설**

	회사	은행
조정 전	12,200	12,500
기발행미인출수표		(2,000)
미기입예금		700
은행수수료	(500)	
은행측 오류		200
이자비용	(300)	
올바른 잔액	11,400	11,400

은행 측 오류: 타 회사에서 차감해야 되는 금액을 ㈜한국에서 잘못 차감하였으므로 다시 가산한다. '은행'
이 잘못 차감하였으므로 '은행' 측 잔액이 잘못되어 있으며, 조정 전 금액에 가산해야 한다. 회사는 수수료
가 있었는지도 모르므로, 회사측 잔액은 오류가 없다.

目 ②

02 ㈜한국의 당좌예금에 대한 다음의 자료를 이용하여 계산한 2012년 12월 말의 정확한 당좌예금 잔액은?

2012. 국가직 9급

- 2012년 12월 31일 ㈜한국의 당좌예금계정 잔액은 ₩920,000이다.
- 은행계정명세서상의 2012년 12월 31일 잔액은 ₩1,360,000이다.
- 은행계정명세서와 ㈜한국의 장부를 비교해 본 결과 다음과 같은 사실을 발견했다.
  - ₩60,000의 부도수표를 ㈜한국은 발견하지 못했다.
  - 은행에서 이자비용으로 ₩5,000을 차감하였다.
  - 기발행미결제수표가 ₩520,000 있다.
- 마감시간이 경과한 후 은행에 전달하여 미기록된 예금은 ₩240,000이다.
- 자동이체를 시켜놓은 임차료가 ₩185,000 차감되었는데 ㈜한국은 알지 못했다.
- 은행에서 ㈜서울에 입금시킬 돈 ₩410,000을 ㈜한국에 입금하였는데 ㈜한국은 알지 못했다.

① ₩670,000   ② ₩680,000

③ ₩690,000   ④ ₩700,000

● 해설

	회사	은행
조정 전	920,000	1,360,000
부도수표	(60,000)	
이자비용	(5,000)	
기발행미결제수표		(520,000)
미기입예금		240,000
임차료	(185,000)	
㈜서울 입금분		(410,000)
올바른 잔액	670,000	670,000

- 임차료 차감분: 자동이체를 ㈜한국이 알지 못했으므로 회사 측 잔액에서 조정해주어야 한다.
- ㈜서울 입금분: ㈜서울에 입금시켰어야 하는데 잘못하여 ㈜한국에 입금하였고, 회사는 이를 알지 못하였으므로 회사는 조정할 필요 없이 은행이 조정해야 한다. '은행의' 예금 잔액을 조정하는 것이 아니라, 은행이 계산한 '회사의' 예금 잔액을 조정하는 것이므로 은행측 잔액에 410,000을 가산하는 것이 아니라 차감해야 한다.

🔖 ①

08

예제 **은행계정조정표 – 조정 전 금액**

03 ㈜한국의 20X6년 12월 31일에 당좌예금 장부상 잔액이 ₩37,500이었고, 당좌예금과 관련된 다음의 사건이 확인되었다면, ㈜한국이 거래은행에서 받은 20X6년 12월 31일자 예금잔액증명서상 당좌예금 잔액은?

2018. 지방직 9급

ㄱ. ㈜한국의 거래처에서 매출대금 ₩15,000을 은행으로 입금하였으나, ㈜한국은 이 사실을 알지 못했다.
ㄴ. 은행은 당좌거래 관련 수수료 ₩2,000을 ㈜한국의 예금계좌에서 차감하였다.
ㄷ. 은행 측 잔액증명서에는 반영되어 있으나 ㈜한국의 장부에 반영되지 않은 다른 예금에 대한 이자수익이 ₩5,000있다.
ㄹ. 은행 측 잔액증명서에는 반영되어 있으나 ㈜한국의 장부에 반영되지 않은 부도수표가 ₩6,000 있다.
ㅁ. ㈜한국은 은행에 ₩47,000을 예금하면서 ₩74,000으로 잘못 기록하였으나, 은행계좌에는 ₩47,000으로 올바로 기록되어 있다.

① ₩22,500 ② ₩24,500
③ ₩34,500 ④ ₩76,500

● 해설

	회사	은행
조정 전	37,500	22,500
미통지예금	15,000	
은행수수료	(2,000)	
이자수익	5,000	
부도수표	(6,000)	
회사측 오류	(27,000)	
올바른 잔액	22,500	22,500

ㅁ. 은행은 올바로 기록하였으나 회사가 예금을 27,000 과대 계상하였으므로 그만큼 잔액을 차감해야 한다.

본 문제에서는 은행 측 조정 사항이 없어 은행 측 조정 전 잔액과 올바른 잔액이 일치하지만, 은행 측 조정 사항이 있는 경우 올바른 잔액을 먼저 구한 뒤, 조정을 역으로 반영하여 은행측 잔액을 구해야 한다.

답 ①

04 다음의 자료를 이용한 20X3년 6월 30일 조정 전 은행측 잔액증명서상의 금액은?

2014. 지방직 9급

---

(1) 20X3년 6월30일 조정 전 회사측 당좌예금 잔액 ₩200,000
(2) 은행측 잔액증명서상의 금액과 회사측 잔액과의 차이를 나타내는 원인
  • 은행예금 이자 ₩15,000
  • 회사발행미지급수표 ₩100,000
  • 어음추심수수료 ₩1,000
  • 회사에 미통지 된 예금 ₩120,000

---

① ₩234,000 ② ₩334,000
③ ₩384,000 ④ ₩434,000

해설

	회사	은행
조정 전	200,000	434,000
이자수익	15,000	
기발행미인출수표		(100,000)
어음추심수수료	(1,000)	
미통지예금	120,000	
올바른 잔액	334,000	334,000

답 ④

08

김 용 재 코 어
공 무 원 회 계 학
재 무 회 계

① 할인발행 vs 액면발행 vs 할증발행 ★중요!
② 총 이자비용 ★중요!
③ 사채상환손익
④ 유효이자율법 계산형 말문제

금융부채는 거의 매년 출제되는 아주 중요한 장이다. 하지만 현재가치를 잘 해야 하기 때문에 난이도도 꽤 어렵다. 본 장을 공부하기에 앞서 회계원리에서 배운 현재가치 및 유효이자율 상각 내용을 다시 복습하고 오자. 금융부채는 계산문제뿐만 아니라 말문제와 계산형 말문제까지 다양한 유형으로 출제되고 있다.

09 금융부채

1 금융상품의 정의

	지분상품(주식)	채무상품(채권)
발행자	납입자본(자본)-11장	사채(부채)-9장
투자자	금융자산(자산)-10장	금융자산(자산)-심화

1. 지분상품 vs 채무상품

금융상품에는 지분상품과 채무상품이 있다. 지분상품은 다른 회사의 순자산에 대한 소유권을 나타내는 주식을 의미한다. 지분상품은 발행자 입장에서는 납입자본(자본금 + 주식발행초과금)으로 계상하지만 투자자 입장에서는 금융자산(자산)으로 분류한다.

채무상품은 다른 회사에게 금전을 청구할 수 있는 채권을 의미한다. 채무상품은 발행자 입장에서는 사채(부채)로 계상하지만, 투자자 입장에서는 금융자산(자산)으로 분류한다.

2. 금융상품의 현금흐름

채무상품(채권)은 계약상 현금흐름이 이자 및 원금으로 구성되어 있지만, 지분상품(주식)은 정해진 현금흐름이 없다. 지분상품의 경우 배당을 지급하긴 하지만 의무가 아니며, 배당 결의 시에만 지급하기 때문이다. 배당이 의무가 아니기에 발행자는 주식을 부채가 아닌 자본으로 분류한다. 부채로 분류하는 일부 상환우선주의 경우를 제외하고 모든 주식은 자본으로 분류한다. 부채로 분류하는 상환우선주는 심화서에서 다룰 것이다.

2 유효이자율법 기초

1. 유효이자율 상각표

회계원리에서 배웠던 현재가치 및 유효이자율을 복습하기 위해 예제를 만들어보았다. 유효이자율 상각표가 이해되지 않는다면 회계원리 내용을 다시 보자.

예제. ㈜김수석은 X1년 초 액면금액 ₩1,000,000, 만기 3년, 액면이자율 8%인 사채를 발행하였다. 시장이자율이 각각 10%, 8%, 6%일 때 사채의 현재가치를 구하고, 유효이자율 상각표를 그리시오.

기간: 3년	단일금액 ₩1의 현재가치	정상연금 ₩1의 현재가치
6%	0.83962	2.67301
8%	0.79383	2.57710
10%	0.75131	2.48685

(1) 할인발행 (유효이자율 10%)

	유효이자(10%)	액면이자(8%)	상각액	장부금액
X0	80,000 × 2.48685 + 1,000,000 × 0.75131 =			950,258
X1	95,026	80,000	15,026	965,284
X2	96,528	80,000	16,528	981,812
X3	98,188*	80,000	18,188	1,000,000

* 단수차이

감가상각에서 했던 것과 동일한 방식으로, 각 시점은 기말 시점을 표시한 것으로, X0은 X1년 초 (= X0년 말)를, X1은 X1년 말을 의미한다.

할인발행 시에는 발행금액이 액면금액보다 작다. 이 경우 유효이자가 액면이자보다 커 장부금액이 점차 증가해서 액면금액이 된다.

(2) 액면발행 (유효이자율 8%)

	유효이자(8%)	액면이자(8%)	상각액	장부금액
X0	80,000 × 2.57710 + 1,000,000 × 0.79383 =			1,000,000*
X1	80,000	80,000	0	1,000,000
X2	80,000	80,000	0	1,000,000
X3	80,000	80,000	0	1,000,000

* 단수차이

액면발행 시에는 액면이자율과 유효이자율이 일치한다. 액면발행 시 정확히 유효이자만큼 액면이자를 지급하기 때문에 상각액이 0이며, 장부금액에 변화가 없다.

(3) 할증발행 (유효이자율 6%)

	유효이자(6%)	액면이자(8%)	상각액	장부금액
X0	80,000 × 2.67301 + 1,000,000 × 0.83962 =			1,053,460
X1	63,208	80,000	16,792	1,036,668
X2	62,200	80,000	17,800	1,018,868
X3	61,132	80,000	18,868	1,000,000

할증발행 시에는 발행금액이 액면금액보다 크다. 이 경우 유효이자가 액면이자보다 작아 장부금액이 점차 감소해서 액면금액이 된다.

(4) 상각액 = |유효이자 − 액면이자| ★중요!

상각액은 |유효이자-액면이자|이다. 회계학에서 할인발행이든, 할증발행이든 상각액은 양수로 보기 때문에 유효이자에서 액면이자를 차감한 뒤, 절댓값을 씌웠다. 할인발행의 경우 상각액을 기초 장부금액에 가산하면 되고, 할증발행의 경우 상각액을 기초 장부금액에서 차감하면 된다.

2. 유효이자율법 회계처리

상각표를 통해 금액을 파악했으면, 이제 회계처리로 옮겨야 한다. 할인발행의 경우 사채할인발행차금, 할증발행의 경우 사채할증발행차금이 계상된다. 이 둘은 장부금액과 액면금액의 차이 금액을 뜻하며, 사채로 보아도 무방하다. 유형자산의 감가상각누계액과 동일한 역할을 한다. 유형자산의 장부금액을 '취득원가-감가상각누계액'의 방식으로 구했듯이, 사채의 장부금액은 '액면금액-사채할인발행차금+사채할증발행차금'의 방식으로 구하면 된다. 발행차금을 계상하지 않고 순액으로 회계처리하더라도 기준서 상으로는 문제가 없다. 위 예제를 회계처리하면 다음과 같다.

(1) 할인발행 (유효이자율 10%)

	총액 회계처리		순액 회계처리	
X1초	(차) 현금 950,258 사채할인발행차금 49,742	(대) 사채 1,000,000	(차) 현금 950,258	(대) 사채 950,258
X1말 이자	(차) 이자비용 95,026	(대) 현금 80,000 사채할인발행차금 15,026	(차) 이자비용 95,026	(대) 현금 80,000 사채 15,026
X2말 이자	(차) 이자비용 96,528	(대) 현금 80,000 사채할인발행차금 16,528	(차) 이자비용 96,528	(대) 현금 80,000 사채 16,528
X3말 이자	(차) 이자비용 98,188	(대) 현금 80,000 사채할인발행차금 18,188	(차) 이자비용 98,188	(대) 현금 80,000 사채 18,188
상환	(차) 사채 1,000,000	(대) 현금 1,000,000	(차) 사채 1,000,000	(대) 현금 1,000,000

(2) 액면발행 (유효이자율 8%)

	총액 회계처리 = 순액 회계처리			
X1초	(차) 현금	1,000,000	(대) 사채	1,000,000
X1말	(차) 이자비용	80,000	(대) 현금	80,000
X2말	(차) 이자비용	80,000	(대) 현금	80,000
X3말	(차) 이자비용	80,000	(대) 현금	80,000
	(차) 사채	1,000,000	(대) 현금	1,000,000

액면발행 시에는 발행금액과 액면금액이 일치해 발행차금이 계상되지 않으므로 총액 회계처리와 순액 회계처리가 일치한다.

(3) 할증 발행 (유효이자율 6%)

	총액 회계처리		순액 회계처리	
X1초	(차) 현금 1,053,460	(대) 사채 1,000,000 사채할증발행차금 53,460	(차) 현금 1,053,460	(대) 사채 1,053,460
X1말 이자	(차) 이자비용 63,208 사채할증발행차금 16,792	(대) 현금 80,000	(차) 이자비용 63,208 사채 16,792	(대) 현금 80,000
X2말 이자	(차) 이자비용 62,200 사채할증발행차금 17,800	(대) 현금 80,000	(차) 이자비용 62,200 사채 17,800	(대) 현금 80,000
X3말 이자	(차) 이자비용 61,132 사채할증발행차금 18,868	(대) 현금 80,000	(차) 이자비용 61,132 사채 18,868	(대) 현금 80,000
상환	(차) 사채 1,000,000	(대) 현금 1,000,000	(차) 사채 1,000,000	(대) 현금 1,000,000

(4) 사채할인(할증)발행차금 및 상각액 : 잔액과 변동분

사채할인(할증)발행차금은 잔액을 의미하고, 사채할인(할증)발행차금 상각액은 변동분(연도별 감소액)을 의미한다. 예를 들어, (1) 할인발행의 경우 X1초에 사채할인발행차금은 49,742이지만 X1말에 15,026을 상각하여 X1말 사채할인발행차금은 34,716이 된다. (3) 할증발행의 경우 X1초에 사채할증발행차금은 53,460이지만 X1말에 16,792를 상각하여 X1말 사채할증발행차금은 36,668이 된다.

예제 **유효이자율 상각표**

01 ㈜한국은 2013년 1월 1일 자금조달을 위해 액면가액 ₩10,000, 표시이자율 6 %, 만기 3년, 매년 말 이자지급 조건의 사채를 발행하였다. 사채를 발행할 당시 시장이자율이 12%였다면, 2014년도에 인식할 사채 관련 이자비용은? (단, 사채발행 시 사채의 현재가치는 아래의 현재가치표를 이용하여 계산하고, 계산과정에서 현가계수 외의 소수점 이하는 소수 첫째 자리에서 반올림한다)

2015. 관세직 9급

기간	6%		12%	
	단일금액	연금	단일금액	연금
3년	0.84	2.67	0.71	2.40

① ₩696   ② ₩1,025
③ ₩1,076   ④ ₩1,198

● 해설

시점	유효이자(12%)	액면이자(6%)	상각액	장부금액
12	10,000 × 0.71 + 600 × 2.4			= 8,540
13	1,025	600	425	8,965
14	1,076	600	476	9,441

표시이자율 6%가 아닌 유효이자율 12%의 현가계수를 이용해야 한다는 점을 주의하자.
계산기 없이 풀기 어려운 문제였다. 실전이었다면 넘기고 나중에 풀었어야 한다.

답 ③

02 ㈜한국은 20X1년 1월 1일에 사채(표시이자율 10%, 만기 3년, 액면금액 ₩100,000, 이자 후급)를 ₩95,200에 발행하였다. 20X1년 이자비용이 ₩11,400 발생하였을 경우, 20X1년 말 사채의 장부금액은?

2021. 지방직 9급

① ₩95,200　　　　　　　　　　② ₩96,600
③ ₩98,600　　　　　　　　　　④ ₩101,400

● 해설

	유효이자	액면이자(10%)	상각액	장부금액
X0				95,200
X1	11,400	10,000	1,400	96,600

X1년 말 장부금액 = 95,200 + 11,400 − 10,000 = 96,600

일반적인 문제에서는 유효이자율을 제시하고 우리가 유효이자를 계산해야 하지만, 이 문제에서는 유효이자(이자비용)를 직접 제시했기 때문에 바로 사용하면 된다.

답 ②

03 ㈜한라는 2008년 1월 1일에 표시이자율 8%, 액면금액 ₩100,000인 3년 만기 사채를 ₩95,030에 발행하였다. 이자는 매년 12월 31일에 지급되며, 발생이자와 관련된 회계처리는 유효이자율법에 따르고 있다. 유효이자율이 10%일 때, 2009년 12월 31일 이 사채의 장부금액은? (단, 소수점 이하는 반올림함)

2010. 국가직 9급

① ₩85,527　　　　　　　　　　② ₩93,527
③ ₩96,533　　　　　　　　　　④ ₩98,186

● 해설

	유효이자(10%)	액면이자(8%)	상각액	장부금액
X7				95,030
X8	9,503	8,000	1,503	96,533
X9	9,653	8,000	1,653	98,186

09년 말 장부금액 = ((95,030 × 1.1 − 8,000) × 1.1 − 8,000) = 98,186

참고로, 할인발행 상황에서 X8말 장부금액이 96,533이다. X9말 장부금액은 96,533보다 커야 하는데, 큰 선지가 98,186밖에 없다. 따라서 X9말 장부금액을 계산해보지 않고도 답을 고를 수 있었다.

답 ④

3 할인발행 vs 액면발행 vs 할증발행 ⭐중요

1. 액면금액과 발행금액의 비교: 유효이자율과 발행금액은 반비례

$$PV \downarrow = \sum \frac{CF_n}{(1 + R \uparrow)^n}$$

유효이자율과 사채의 발행금액은 반비례 관계에 있다. 이자율이 커질수록 분모가 커져 사채의 현재 가치가 작아지기 때문이다. 따라서 발행가와 액면가가 일치하지 않을 수 있다. 발행가와 액면가의 대소 관계에 따라 발행을 세 가지로 구분한다.

(1) 액면 발행: 발행가 = 액면가

유효이자율이 액면이자율과 동일할 때 발행금액과 액면금액이 정확히 일치한다.

(2) 할인 발행: 발행가 〈 액면가

유효이자율이 액면이자율보다 클 땐 발행가액이 감소하여 액면금액보다 작아진다.

(3) 할증 발행: 발행가 〉 액면가

유효이자율이 액면이자율보다 작을 땐 발행가액이 증가하여 액면금액보다 커진다.

2. 장부금액, 이자비용, 상각액 증감

장부금액, 이자비용, 상각액 증감 여부는 종종 말문제로 출제되므로 다음 표를 기억하자.

	유효R = 액면R	유효R 〉 액면R	유효R 〈 액면R
액면가와 비교	발행가 = 액면가	발행가 〈 액면가	발행가 〉 액면가
	액면발행	할인발행	할증발행
장부금액	불변	점차 증가	점차 감소
이자비용			
상각액			점차 증가

(1) 상각 완료 후 장부금액 = 액면금액

최초 발행 시 발행가액은 액면금액과 다를 수 있지만, 상각 완료 후에는 사채의 장부가액이 반드시 액면금액이 된다. 앞에서 그려본 유효이자율 상각표를 참고하자. 할인발행, 액면발행, 할증발행 모두 X3년 말에는 장부금액이 전부 액면금액인 1,000,000이 된다.

(2) 장부금액(BV) 변화

발행금액과 무관하게 장부금액은 만기가 되면 모두 액면금액이 된다. 따라서 장부금액은 액면발행 시 불변, 할인발행 시 점차 증가, 할증발행 시 점차 감소한다.

(3) 이자비용 = 기초 장부금액 × 유효이자율

이자비용은 기초 장부금액에 유효이자율을 곱해서 계산하므로 장부금액 증감과 비례한다.

(4) 상각액 = |유효이자-액면이자(고정)|

: 할인발행, 할증발행 모두 상각액은 점차 증가!

상각액은 유효이자에서 액면이자를 차감한 것인데, 액면이자는 매년 고정이므로 상각액의 변화는 이자비용의 변화와 일치한다. 결과적으로, BV 변화, 이자비용 변화, 상각액 변화 방향 모두 일치하게 된다.

그러나 할증발행의 경우 이자비용이 감소함에도 불구하고 상각액을 '증가'로 표시했는데, 그동안 기출문제에서는 상각액을 절댓값으로 보아 '할증발행 시 상각액은 증가한다'를 맞는 문장으로 처리하였다. 수험 목적상 할인발행이든, 할증발행이든 상각액은 점차 증가한다고 기억하자.

 장부금액, 이자비용, 상각액 증감 암기법

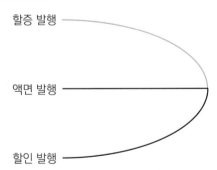

위 그림은 사채 장부금액이 시간이 지남에 따라 어떻게 변화하는지 표현한 것이다. 할증발행은 액면 금액보다 높은 위치에서, 할인발행은 액면 금액보다 낮은 위치에서 출발해 액면 금액에 다다른다. 관건은 액면 금액에 다다르는 '속도'이다. 할증발행, 할인발행 모두 초반에는 천천히 다가오다가 후반에 기울기가 급해지며 빠른 속도로 액면 금액에 가까워진다. 이것이 바로 상각액의 개념이다. 그림을 떠올리면서 상각액은 점차 증가한다는 것을 기억하자.

예제 할인발행 vs 액면발행 vs 할증발행

01 사채발행차금을 유효이자율법에 따라 상각할 때 설명으로 옳지 않은 것은? (단, 이자율은 0보다 크다)

2016. 국가직 9급

① 할증발행 시 상각액은 매기 감소한다.
② 할인발행 시 이자비용은 매기 증가한다.
③ 할인발행 시 상각액은 매기 증가한다.
④ 할증발행 시 이자비용은 매기 감소한다.

> **● 해설**
>
> ①, ③ 할인발행, 할증발행 모두 상각액은 매기 증가한다.
>
> 답 ①

02 사채의 발행에 관한 설명으로 옳지 않은 것은?

2015. 관세직 9급

① 할인발행은 유효이자율이 표시이자율보다 큰 경우이다.
② 할증발행의 경우 발행연도의 현금지급이자는 사채이자비용보다 크다.
③ 할인발행의 경우 만기가 가까워질수록 사채의 이자비용이 감소한다.
④ 할증발행과 할인발행은 사채의 만기금액이 동일하다.

> **● 해설**
>
> 할인발행 시 만기가 가까워질수록 부채의 장부금액이 커지기 때문에 이자비용도 증가한다.
>
> 답 ③

03 사채할인발행차금의 상각이 당기순이익과 사채의 장부금액에 미치는 영향은? 2012. 관세직 9급

	당기순이익	사채의 장부금액
①	증가	증가
②	증가	감소
③	감소	증가
④	감소	감소

> ● 해설
>
> [회계처리]
> 이자비용 XXX / 현금   XXX
>   사할차   XXX
>
> • 당기순이익: 사채할인발행차금 상각 시 이자비용은 증가한다. (유효이자 = 액면이자 + 상각액)
> • 이자비용이 증가하면 당기순이익은 감소한다.
> • 사채의 장부금액: 사할차 상각 시 사채의 장부금액은 증가한다.
>
> 답 ③

04 유효이자율법에 의한 사채할인발행차금 또는 사채할증발행차금에 대한 설명으로 옳은 것은?

2020. 관세직 9급

① 사채를 할증발행할 경우, 인식하게 될 이자비용은 사채할증발행차금에서 현금이자 지급액을 차감한 금액이다.

② 사채를 할인발행할 경우, 사채할인발행차금 상각액은 점차 감소한다.

③ 사채를 할인발행 또는 할증발행할 경우 마지막 기간 상각 완료 후 장부가액은 사채의 액면금액이 된다.

④ 사채할인발행차금의 총발생액과 각 기간 상각액의 합계금액은 같고, 사채할증발행 차금의 총발생액과 각 기간 상각액의 합계금액은 다르다.

> ● 해설
>
> ① 상각액 = |유효이자 − 액면이자|이다. 할증발행할 경우 액면이자가 유효이자보다 크므로 상각액 = 액면이자 − 유효이자이다. 이자비용은 유효이자와 같으므로, 이자비용=액면이자−상각액이다. 따라서 이자비용은 현금이자 지급액에서 사채할증발행차금 상각액을 차감한 금액이다. 현금이자 지급액과 사채할증발행차금의 위치를 바꾸어야 하며, '사채할증발행차금 상각액'이 올바른 표현인데 출제진이 상각액을 빠트린 것으로 보인다
> ② 사채를 할인발행하든, 할증발행하든, 사채할인(할증)발행차금 상각액은 점차 증가한다. (X)
> ③ 사채 발행가와 무관하게 만기 시 장부가액은 반드시 사채의 액면금액이 된다. (O)
> ④ 사채할인발행차금, 사채할증발행차금 모두 총발생액과 각 기간 상각액의 합계금액은 같다. (X)
>
> 답 ③

4 유효이자율법 계산문제 출제 사항

1. 액면이자율과 유효이자율

(1) 액면이자율

액면이자율은 다음 순서로 구한다. 문제에서 기초와 기말 BV, 유효이자율은 제시해줄 것이다.

	유효이자	액면이자	상각액	장부금액
X1				기초 BV
X2	②기초 BV X 유효R	③유효이자 – 상각액	①기말 BV – 기초 BV	기말 BV

④ 액면이자율 = 액면이자 ÷ 액면금액

(2) 유효이자율

= 유효이자 ÷ 기초 장부금액

 꿀팁! 액면이자율이나 유효이자율을 묻는 문제 대처법

액면이자율이나 유효이자율은 식이 복잡해 계산기 없이 계산하기 어렵다. 이자율을 묻는 문제는 넘긴 후에 마지막에 풀고, 찍을 때는 다음 내용을 참고하자.

(1) 액면이자율과 유효이자율은 다를 것이다.

액면이자율과 유효이자율이 같다면 액면 발행되므로, 문제에서 대부분 액면이자율과 유효이자율을 다르게 출제한다. 시간이 부족해 찍는다면, 액면이자율과 유효이자율이 같은 선지는 제외하고 나머지 선지로 찍자.

(2) 계산형 말문제: 최대한 나머지 선지들로 정답을 파악하고 넘어가자.

계산형 말문제의 경우 나머지 3개 선지가 있기 때문에 이자율을 묻는 선지를 모르더라도 답을 골라낼 수 있다. 나머지 3개 선지 중에 답이 있다면 이자율을 계산하지 않아도 된다. 만약 나머지 3개 선지 중에 답이 없다면 이자율을 묻는 선지를 답으로 고르자.

(3) 최후의 수단: 5%나 10%로 찍고 넘어갈 것!

이자율이 5%나 10%로 출제되면 눈으로도 파악이 가능하지만, 이자율이 8%, 9% 등으로 제시될 경우엔 계산기 없이 계산이 어렵다. 출제진들도 그것을 알기 때문에 왠만하면 답을 5%나 10%로 출제한다. 일단 5%나 10%로 찍고 넘어간 뒤에, 시간이 남으면 계산해보자.

예제   유효이자율법 - 액면이자율

01   ㈜한국은 20X1년 1월 1일 액면금액 ₩100,000, 만기 3년의 사채를 ₩92,410에 발행하였다. 사채의 연간 액면이자는 매년 말 지급되며 20X1년 12월 31일 사채의 장부금액은 ₩94,730이다. 사채의 연간 액면이자율을 추정한 것으로 가장 가까운 것은? (단, 사채발행 시 유효이자율은 9%이다.)

2018. 국가직 9급

① 5%   ② 6%   ③ 7%   ④ 8%

● 해설

	유효이자(9%)	액면이자(?%)	상각액	장부금액
X0				92,410
X1	8,317	5,997	2,320	94,730

① 상각액 = 94,730 - 95,030 = 2,320
② 유효이자 = 92,410 × 9% = 8,317
③ 액면이자 = 8,317 - 2,320 = 5,997
④ 액면이자율 = 5,997 ÷ 100,000 = 6%

답 ②

02   ㈜한국은 2016년 1월 1일 액면금액 ₩1,000,000, 만기 3년의 사채를 유효이자율 연 10%를 적용하여 ₩925,390에 발행하였다. 2016년 12월 31일 장부금액이 ₩947,929이라면 이 사채의 표시이자율은?

2017. 국가직 9급

① 7%   ② 8%   ③ 9%   ④ 10%

● 해설

	유효이자(10%)	액면이자(?%)	상각액	장부금액
X0				925,390
X1	92,539	70,000	22,539	947,929

① 상각액 = 947,929 - 925,390 = 22,539
② 유효이자 = 925,390 × 10% = 92,539
③ 액면이자 = 92,539 - 22,539 = 70,000
④ 액면이자율 = 70,000 ÷ 1,000,000 = 7%
유효이자율이 10%이므로, ④번의 10%는 제외하고 답을 고르자. 발행금액이 액면금액과 일치하지 않으므로, 액면이자율이 10%가 될 수는 없다.

답 ①

유효이자율법 - 유효이자율

03 ㈜한국은 사채할인발행차금을 액면이자를 지급하는 매년말 유효이자율법에 의하여 상각한다. 2012년 말 ㈜한국의 분개가 다음과 같고, 분개 후 사채의 장부가액은 ₩167,000일 때, 사채의 유효이자율은? 2012. 관세직 9급

| (차변) 이자비용 | ₩40,000 | (대변) 사채할인발행차금 | ₩7,000 |
| | | 현 금 | ₩33,000 |

① 10%　　　　　　　　　　② 15%

③ 20%　　　　　　　　　　④ 25%

● **해설**

• 11년 말 사채의 장부금액: 167,000 − 7,000 = 160,000
• 유효이자율: 40,000/160,000 = 25%

답 ④

2. 총 이자비용 ⭐중요!

총 이자비용은 상당히 자주 출제되는 주제이다. 총 이자비용의 공식 도출과정은 다음과 같다.

---

(1) 총 현금 지급액 = 액면금액 + 만기 × 액면이자
(2) 총 이자비용 = ① 총 현금 지급액 - 총 현금 수령액
              = ② 액면금액 + 만기 × 액면이자 - 발행금액
              = ③ 상각액 합계 + 만기 × 액면이자

---

(1) 총 현금 지급액: 매년 액면이자를 지급하고, 만기에 액면금액을 지급하므로 액면이자에 만기 (연수)를 곱하고 액면금액을 더하면 총 현금 지급액이 계산된다.

(2) 총 이자비용

① 총 이자비용은 내가 받은 금액보다 더 준 금액이다. 따라서 총 현금 지급액에서 총 현금 수령액을 빼면 된다.

② ①번 식의 총 현금 지급액에 (1)식을 대입하고, 총 현금 수령액에 발행금액을 대입하면 ②번식이 도출된다.

③ ②번 식의 액면금액에서 발행금액을 빼면 상각액 합계가 나온다.
대부분의 계산문제에서는 ②번식을 이용하며, 말문제와 일부 계산문제에서는 ③번 공식을 이용하므로 ②, ③번 공식은 반드시 외우자.

09

총 이자비용

01 ㈜한국은 2011년 1월 1일에 액면 ₩50,000의 사채(표시이자율 10%, 만기 3년)를 ₩47,600에 발행하였다. 동 사채로 인하여 만기까지 인식해야 할 이자비용 총액은?

2013. 관세직 9급

① ₩2,400　　　　　　　　　　　② ₩15,000

③ ₩17,400　　　　　　　　　　　④ ₩22,500

● 해설

총 이자비용 = 50,000 + 5,000 × 3 − 47,600 = 17,400

답 ③

02 ㈜한국은 20×1년 1월 1일 액면금액 ₩1,000,000, 액면이자율 연 10%, 만기 3년, 매년말 이자지급조건의 사채를 ₩951,980에 발행하였다. 사채의 발행차금에 대한 회계처리는 유효이자율법을 적용하고 있으며, 사채발행일의 시장이자율은 연 12%이다. 사채발행일의 시장이자율과 유효이자율이 일치한다고 할 때, ㈜한국이 사채의 만기일까지 3년간 인식할 총 이자비용은?

2022. 국가직 9급

① ₩300,000　　　　　　　　　　② ₩348,020

③ ₩360,000　　　　　　　　　　④ ₩368,020

● 해설

총 이자비용 = 1,000,000 + 100,000*3 − 951,980 = 348,020

답 ②

03 ㈜한국은 20X1년 1월 1일에 액면금액 ₩100,000, 액면이자율 연 8%, 5년 만기의 사채를 ₩92,416에 발행하였다. 이자는 매년 12월 31일에 지급하기로 되어 있고 20X1년 1월 1일 시장이자율은 연 10%이다. 동 사채의 회계처리에 대한 설명으로 옳지 않은 것은? (단, 계산 결과는 소수점 아래 첫째 자리에서 반올림한다)   2020. 지방직 9급

① 사채발행 시 차변에 현금 ₩92,416과 사채할인발행차금 ₩7,584을 기록하고, 대변에 사채 ₩100,000을 기록한다.

② 20X1년 12월 31일 이자지급 시 차변에 사채이자비용 ₩9,242을 기록하고 대변에 현금 ₩8,000과 사채할인발행차금 ₩1,242을 기록한다.

③ 20X1년 12월 31일 사채의 장부금액은 ₩91,174이다.

④ 사채만기까지 인식할 총 사채이자비용은 액면이자 합계액과 사채할인발행차금을 합한 금액이다.

● 해설

	유효이자(10%)	액면이자(8%)	상각액	장부금액
X0				92,416
X1	9,242	8,000	1,242	93,658

③ 20X1년 12월 31일 사채의 장부금액은 ₩93,658이다.

④ 맞는 문장이다. 이렇게 말문제로도 출제되니 총 이자비용 공식은 꼭 기억하자.

[회계처리]
X1초 (차) 현금   92,416   (대) 사채   100,000
          사할차   7,584
사할차: 100,000 - 92,416 = 7,584

X1말 (차) 이자비용   9,242   (대) 현금   8,000
                                      사할차   1,242

답 ③

09

3. 사채상환손익

사채상환손익: 사채의 장부금액 – 상환금액

처분금액이 클수록 이익이 계상되는 자산의 처분과 달리 부채 상환의 경우 상환금액이 클수록 손실이 크게 계상된다. 예를 들어, 장부금액이 100,000인 사채를 각각 110,000과 90,000에 상환한다고 가정할 때 회계처리는 다음과 같다.

(1) 사채의 BV 〈 상환금액: 사채상환손실

(차) 사채	100,000	(대) 현금	110,000
사채상환손실	10,000		

(2) 사채의 BV 〉 상환금액: 사채상환이익

(차) 사채	100,000	(대) 현금	90,000
		사채상환이익	10,000

직관적으로 보면, 돈을 많이 주고 갚으면 손실이 계상되고, 돈을 적게 주고 갚으면 이익이 계상되는 원리이다.

 사채상환 시 이익인지, 손실인지 헷갈리지 않는 방법: 현금의 방향을 보자!

자산은 '처분가액 – 장부금액'의 방식으로 처분손익을 계산하지만, 사채는 부채이기 때문에 장부금액이 앞에 온다. 쉽게 생각해서, '현금이 들어오면 더하고, 현금이 나가면 뺀다'고 생각하면 된다. 위 방식으로 계산했을 때 결과값이 양수이면 이익, 음수이면 손실이다.

예제　사채상환손익

01　㈜한국은 액면 ₩1,000,000의 사채를 2015년 초에 ₩950,260으로 발행하였다. 발행 당시 사채의 유효이자율은 10%, 표시이자율은 8%, 이자는 매년 말 후급, 만기일은 2017년 말이다. ㈜한국이 해당 사채 전액을 2016년 초에 ₩960,000의 현금을 지급하고 상환할 경우 사채상환이익(손실)은?

2015. 지방직 9급

① ₩5,286 손실　　　　　　② ₩5,286 이익

③ ₩6,436 손실　　　　　　④ ₩6,436 이익

해설

사채상환손익: 965,286 - 960,000 = 5,286 이익

	유효이자(10%)	액면이자(8%)	상각액	장부금액
14				950,260
15	95,026	80,000	15,026	965,286

답 ②

02 ㈜대한은 2010년 1월 1일에 유효이자율 연 10%를 적용하여 액면가액 ₩10,000, 표시이자율 연 8%(매년 12월 31일 현금으로 이자지급), 만기 5년인 사채를 ₩9,242에 발행하였다. ㈜대한이 2010년 12월 31일 현금 ₩11,000(연말에 현금으로 지급되는 이자 부분은 별도로 지급하므로 동 금액에는 이자부분이 제외되어 있음)을 지급하고 동 사채를 전액 상환하였다면, 2010년도 포괄손익계산서에 계상될 사채상환손실은? (단, ㈜대한은 유효이자율법을 사용하고, 원미만은 반올림하며, 법인세비용은 없는 것으로 가정한다)

2011.지방직 9급

① ₩800   ② ₩1,000

③ ₩1,124   ④ ₩1,634

● **해설**

사채상환손익: 9,366 – 11,000 = (–)1,634 손실

	유효이자(10%)	액면이자(8%)	상각액	장부금액
09				9,242
10	924	800	124	9,366

문제에서 현금 지급액에 이자 부분이 제외되어 있다고 했으므로, 현금 지급액을 사채의 장부금액과 비교해야 한다. 만약 문제의 가정과 달리 이자 부분이 포함되어 있었다면 사채의 장부금액에 액면이자가 가산된 10,166(= 9,366 + 800)과 비교해야 한다. 이 경우 사채상환손실은 834이다.

답 ④

03 ㈜한국은 20X1년 1월 1일 액면가액 ₩1,000,000(표시이자율 연 10%, 이자지급일 매년 말 후급, 만기일 20X3년 12월 31일)의 사채를 발행하였으며 발행당시 유효이자율은 12%였다. 이 사채를 20X2년 1월 1일에 ₩1,000,000에 상환하였다. 상환당시의 분개는?

2011. 국가직 7급

①	(차)	사채	XXX	(대)	현금	XXX
		사채상환손실	XXX		사채할증발행차금	XXX
②	(차)	사채	XXX	(대)	현금	XXX
		사채할증발행차금	XXX		사채상환이익	XXX
③	(차)	사채	XXX	(대)	현금	XXX
		사채상환손실	XXX		사채할인발행차금	XXX
④	(차)	사채	XXX	(대)	현금	XXX
		사채할인발행차금	XXX		사채상환이익	XXX

● 해설

유효이자율이 표시이자율보다 높으므로 사채는 할인발행되었다. 할인발행된 사채는 만기 전까지 장부금액이 항상 액면금액보다 낮으므로 액면금액에 상환하면 사채상환손실이 계상된다. 따라서 사채상환손실을 계상하면서 사채할인발행차금을 제거하는 ③이 답이다.

답 ③

---

4. 유효이자율법 계산형 말문제

지금까지 배운 유효이자율법의 내용을 각 선지별로 하나씩 묻는 형태도 상당히 자주 출제된다. 하지만 선지의 옳고, 그름을 하나씩 판단하려면 상당히 시간이 많이 걸리므로 유효이자율법이 계산형 말문제로 출제된다면 넘긴 후에 시간이 남는다면 마지막에 풀자.

예제 유효이자율법 계산형 말문제

01 ㈜한국은 2011년 1월 1일 만기 3년, 연이자율 10%(매년 12월 31일 이자지급), 액면금액 ₩100,000인 사채를 유효이자율 8% 기준으로 ₩105,151에 발행하였다. ㈜한국은 해당 사채를 2012년 12월 31일 ₩103,000에 조기상환을 하였다. 이러한 거래와 관련된 설명으로 옳지 않은 것은? (단, 사채발행차금은 유효이자율법으로 상각하며, 소수점 이하는 반올림한다)
2011. 관세직 9급

① 2011년 1월 1일 사채할증발행차금 ₩5,151을 대변에 기록한다.
② 2011년 12월 31일 사채할증발행차금의 환입액은 ₩1,588이다.
③ 2012년 12월 31일 사채이자비용은 ₩8,285이다.
④ 2012년 12월 31일 사채상환손실 ₩152을 차변에 기록한다.

● **해설**

사채상환손실: 101,848 − 103,000 = (−)1,152 손실
계산기 없이 풀기 상당히 까다로운 문제이다. 장부금액에 유효이자율을 곱해야 하는 문제는 넘겼다가 마지막에 풀자.

|유효이자율 상각표|

	유효이자(8%)	액면이자(10%)	상각액	장부금액
10				①105,151
11	8,412	10,000	②1,588	103,563
12	③8,285	10,000	1,715	101,848

문제에 제시된 '연이자율 10%'는 액면이자율을 의미한다. 아무런 언급없이 그냥 '이자율'이라고 나오면 액면이자율을 의미한다.

🔲 ④

02 ㈜지방은 20X3년 1월 1일에 액면금액 ₩1,000, 표시이자율 연 7%, 만기 2년, 매년 말에 이자를 지급하는 사채를 발행하였다. 다음은 ㈜지방이 작성한 사채상각표의 일부를 나타낸 것이다.

일자	유효이자	표시이자	사채할인발행차금 상각	장부금액
20X3. 1. 1.				?
20X3.12.31.	?	?	₩25	?
20X4.12.31.	?	?	₩27	₩1,000

위의 자료를 이용한 사채에 대한 설명으로 옳지 않은 것은? 2014. 지방직 9급

① 2년간 이자비용으로 인식할 총금액은 ₩140이다.
② 사채의 발행가액은 ₩948이다.
③ 20X4년 1월 1일에 사채를 ₩1,000에 조기상환할 경우 사채상환손실은 ₩27이다.
④ 사채의 이자비용은 매년 증가한다.

> ● **해설**
>
> | 일자 | 유효이자 | 표시이자(7%) | 사채할인발행차금 상각 | 장부금액 |
> |------|---------|-------------|---------------------|---------|
> | 20X3. 1. 1. | | | | ②948 |
> | 20X3.12.31. | ? | 70 | ₩25 | ③973 |
> | 20X4.12.31. | ? | 70 | ₩27 | ₩1,000 |
>
> 액면이자: 1,000 × 7% = 70
> ① 2년간 총 이자비용: 25 + 27 + 70 × 2년 = 192 (X)
> ② 발행가액: 1,000 − 25 − 27 = 948
> ③ 20X4년 1월 1일 사채의 장부금액: 948 + 25 = 973
>   사채상환손익: 973 − 1,000 = (−)27 손실
> ④ 사채를 할인발행하였으므로 사채의 이자비용은 매년 증가한다.
>
> 답 ①

이 장의 출제 뽀인트!

① 지분상품 회계처리

금융자산은 2018년 새로운 기준서가 도입된 이후, 기존과 완전히 다른 유형의 문제가 출제되고 있다. 금융자산은 크게 지분상품과 채무상품으로 구분되는데, 공무원 회계학은 계산기를 사용할 수 없기 때문에 계산이 간단한 지분상품 위주로 출제되고 있다. 따라서 본서에서도 지분상품 회계처리만 다룰 것이며, 채무상품 회계처리는 파워 회계학에서 다룰 것이다.

금융자산

10 금융자산

1 지분상품의 분류

구분	계정과목(영문)	계정과목(국문)	사업모형(보유목적)
지분상품 (주식)	FVPL 금융자산	당기손익 – 공정가치 측정 금융자산	원칙
	FVOCI선택 금융자산	기타포괄손익 – 공정가치 측정 선택 금융자산	단기매매항목이 아님

지분상품은 사업모형에 따라 위와 같이 분류한다. 사업모형은 보유목적이라고 생각하면 된다. 지분상품을 어느 계정으로 분류하는지는 문제에서 제시해줄 것이므로 문제의 분류를 따르면 된다.

※주의 계정과목의 한영 변환

금융자산명을 영어로 표기하였는데, 실제 시험은 한글로 제시될 것이다. 하지만 매번 한글로 표기하면 설명이 길어지고, 가독성도 떨어지기에 본 교재에서는 영어로 표기하겠다. 공부할 때에도 영어로 공부하면서 해석 방법을 숙지하는 것이 한글로 공부하는 것보다 훨씬 효율적이다.

FV: 공정가치 측정, AC: 상각후원가 측정, PL: 당기손익, OCI: 기타포괄손익

OCI(기타포괄손익)는 기준서에서 나열하고 있는 수익, 비용에 한정되며, PL(당기손익)은 기준서에서 OCI로 나열하고 있지 않은 나머지 수익, 비용을 의미한다. 자세한 내용은 회계원리를 참고하자.

1. FVPL 금융자산 (당기손익 – 공정가치 측정 금융자산): 원칙

모든 지분상품은 원칙적으로 FVPL 금융자산으로 분류한다.

2. FVOCI 선택 금융자산 (기타포괄손익 – 공정가치 측정 선택 금융자산): 선택

지분상품 중 단기매매 이외의 목적으로 취득한 경우 FVOCI 금융자산으로 선택할 수 있다. 공무원 기출문제에서는 '선택'을 생략하고 '기타포괄손익 – 공정가치 측정 금융자산'으로 출제하기도 한다.

2 지분상품 회계처리 ★중요!

구분	계정과목	취득부대비용	FV 평가손익	처분손익
지분상품	FVPL	당기비용	PL	PL
	FVOCI선택	취득원가에 가산	OCI (재분류 조정 X)	N/A (OCI로 평가)

1. 최초 인식: FV

모든 금융자산은 최초 취득 시 공정가치로 평가한다. 말문제로 출제되었던 사항이므로 기억해두자. 계산문제에서는 신경 쓸 필요 없다.

2. 취득부대비용: FVPL만 당기비용, 나머지는 취득원가에 가산 ★중요!

재고자산, 유형자산에서 배웠듯이 일반적으로 취득부대비용은 자산의 취득원가에 가산한다. 금융 자산도 마찬가지이다. FVOCI 선택 금융자산은 원칙대로 취득부대비용을 취득원가에 가산한다. 예외적으로 FVPL 금융자산은 당기비용 처리한다. FVPL 금융자산의 경우 평가손익도 당기손익으로 인식하기 때문에 편리한 회계처리를 위해 예외 규정을 둔 것이다.

 '취득부대비용 XXX을 포함하여 총 XXX을 지급하였다.'

계정 분류	취득원가
FVPL	총 지급 대가 – 취득부대비용
FVOCI	총 지급 대가

문제에서 취득원가를 제시할 때 위처럼 취득부대비용을 포함해서 제시하기도 한다. 이 경우 FVPL은 취득부대비용을 차감하여 취득원가를 구해야 하고, FVOCI 선택은 총 지급 대가를 취득원가로 보면 된다.

예를 들어, 취득부대비용 1,000을 포함하여 총 10,000을 지급하고 주식을 취득하였다고 하자. 주식의 취득원가는 FVPL로 분류한다면 9,000이고, FVOCI로 선택한 경우 10,000이다.

참고로, '10,000에 주식을 취득하였으며, 취득부대비용이 1,000 발생하였다.'라고 제시하는 경우 총 지급 액은 11,000이다. 주식의 취득원가는 FVPL로 분류한다면 10,000이고, FVOCI로 선택한 경우 11,000 이다. 문제에서 총 지급 대가를 제시하였는지, 주식에 대한 대가를 제시한 뒤 취득부대비용을 따로 제시하 였는지 잘 구분하자.

예제 **지분상품 회계처리 - 취득부대비용**

01 다음 거래로 취득한 금융자산의 세부분류와 측정금액은? 2017. 국가직 7급

> ㈜한국은 한국거래소에서 투자목적으로 ㈜서울의 주식 1주를 ₩10,000에 구입하고 수수료 ₩1,000을 지급하였다. ㈜한국은 당해 주식을 단기간 내에 매각할 예정이다.

① 당기손익 - 공정가치 측정 금융자산 ₩11,000
② 기타포괄손익 - 공정가치 측정 금융자산 ₩11,000
③ 당기손익 - 공정가치 측정 금융자산 ₩10,000
④ 기타포괄손익 - 공정가치 측정 금융자산 ₩10,000

● **해설**

단기 매매목적이므로 FVPL 금융자산으로 분류한다. FVPL 금융자산은 취득부대비용을 당기비용으로 처리하므로, 취득원가에 가산하지 않는다.

|회계처리|

FVPL 금융자산	10,000	현금	11,000
비용(PL)	1,000		

目 ③

---

3. 공정가치 평가손익: 계정 이름 따라서!

모든 지분상품은 계정명에 FV가 붙어 있으며, 매 보고기간 말 공정가치로 평가를 한다. FV 뒤에는 PL 혹은 OCI가 붙어 있는데, 이는 평가손익을 어느 손익으로 인식할지 의미한다. FVPL 금융자산은 평가손익을 당기손익(PL)으로 인식하고, FVOCI 선택 금융자산은 평가손익을 기타포괄손익(OCI)으로 인식한다.

※ 주의 FVOCI 선택 금융자산 vs 유형자산 재평가모형

유형자산에 대해 재평가모형을 적용할 경우 '올라가면 OCI, 내려가면 PL, 상대방 것이 있다면 제거 후 초과분만 인식'한다는 것을 배웠다. 반면, FVOCI 선택 금융자산은 평가이익이든, 평가손실이든 관계없이 평가손익을 전부 OCI로 인식한다. 다른 자산이기 때문에 당연히 평가손익을 인식하는 방식도 다른 것이니, 헷갈리지 말자.

예제   공정가치 평가손익 - FVPL 금융자산

01 ㈜대한은 2016년 초에 ㈜민국의 주식 10주를 ₩300,000(@₩30,000)에 취득하고 수수료 ₩20,000을 별도로 지급하였으며, 동 주식을 당기손익 - 공정가치 측정 금융자산으로 분류하였다. 2016년 말 동 주식의 공정가치가 주당 ₩34,000일 때, ㈜대한이 동 주식에 대하여 인식해야 할 평가이익은?

2016. 지방직 9급

① ₩10,000   ② ₩20,000
③ ₩30,000   ④ ₩40,000

> ● 해설
>
> 회사가 주식을 FVPL 금융자산으로 분류하였으므로 수수료는 당기비용처리되며, 취득원가는 300,000
> 이다. 300,000과 기말 공정가치의 차이를 평가손익으로 인식한다.
> 평가이익: (34,000 – 30,000) × 10주 = 40,000
>
> 답 ④

예제   공정가치 평가손익 - FVOCI 선택 금융자산

02 ㈜대한은 2011년 7월 20일에 액면금액 ₩5,000인 ㈜한국의 주식을 주당 ₩5,000에 10주 매입하였으며, 이는 기타포괄손익 - 공정가치 측정 금융자산으로 선택하였다. 취득 시 직접 거래비용은 추가로 총 ₩1,000이 발생하였다. 동 주식과 관련한 2011년의 추가적인 거래는 없다. 2011년 말 동 주식의 공정가치는 주당 ₩5,500이었다. ㈜대한의 2011년 말 재무 상태표에 기타포괄손익 - 공정가치 측정 금융자산으로 인식될 금액과 포괄손익계산서에 인식될 손익은?

2012. 지방직 9급

	재무상태표(금융자산)	포괄손익계산서	
①	₩51,000	당기손익	₩4,000
②	₩51,000	기타포괄손익	₩5,000
③	₩55,000	기타포괄손익	₩4,000
④	₩55,000	당기손익	₩5,000

10

> **● 해설**
>
> (1) FVOCI 선택 금융자산은 재무상태표에 공정가치로 계상된다. 5,500 × 10주 = 55,000
> (2) 평가손익(OCI) = 55,000 − 51,000 = 4,000 이익
>   • 취득원가: 5,000 × 10주 + 1,000 = 51,000
>
> 답 ③

4. 지분상품 처분손익

금융자산을 처분하면 처분금액과 금융자산 장부금액의 차이를 금융자산 처분손익으로 인식한다. 지분상품의 처분손익은 평가손익과 달리 OCI로 인식하는 경우가 없다.

(1) FVPL 금융자산: 당기손익

(2) FVOCI 선택 금융자산: 평가 후 처분, 처분손익 = 0 (평가손익 재분류조정 X) **★중요!**

FVOCI 지분상품은 매 보고기간 말뿐 아니라 처분 시에도 공정가치 평가를 한다. 처분 시에는 처분금액이 곧 공정가치이므로 항상 처분손익이 0이다. 지분상품의 평가손익은 OCI이며 재분류조정 대상이 아니므로 손익화되지 않는다. 대신, 이익잉여금으로 직접 대체는 가능하다.

지분상품의 처분 - FVOCI 선택 금융자산

01 ㈜대한은 2014년 12월 1일에 ㈜민국의 주식을 ₩1,500,000에 취득하고 기타포괄손익-공정가치 측정 금융자산으로 선택하였다. 동 주식의 공정가치는 2014년 말 ₩1,450,000이었으며, 2015년 말 ₩1,600,000이었다. ㈜대한이 2016년 중에 동 주식을 ₩1,650,000에 처분하였다. 2016년 이와 관련된 거래를 제외한 당기순이익이 ₩200,000일 때, ㈜대한의 총포괄손익은?

2016. 지방직 9급

① ₩200,000 증가 ② ₩250,000 증가

③ ₩300,000 증가 ④ ₩400,000 증가

> ● **해설**
>
> 금융자산평가손익(OCI): 1,650,000 - 1,600,000 = 50,000 이익
> FVOCI 선택 금융자산이므로 처분손익은 없고, 평가손익을 기타포괄손익으로 인식한다.
> CI = 200,000(NI) + 50,000(OCI) = 250,000
>
> 문제에서 16년도의 손익을 물었기 때문에 15년 말 이전의 정보에 대해서는 알 필요가 없다. 15년 말의 공정가치와 처분가액만 적으면 문제를 풀 수 있었다.
>
> 目 ②

02 ㈜한국은 20X1년 중 ㈜민국의 주식을 매매수수료 ₩1,000을 포함하여 총 ₩11,000을 지급하고 취득하였으며, 기타포괄손익-공정가치 측정 금융자산으로 분류하였다. 동 주식의 20X1년 말 공정가치는 ₩12,000이었으며, 20X2년 중에 동 주식을 ₩11,500에 모두 처분하였을 경우, 동 금융자산과 관련한 설명 중 옳은 것은?

2021. 관세직 9급

① 취득금액은 ₩10,000이다.

② 20X1년 당기순이익을 증가시키는 평가이익은 ₩1,000이다.

③ 20X2년 당기순이익을 감소시키는 처분손실은 ₩500이다.

④ 20X2년 처분손익은 ₩0이다.

> ● **해설**
>
> ① 취득금액: 11,000 (X)
> ② FVOCI 선택 금융자산은 평가손익을 전부 OCI로 인식한다. (X)
> ③, ④ FVOCI 선택 금융자산은 처분가액으로 평가 후 처분하므로, 처분 시에도 '평가'손익을 OCI로 인식하며, '처분'손익은 0이다.
>
> 目 ④

10

03 ㈜서울은 20X1년 중에 지분상품을 ₩101,000의 현금을 지급하고 취득하였다. 취득 시 지급한 현금에는 ₩1,000의 취득관련 거래원가가 포함되어 있으며, ㈜서울은 지분상품을 기타포괄손익 – 공정가치 측정 금융자산으로 분류하는 것을 선택하였다. ㈜서울은 20X2년 2월 초에 지분상품 전부를 처분하였다. ㈜서울이 20X1년도 재무제표와 20X2년도 재무제표에 상기 지분상품과 관련하여 인식할 기타포괄손익의 변동은? (단, 20X1년 말과 20X2년 2월 초 지분상품의 공정가치는 각각 ₩120,000과 ₩125,000이며, 처분 시 거래원가는 고려하지 않는다.)

2019. 서울시 9급

	20X1년	20X2년			20X1년	20X2년
①	₩19,000 증가	변동 없음		②	₩19,000 증가	₩5,000 증가
③	₩20,000 증가	변동 없음		④	₩20,000 증가	₩5,000 증가

● 해설

X1년: 120,000 – 101,000 = 19,000 증가
X2년: 125,000 – 120,000 = 5,000 증가

답 ②

예제 **지분상품의 처분 - FVPL 금융자산**

04 ㈜한국은 2012년 중에 매매수수료 ₩100을 포함하여 ₩1,200에 ㈜민국 주식을 취득하여 당기손익-공정가치 측정 금융자산으로 분류하였다. 2012년 말 현재 ㈜민국 주식의 공정가치는 ₩1,400이다. ㈜한국은 2013년 중에 위 금융자산의 절반(1/2)을 매각하고, ₩500의 현금을 수취하였다. ㈜한국이 2013년 중에 당기손익으로 인식할 금융자산처분손익은?

2014. 국가직 9급

① 처분손실 ₩100   ② 처분손실 ₩200

③ 처분이익 ₩200   ④ 처분손익 없음

● 해설

금융자산 처분손익: 500 – 1,400/2 = (–)200 손실
금융자산을 12년 말에 공정가치로 평가했으므로 금융자산이 공정가치로 계상되어 있다.
참고로, FVPL이므로 매매수수료를 제외하여 금융자산의 취득원가는 1,100이다.

답 ②

5. 지분상품 회계처리 ★중요!

예제   지분상품 회계처리

㈜김수석은 20X1년 초 액면금액이 ₩500인 ㈜대한의 주식을 주당 ₩1,000에 10주 취득하였으며, 매입 과정에서 부대비용이 ₩1,000 발생하였다. 20X1년 말 동 주식의 공정가치는 주당 ₩1,200이었다. ㈜김수석은 동 주식을 20X2년 초 주당 ₩1,500에 전부 매각하였다. ㈜김수석이 동 주식을 기타포괄손익 – 공정가치 측정 금융자산으로 선택한 경우와, 당기손익 – 공정가치 측정 금융자산으로 분류한 경우 각각 회계처리하시오.

● 해설

[회계처리]

	FVOCI 선택 금융자산	FVPL 금융자산
X1 취득 시	(차) 금융자산 11,000 (대) 현금　11,000	(차) 금융자산 10,000 (대) 현금　11,000 　　　손실(PL)　1,000
기말 평가	(차) 금융자산　1,000 (대) 평가이익 1,000 　　　　　　　　　　　　(OCI)	(차) 금융자산　2,000 (대) 평가이익 2,000 　　　　　　　　　　　　(PL)
X2 처분	(차) 현금　　　15,000 (대) 금융자산 12,000 　　　　　　　　　　　평가이익 3,000 　　　　　　　　　　　(OCI)	(차) 현금　　　15,000 (대) 금융자산 12,000 　　　　　　　　　　　처분이익 3,000 　　　　　　　　　　　(PL)

위 금융자산 회계처리에서 다음 특징에 주목하자.

(1) FVOCI 선택 금융자산: 처분 시에도 '평가'이익 계상

FVOCI 선택 금융자산 처분 시 OCI가 계상되지만 처분이익이 아닌 평가이익임에 주의하자.

(2) FVPL 금융자산은 취득부대비용을 당기비용 처리하는 이유

앞서 FVPL 금융자산의 경우 '간단한 회계처리를 위해' 취득부대비용을 당기비용 처리한다고 설명한 바 있다. 위의 회계처리에 따르면 취득 시 손실 1,000과 평가이익 2,000으로 인해 X1년도 당기손익은 1,000 증가한다. 만약 FVOCI 선택 금융자산과 동일하게 취득부대비용을 취득원가에 가산했더라도 평가이익이 1,000(= 12,000 – 11,000)이 되어 여전히 X1년도 당기손익은 1,000 증가한다. FVPL 금융자산도 다른 금융자산과 동일하게 취득부대비용을 취득원가에 가산하더라도 결과는 동일하다. 기준서는 편의를 위해 당기비용 처리하도록 규정한 것이다.

10

(3) FVOCI과 FVPL의 연도별 손익 효과 ★중요!

X1년	FVOCI 선택	FVPL	X2년	FVOCI 선택	FVPL
NI	–	1,000	NI	–	3,000
OCI	1,000	–	OCI	3,000	–
CI	1,000	1,000	CI	3,000	3,000

예제의 연도별 손익 효과를 표로 정리하면 위와 같다. FVOCI 선택과 FVPL는 다음의 특징을 가진다.

① FVOCI 선택의 NI = FVPL의 OCI = 0

FVOCI 선택은 NI를 인식하지 않고, OCI만 인식한다. 기말 평가손익과 처분 시 인식하는 평가손익 모두 OCI로 인식한다.

반대로, FVPL은 OCI를 인식하지 않고, NI만 인식한다. 취득 시 부대비용, 기말 평가손익과 처분 시 처분손익 모두 PL로 인식한다.

② FVOCI 선택의 OCI = FVPL의 NI

FVPL과 FVOCI의 손익은 PL과 OCI로 계정 구분은 다르지만, 금액이 같다. FVOCI 선택과 FVPL는 보유목적에 따라 계정을 다르게 분류했을 뿐 실질은 같기 때문이다. 문제에서 FVOCI 선택으로 분류했을 때의 OCI와 FVPL으로 분류했을 때의 NI를 동시에 물었다면 금액이 같기 때문에 하나만 구해도 된다. 가령, FVOCI 선택으로 분류할 때 OCI가 1,000이었다면 FVPL으로 분류 시 NI는 계산하지 않아도 1,000이다.

③ FVOCI 선택의 CI = FVPL의 CI

FVOCI 선택과 FVPL의 총포괄손익(CI)은 동일하다. CI는 NI와 OCI를 합한 이익인데, '② FVOCI 선택의 OCI = FVPL의 NI' 성질 때문에 총포괄손익은 일치할 수 밖에 없다.

예제 **FVOCI과 FVPL의 손익 비교**

01 ㈜한국은 20X1년 중에 지분증권을 ₩6,000에 현금으로 취득하였으며, 이 가격은 취득시점의 공정가치와 동일하다. 지분증권 취득 시 매매수수료 ₩100을 추가로 지급하였다. 동 지분증권의 20X1년 말 공정가치는 ₩7,000이며, ㈜한국은 20X2년 초에 지분증권 전부를 ₩7,200에 처분하였다. ㈜한국이 지분증권을 취득 시 기타포괄손익 – 공정가치 측정 금융자산으로 분류한 경우 20X1년과 20X2년 당기순이익에 미치는 영향은? 2020. 지방직 9급

	20X1년 당기순이익에 미치는 영향	20X2년 당기순이익에 미치는 영향
①	₩900 증가	₩1,100 증가
②	₩1,000 증가	₩1,100 증가
③	영향 없음	₩900 증가
④	영향 없음	영향 없음

● 해설

회사가 지분상품을 FVOCI 금융자산으로 분류하였으므로, 당기순이익에 미치는 영향은 없다.

• OCI에 미치는 영향

X1: 7,000 − 6,100 = 900 증가 (평가이익)

X2: 7,200 − 7,000 = 200 증가 (평가이익)

− FVOCI 금융자산은 처분 시에도 처분이익이 아닌 평가이익을 계상한다.

[회계처리]

X1

(차) 금융자산	6,100	(대) 현금	6,100
(차) 금융자산	900	(대) 평가이익(OCI)	900

X2

(차) 현금	7,200	(대) 금융자산	7,000
		평가이익(OCI)	200

답 ④

02 12월 말 결산법인인 ㈜대한은 20X3년도 초에 ㈜민국의 주식 1,000주를 1주당 ₩2,000에 취득한 뒤, 20X4년도 중 보유 중인 ㈜민국의 주식 500주를 주당 ₩2,200에 처분하였다. 20X3년도 말과 20X4년도 말 ㈜민국 주식의 주당 공정가치는 각각 ₩2,400과 ₩2,500 이다. ㈜대한이 ㈜민국의 주식을 당기손익 – 공정가치 측정 금융자산으로 분류하는 경우와 기타포괄손익 – 공정가치 측정 금융자산으로 선택하는 경우 ㈜대한이 20X4년도 포괄손익 계산서에 미치는 영향은?

2014. 지방직 9급

	당기손익-공정가치 측정 금융자산	기타포괄손익-공정가치 측정 금융자산
①	당기순이익 ₩50,000 감소	기타포괄손익 ₩50,000 감소
②	당기순이익 ₩50,000 감소	당기순이익 ₩50,000 감소
③	당기순이익 ₩50,000 증가	기타포괄손익 ₩50,000 감소
④	당기순이익 ₩50,000 증가	당기순이익 ₩50,000 감소

● 해설

X4년도 손익에 미치는 영향
(1) FVPL 금융자산: 2,200 × 500주 + 2,500 × 500주 − 2,400 × 1,000주 = (−)50,000 PL
 − 처분손익: (2,200 − 2,400) × 500주 = (−)100,000
 − 평가손익: (2,500 − 2,400) × 500주 = 50,000
(2) FVOCI 금융자산: (−)50,000 OCI (FVOCI의 OCI는 FVPL의 PL과 금액이 일치하기 때문)

사실 이 문제는 계산하지 않고도 답을 맞힐 수 있었다. FVOCI의 OCI는 FVPL의 PL과 금액이 일치해야 하기 때문이다. 두 금액이 일치하면서 PL과 OCI를 제대로 구분하고 있는 것이 ①번 밖에 없다.

目 ①

6. 배당금수익

현금배당 ── 금융자산의 계정 분류와 무관하게 당기손익(PL)

주식배당 ── 투자자는 회계처리 X

(1) 현금배당: 금융자산의 계정 분류와 무관하게 당기손익(PL)

지분상품을 FVOCI로 분류하는지, FVPL로 분류하는지에 따라 '평가손익'의 처리방법은 다르다. 하지만 배당금 수익(현금배당)은 계정 분류와 무관하게 전부 당기손익으로 인식한다. 특히, FVOCI 금융자산으로 선택하더라도 배당금수익은 PL로 인식한다는 것을 주의하자.

(2) 주식배당: 투자자는 회계처리 X

주식배당은 배당을 주식으로 지급하는 것이다. 사외로 현금이 유출되는 것이 아니기 때문에 주식 배당을 하더라도 회사의 자본은 불변이다. 회사의 가치는 그대로인 상태로, 주식 수만 증가하기 때문에 투자자의 부는 변함이 없다. 따라서 주식배당을 수령한 투자자는 회계처리를 하지 않는다.

예제   **배당금수익**

01 FVOCI 금융자산으로 인하여 수취한 현금배당액에 대한 회계처리로 옳은 것은? 2011. 관세직 9급

① 재무상태표에 기타포괄손익누계액으로 표시한다.
② FVOCI 금융자산의 장부금액을 감소시킨다.
③ 포괄손익계산서에 기타포괄손익으로 표시한다.
④ 포괄손익계산서에 수익으로 표시한다.

> ● 해설
>
> 주식 투자로 수취한 배당수익은 계정 분류와 무관하게 전부 당기손익(PL)으로 인식한다.
>
> 目 ④

김 용 재 코 어
공무원회계학
재 무 회 계

이 장의 출제 뽀인트!

① 자본의 구성요소
② 현금출자 ★중요!
③ 자본이 불변인 자본 거래 ★중요!
④ 자본의 증감 ★중요!

자본은 매년 평균적으로 1문제가량 출제되는 중요한 주제이다. 자본은 계산문제뿐만 아니라 말문제도 상당히 많이 출제되는 주제이다.

자본

11 자본

1 자본의 구성요소

자본은 자산에서 부채를 차감한 잔여지분으로, 순자산이라고도 부른다. 자본은 잔여액일 뿐 주식의 시가와 동일하지 않다. 자본은 공정가치 평가를 하지 않기 때문이다.

자본은 다음의 5가지로 이루어져 있다. 자본의 구성요소는 여러 개의 세부 계정을 제시한 뒤, '다음 자료에 따른 자본잉여금은?'과 같이 특정 자본 요소를 구하는 계산형 문제로 출제된다. 따라서 다음의 세부 계정들이 각각 어느 요소에 해당하는지 외워야 한다.

 김수석의 **핵심**록! 자본 요소별 세부 계정 ★중요!

자본 요소		세부 계정
자본금		보통주자본금, 우선주자본금
자본잉여금		주식발행초과금, 자기주식처분이익, 감자차익 등
자본조정	차감 항목	주식할인발행차금, 자기주식, 자기주식처분손실, 감자차손 등
	가산 항목	미교부주식배당금
기타포괄손익누계액		잉지재, 채해위 XO
이익잉여금		법정적립금, 임의적립금, 미처분이익잉여금

	구분	증자	자기주식 처분	감자
이익	자본잉여금	주식발행초과금	자기주식처분이익	감자차익
손실	자본조정	주식할인발행차금	자기주식처분손실	감자차손

이익 계정은 자본잉여금 계정이지만, 손실 계정은 자본조정 계정에 해당한다. 본 장의 뒷부분에서 자세히 설명할 것이다.

1. 자본금

$$\text{자본금} = \text{(주당)액면금액} \times \text{발행주식 수}$$

자본금은 발행주식수에 액면금액을 곱한 금액을 말한다. 문제에서 '액면금액'이라고 제시한다면 주당 금액을 의미한다. 따라서 자본금을 구하기 위해서는 액면금액에 발행주식 수를 곱해야 한다. 오해의 소지를 줄이기 위해서 문제에서 '주당 액면금액'이라고 제시해주는 경우도 있다.

자본금은 보통주자본금과 우선주자본금으로 구성되어 있다. 보통주와 우선주는 다음의 주식을 의미한다. 우선주는 공무원 회계학에서 잘 출제되지 않으므로, 보통주를 중심으로 이해하면 된다.

보통주 —— 배당과 잔여재산분배에 있어 다른 주식에 대해 기준이 되는 주식

우선주 —— 배당이나 잔여재산분배에 있어서 우선권을 부여한 주식

2. 자본잉여금과 자본조정

(1) 주식발행초과금: 발행금액 – 액면금액

주식발행초과금이란, 주식 발행 시 발행금액이 액면금액을 초과하는 부분을 뜻한다. 반대로 액면금액이 발행금액을 초과하면 '주식할인발행차금'을 계상한다.

(2) 자기주식

자기주식이란 회사가 보유하고 있는 자사의 주식을 뜻한다. 타사의 주식은 사업 모형에 따라 FVPL 금융자산 혹은 FVOCI선택 금융자산으로 '자산'으로 분류하지만, 자기주식은 자산이 아닌 자본의 차감으로 분류한다.

(3) 자기주식처분손익: 처분이익은 자본잉여금, 처분손실은 자본조정 (당기손익 X)

회사는 자기주식을 취득한 후 처분할 수 있는데, 이익이 발생하면 자기주식처분이익(자본잉여금), 손실이 발생하면 자기주식처분손실(자본조정)이라고 부른다. 자기주식처분손익은 자본잉여금 혹은 자본조정으로 인식하지, 당기손익으로 인식하지 않는다는 점을 주의하자. 실제 기출문제에서 오답으로 많이 출제하는 내용이다.

(4) 감자차손익

자본금을 증가시키는 것을 증자, 감소시키는 것을 감자라고 한다. 감자할 때 발생한 이익을 감자차익, 손실을 감자차손이라고 부른다. 감자의 자세한 내용은 심화서에서 설명할 것이다.

11

(5) 미교부주식배당금: 자본조정 중 자본 가산 항목

자본조정은 대부분 자본의 차감 계정이나, 미교부주식배당금만 가산 계정이다. 미교부주식배당금은 주식배당 시 일시적으로 계상되는 자본조정 계정이다. 주식배당은 본 장 후반부에서 자세히 서술할 것이다.

예제 **자본잉여금 vs 자본조정**

01 다음 중 자본조정에 속하지 않는 것은?   2014. 계리사

① 자기주식처분손실   ② 자기주식
③ 미교부주식배당금   ④ 감자차익

> **● 해설**
>
> 감자차손과 달리 감자차익은 자본잉여금 항목이다.
>
> 달 ④

02 재무상태표의 자본잉여금에 속하는 것은?   2012. 계리사

① 자기주식처분손실
② 감자차익
③ 기타포괄손익 – 공정가치 금융자산평가이익
④ 주식할인발행차금

> **● 해설**
>
> ①,④ 자본조정
> ③ 기타포괄손익
>
> 달 ②

3. 기타포괄손익누계액: 잉지재, 채해위 OCI XO

공무원 회계학에 출제되었던 기타포괄손익은 다음의 여섯 가지 종류이다. 문제에 다음 항목이 제시되었을 때 기타포괄손익이라는 것을 알 수 있어야 한다. 여섯 가지 기타포괄손익 중에는 재분류조정 대상인 것도 있고, 아닌 것도 있다. 재분류조정이 무엇인지 모르겠다면 회계원리편을 참고하자.

아래 기타포괄손익 중 재평가잉여금, 재측정요소는 재분류조정 대상이 아니고, 해외사업장환산차이와 위험회피적립금은 재분류조정 대상이다.

FVOCI 선택 금융자산 (지분상품)의 평가손익은 금융자산에서 배웠듯이 재분류조정 대상이 아니다. FVOCI 금융자산 (채무상품)의 평가손익은 재분류조정 대상이다. 채무상품의 회계처리는 심화서에서 다룰 것이므로 일단은 재분류조정 대상이라는 것만 외우자.

구분	재분류조정 여부
재평가잉여금: 유무형자산의 재평가모형	
FVOCI 선택 금융자산 지분상품 평가손익	X
재측정요소: 확정급여제도(DB형)의 보험수리적손익	
FVOCI 금융자산 채무상품 평가손익	
해외사업장환산차이: 기능통화 재무제표의 표시통화로 환산 ※주의: 화폐성항목의 외화환산손익은 당기손익 항목임!	O
위험회피적립금: 현금흐름위험회피 파생상품평가손익(효과적인 부분)	

예제 **기타포괄손익누계액**

01 한국채택국제회계기준에서 기타포괄손익 항목에 포함되지 않는 것은? 2012. 지방직 9급

① 재평가잉여금의 변동
② 확정급여제도의 보험수리적손익
③ FVOCI금융자산의 평가손익
④ 화폐성항목의 외화환산손익

● 해설

기능통화 재무제표의 외화환산손익과 달리 화폐성항목의 외화환산손익은 당기손익 항목이다.

답 ④

02 단일 포괄손익계산서를 작성할 때, 당기순손익의 산정 이후에 포함될 수 있는 것만을 모두 고른 것은?

2016. 지방직 9급

ㄱ. FVPL금융자산평가이익	ㄴ. FVOCI금융자산평가손실
ㄷ. 해외사업장 환산외환차이	ㄹ. 유형자산손상차손
ㅁ. 확정급여제도의 재측정요소	ㅂ. 재고자산평가손실

① ㄱ, ㄴ, ㄹ ② ㄴ, ㄷ, ㅁ

③ ㄴ, ㄷ, ㅂ ④ ㄷ, ㅁ, ㅂ

● 해설

'당기순손익의 산정 이후에 포함될 수 있는 것'은 기타포괄손익을 의미한다.

ㄱ,ㄴ. FVOCI금융자산평가손익은 기타포괄손익 항목이지만, FVPL금융자산평가손익은 당기손익 항목이다.

답 ②

03 2016년 초에 설립된 ㈜한국의 손익 자료가 다음과 같을 때, 2016년도의 당기순이익은? (단, 손상차손은 없다고 가정한다)

2017. 관세직 9급

• 매출	₩2,000,000	• FVPL 금융자산 평가손실	₩200,000
• 매출원가	₩500,000	• FVOCI 금융자산 평가손실	₩100,000
• 유형자산 감가상각비	₩100,000	• 유형자산 재평가잉여금	₩200,000
• 임대수익	₩100,000	• 이자비용	₩100,000

① ₩1,000,000 ② ₩1,100,000

③ ₩1,200,000 ④ ₩1,300,000

● 해설

매출	2,000,000
매출원가	(500,000)
감가비	(100,000)
임대수익	100,000
FVPL 금융자산 평가손실	(200,000)
이자비용	(100,000)
NI	1,200,000

FVOCI 금융자산 평가손실 및 재평가잉여금은 기타포괄손익 항목으로 당기순이익 계산 시 제외된다.

답 ③

예제   **재분류조정**

04   기타포괄손익 항목 중 재분류조정과 관련하여 성격이 다른 것은?   2014. 관세직 9급

① 재평가잉여금

② 기타포괄손익 – 공정가치 측정 채무상품평가손익

③ 해외사업환산손익

④ 현금흐름위험회피 파생상품평가손익 중 위험회피에 효과적인 부분

 해설

재평가잉여금을 제외한 나머지는 전부 재분류조정 대상이다. ②번은 FVOCI 채무상품이기 때문에 평가
손익이 재분류조정 대상이다.

답 ①

4. 이익잉여금

이익잉여금은 크게 처분이 완료된 기처분이익잉여금과 아직 처분되지 않은 미처분이익잉여금으로
나뉜다. 기처분이익잉여금은 다시 법정적립금과 임의적립금으로 나뉜다.

이익잉여금	기처분이익잉여금 (적립금 등)	법정적립금
		임의적립금
	미처분이익잉여금	

(1) 법정적립금

법정적립금은 법으로 강제한 적립금으로, 배당의 재원으로 사용할 수 없으며, 자본전입이나 결손
보전의 목적으로만 사용할 수 있다. 대표적인 예로 이익준비금이 있다. 이익준비금은 배당액의
10% 이상을 자본금의 50%에 달할 때까지 적립한다.

(2) 임의적립금

임의적립금은 기업의 목적에 따라 임의로 적립한 이익잉여금을 말한다. 회사가 임의로 적립한
것이기 때문에 실제 문제에서도 다양한 계정으로 제시되며, 개별 계정을 외우는 것은 무의미하다.
법정적립금인 이익준비금을 제외한 '~적립금', '~준비금', '~기금' 등의 계정은 임의적립금(이익잉
여금) 항목으로 보자.

(3) 미처분이익잉여금

미처분이익잉여금이란, 이익잉여금 중 아직 처분되지 않은 금액을 의미한다. 미처분이익잉여금은 배당, 적립금 적립 등에 사용된다. 이를 이익잉여금의 처분이라고 하며, 이익잉여금의 처분에 대한 자세한 내용은 후술할 것이다.

예제 **이익잉여금 vs 자본잉여금**

01 다음은 ㈜한국의 2009년 12월 31일 현재의 자본 항목들이다. 이 자료를 이용하여 2009년 12월 31일 현재 자본잉여금을 계산하면?

2010. 국가직 9급

• 자본금	₩50,000	• 자기주식	₩20,000
• 감자차익	10,000	• 해외사업환산이익	10,000
• 미교부주식배당금	20,000	• 감채적립금	20,000
• 결손보전적립금	5,000	• 주식발행초과금	30,000
• 이익준비금	5,000	• 자기주식처분손실	10,000

① ₩60,000　　　　　　　　② ₩50,000

③ ₩40,000　　　　　　　　④ ₩30,000

● 해설

자본잉여금: 10,000(감자차익) + 30,000(주식발행초과금) = 40,000
제시된 항목의 자본 구분은 다음과 같다.

자본금	자본금	자기주식	자본조정
감자차익	자본잉여금	해외사업환산이익	기타포괄손익
미교부주식배당금	자본조정	감채적립금	이익잉여금
결손보전적립금	이익잉여금	주식발행초과금	자본잉여금
이익준비금	이익잉여금	자기주식처분손실	자본조정

각종 적립금 및 준비금은 전부 이익잉여금 항목이다. 자기주식처분손익과 감자차손익 중 이익은 자본잉여금으로, 손실은 자본조정으로 분류된다는 것을 기억하자.

답 ③

02 자본을 구성하는 다음의 항목들을 기초로 자본잉여금을 구하면 얼마인가? 2015. 서울시 9급

> 이익준비금 ₩5억, 자기주식 ₩2억, 주식발행초과금 ₩5억, 보통주자본금 ₩5억, 우선주자본금 ₩5억, 미처분이익잉여금 ₩1억, 사업확장적립금 ₩2억, 감자차익 ₩3억, 자기주식처분이익 ₩3억, 토지 재평가잉여금 ₩2억

① ₩3억   ② ₩5억

③ ₩8억   ④ ₩11억

● **해설**

(단위: 억)

	자본금	자본잉여금	자본조정	기타포괄손익	이익잉여금
이익준비금					5
자기주식			(2)		
주발초		5			
보통주자본금	5				
우선주자본금	5				
미처분이잉					1
사업확장적립금					2
감자차익		3			
자기주식처분이익		3			
토지재평가잉여금				2	
계	10	11	(2)	2	7

目 ④

2 유상증자

1. 증자와 감자

	증자: 자본금 증가	감자: 자본금 감소
유상: 자본 변동 O	유상증자	유상감자
무상: 자본 변동 X	무상증자	무상감자

(1) 증자, 감자: 자본'금' 변동 (≠ 자본 변동 여부)

증자는 주식 수를 늘려 자본금을 증가시키는 자본거래를, 감자는 주식 수를 줄여 자본금을 감소시키는 자본거래를 의미한다. 증자와 감자 모두 자본 변동 없이 자본금만 변화시킬 수 있기 때문에 자본이 반드시 변하는 것은 아니다.

(2) 유상, 무상: 자산 유출입 여부 (= 자본 변동 여부)

유상은 대가가 있는 자본거래를, 무상은 대가가 없는 자본거래를 의미한다. 자본은 기업의 자산, 부채의 변동이 있어야 변한다. 유상증자와 유상감자는 기업 외부로부터 자산이 유입되거나, 기업 외부로 자산이 유출되기 때문에 자본이 변동한다. 반면 무상증자와 무상감자는 자산의 유출입 없이 자본금만 변화하기 때문에 자본이 변동하지 않는다.

2. 현금출자 ★중요!

유상증자는 대가의 형태에 따라 현금출자와 현물출자로 나뉜다. 현금을 받는다면 현금출자, 현금이 아닌 현물을 받는다면 현물출자라고 부른다.
현금출자 회계처리는 정말 자주 출제되는 주제이며, 현물출자는 공무원 회계학에 거의 출제되지 않는다. 현금출자에서는 다음의 세 가지가 핵심 출제 요소이다.

```
[현금출자 회계처리]
 (차)  현금              발행가액     (대)  자본금                액면금액
                                     주식할인발행차금          기존 주할차
                                     주식발행초과금           ×××
 (차)  주식발행초과금      직접원가          현금                발행원가
       손실(PL)          간접원가
```

(1) 발행원가: 직접원가는 주발초 차감, 간접원가는 당기비용

주식 발행 시 신주발행비 등의 발행원가가 발생하기도 한다. 발행원가가 직접원가라면 주식발행초과금을 차감하거나 주식할인발행차금에 가산하고, 간접원가라면 당기비용으로 인식한다. 문제에서 구체적으로 '직접'원가인지, '간접'원가인지 언급하지 않고, '주식과 관련된 발행원가'라고만 언급한다면 직접원가로 보자.

(2) 주식발행초과금과 주식할인발행차금 상계

주식발행초과금과 주식할인발행차금은 재무상태표에 동시에 계상될 수가 없다. 따라서 주할차가 계상되어 있었다면 상계 후, 초과분만 주발초로 계상해야 한다.

 **주식발행초과금 증가액 = 발행가액 − 액면금액 − 직접발행원가 − 주식할인발행차금**

> 일반적으로 주식발행초과금은 발행금액에서 액면금액을 차감하여 구한다. 여기에 직접발행원가와 주식할인발행차금이 있다면 이 둘까지 차감한 금액만큼 주식발행초과금이 증가한다.

(3) 자본 증가액 = 현금 수령액 = 발행금액 − 직접발행원가 − 간접발행원가

자본 증감액은 현금 유출입액과 일치한다. 유상증자 시 발행금액만큼 현금이 유입되고, 발행원가만큼 현금이 유출되므로, 발행금액에서 발행원가를 차감한 만큼 자본이 증가한다. 이때, 발행원가에는 간접발행원가도 포함된다는 것을 주의하자. 간접발행원가는 비용 처리하기 때문에 주발초에서는 차감하지 않지만, 자본을 감소시킨다.

예제 **현금출자**

01 ㈜김수석은 X1년 말 액면금액이 ₩5,000인 보통주 10주를 주당 ₩10,000에 발행하였다. 주식발행과 직접 관련된 비용 ₩5,000과 간접 관련된 비용 ₩10,000이 발생하였으며, 유상증자 이전에 주식할인발행차금이 ₩20,000 존재했다. 다음 중 옳지 않은 것은?

① 당기순이익의 감소는 ₩10,000이다.
② 주식발행초과금의 증가는 ₩45,000이다.
③ 자본의 증가는 ₩85,000이다.
④ 자본잉여금의 증가는 ₩25,000이다.

● 해설

[회계처리]

(차) 현금	100,000	(대) 자본금	50,000
		주식할인발행차금	20,000
		주식발행초과금	30,000
(차) 주식발행초과금	5,000	(대) 현금	15,000
손실(PL)	10,000		

[요약 회계처리]

(차) 현금	85,000	(대) 자본금	50,000
손실(PL)	10,000	주식할인발행차금	20,000
		주식발행초과금	25,000

① 간접원가는 당기비용 처리하므로 당기순이익을 10,000 감소시킨다. (O)
② 주식발행초과금의 증가: 100,000(발행가) – 50,000(액면가) – 20,000(주할차) – 5,000(직접원가)
　　　　　　= 25,000 (X)
③ 자본 증가액 = 현금 수령액 = 10,000 × 10주 – 15,000(직, 간접원가) = 85,000 (O)
④ 자본잉여금의 증가 = 주식발행초과금의 증가 = 25,000 (O)

답 ②

`예제` **현금출자 - 주식발행초과금**

02 ㈜서울은 2018년 12월 말에 주당 액면금액 ₩5,000인 보통주 1,000주를 주당 ₩10,000에 발행(유상증자)하였으며, 주식인쇄비 등 주식발행과 관련된 비용이 ₩1,000,000 발생하였다. 유상증자 직전에 ㈜서울의 자본에는 주식할인발행차금의 미상각잔액이 ₩1,500,000 존재하였다. 이 거래와 관련하여 ㈜서울이 2018년 말에 보고할 주식발행초과금은?

2018. 서울시 9급

① ₩2,500,000   ② ₩4,000,000
③ ₩9,000,000   ④ ₩10,000,000

● **해설**

기말 주식발행초과금: (10,000 – 5,000) × 1,000주 – 1,000,000(직접원가) – 1,500,000(주할차)
             = 2,500,000

원래 유상증자로 발생하는 주발초는 '증가액'이다. 하지만 이 문제의 경우 유상증자 직전에 주할차의 잔액이 존재하였다. 주할차와 주발초는 동시에 계상될 수 없으므로, 주할차가 존재한다는 것은 유상증자 전에 주발초가 없다는 것을 의미한다. 또한, 유상증자가 12월말에 발생하였으므로 이 유상증자 이후에 추가적인 거래는 없다. 따라서 이 유상증자로 증가하는 주발초 2,500,000이 곧 기말 주발초 잔액이 된다.

답 ①

`예제` **현금출자 - 자본 증가액**

03 ㈜서울은 주당 액면금액 ₩5,000인 보통주 100주를 ₩800,000에 유상증자하였다. 유상증자 시 ㈜서울의 장부에는 ₩110,000의 주식할인발행차금이 계상되어 있었고, 주식 발행과 직접 관련된 원가 ₩50,000과 간접원가 ₩15,000이 발생하였다. ㈜서울의 유상증자로 인한 자본의 증가액은 얼마인가?

2017. 서울시 9급

① ₩625,000   ② ₩640,000
③ ₩735,000   ④ ₩750,000

● **해설**

자본 증가액 = 현금 수령액 = 발행금액 – 발행원가 = 800,000 – 50,000 – 15,000 = 735,000

답 ③

예제   **현금출자 - 계산형 말문제**

04 ㈜한국은 주식할인발행차금 잔액 ₩500,000이 있는 상태에서 주당 액면금액 ₩5,000인 보통주 1,000주를 주당 ₩10,000에 발행하였다. 주식발행과 관련한 직접적인 총비용은 ₩800,000이 발생하였다. 이 거래의 결과에 대한 설명으로 옳은 것은? (단, 모든 거래는 현금거래이다)

2020. 관세직 9급

① 주식발행관련비용 ₩800,000은 비용처리 된다.
② 자본증가액은 ₩9,200,000이다.
③ 주식할인발행차금 잔액은 ₩500,000이다.
④ 주식발행초과금 잔액은 ₩4,500,000이다.

● **해설**

① 주식발행관련비용 ₩800,000은 직접비용이므로 주발초를 차감한다. (X)
② 자본증가액 = 현금증가액 = 1,000주 × @10,000 − 800,000 = ₩9,200,000이다. (O)
③ 신주 발행 시 주발차를 상계하고 남은 것만 주발초로 계상한다. 주식할인발행차금 잔액은 0이다. (X)
④ 주식발행초과금 잔액: 1,000주 × (@10,000 − @5,000) − 800,000 − 500,000 = ₩3,700,000이다. (X)

답 ②

---

3 자본이 불변인 자본거래 ★중요!

자본이 불변인 자본 거래에는 무상증자, 주식배당, 주식분할, 주식병합 등이 있다. 이 거래들은 주식 수에는 영향을 미치지만 자본은 불변이다.

1. 무상증자(= 준비금의 자본전입, 형식적 증자): 자본잉여금 or 법정적립금(이잉) → 자본금

무상증자는 자본잉여금이나 이익잉여금 항목인 법정적립금을 재원으로 증자를 하는 것을 말한다. 잉여금을 재원으로 하기 때문에 무상증자를 '준비금의 자본전입'이라고도 부른다. 유상증자는 실제로 자산이 납입되어 자본이 증가하지만, 무상증자는 자산의 납입이 없어 자본이 불변이다. 이로 인해 유상증자는 실질적 증자라고 부르는 반면, 무상증자는 형식적 증자라고 부른다.

무상증자 시 주식 수가 증가하여 자본금은 증가하지만, 그만큼 재원이 되었던 자본잉여금이나 이익잉여금이 감소하여 자본은 불변이다.

(차) 자본잉여금 or 법정적립금   ×××   (대) 자본금   ×××

2. 주식배당: 미처분이익잉여금(이잉) → 자본금

(차) 미처분이익잉여금   XXX   (대) 자본금   XXX

주식배당이란 신주를 발행하여 배당으로 지급하는 것을 의미한다. 주식배당의 경우 무상증자와 동일하게 주식 수가 증가하여 자본금이 증가하지만, 이익잉여금의 감소로 자본은 불변이다. 주식배당은 실질적으로 회사의 자산이 유출되는 것이 아니므로 자본은 불변이고, 배당을 받는 주주 역시 주식 수가 늘어나지만, 주가가 하락하여 주주의 부 역시 불변이다.

 무상증자 vs 주식배당: 자본금의 재원

무상증자와 주식배당은 모두 자본의 변화 없이 자본금이 증가한다는 공통점이 있다. 이 둘의 차이점은 자본금의 재원이다. 무상증자는 자본잉여금 혹은 법정적립금을 재원으로 하지만, 주식배당은 미처분이익잉여금을 재원으로 한다. 재원 이외에 무상증자와 주식배당은 동일하다.

> **참고 무상증자와 주식배당의 발행가액: 액면금액**
>
> 무상증자와 주식배당은 상법 상 액면발행하게 되어 있다. 따라서 유상증자와 달리 주발초가 계상되지 않으며, 정확히 자본잉여금이나 이익잉여금 감소액만큼 자본금이 증가한다.

3. 주식분할과 주식병합

@10,000   — **주식분할** →   @5,000

              ← **주식병합** —   @5,000

주식분할은 하나의 주식을 여러 개의 주식으로 나누는 것을 뜻한다. 반면, 주식병합은 여러 개의 주식을 하나로 합하는 것을 말한다. 위 그림에서 액면금액 10,000인 주식 1주를 2:1로 분할하면 액면금액 5,000인 주식 2주가 생긴다. 반대로 주식병합을 하면 액면금액 5,000인 주식 2주가 액면금액 10,000인 주식 1주로 바뀐다.

주식분할과 주식병합은 주식 수와 액면가만 달라질 뿐 자본총계와 자본금 모두 불변이다. 따라서 주식분할과 주식병합은 회계처리가 없다. 군이 회계처리를 한다면 다음과 같을 것이다. 회계처리를 보면 알 수 있듯이, 의미 없는 회계처리이다.

주식분할	(차) 자본금	10,000	(대) 자본금 (대) 자본금	5,000 5,000
주식병합	(차) 자본금 (차) 자본금	5,000 5,000	(대) 자본금	10,000

 자본이 불변인 자본거래 요약

		무상증자	주식배당	주식분할	주식병합
자본금		도착	도착	이 안에서 나누고, 합치고	
자본잉여금		출발			
자본조정					
OCI					
이잉	법정	출발			
	미처분		출발		

자본이 불변인 자본거래를 도식화해 보았다. 자본의 구성요소에는 5가지가 있다. 무상증자는 자본잉여금이나 이익잉여금 중 법정적립금이 자본금이 된다. 주식배당은 이익잉여금 중 미처분이익잉여금이 자본금이 된다. 주식분할과 주식병합은 자본금 내에서 주식을 나누고, 합치는 것이므로 자본의 구성요소에 변화가 없다.

 자본이 불변인 자본거래의 효과 ★중요!

	자본	자본금 =	주식수 X 액면가	
무상증자	불변	↑	↑	–
주식배당		↑	↑	–
주식분할		–	↑	↓
주식병합		–	↓	↑

자본금은 주식수에 액면가를 곱해서 구한다. 무상증자와 주식배당은 액면가 불변인 상태로 주식수가 증가하므로 자본금이 증가하지만, 주식분할과 주식병합은 액면가가 변하므로 자본금이 고정이다.

예제 　**자본이 불변인 자본 거래**

01 다음 중 자본의 구성항목은 변동이 없고, 주당 액면금액의 변동만 발생하는 자본거래는?

2015. 국가직 7급

① 유상증자　　　　　　　② 주식분할

③ 무상증자　　　　　　　④ 주식배당

> ● **해설**
>
> ① 유상증자: 자본금 및 자본잉여금 증가
> ② 주식분할: 자본금 내에서 주식 수와 주당 액면금액만 변동
> ③ 무상증자: 자본잉여금 혹은 이익잉여금 감소, 자본금 증가
> ④ 주식배당: 이익잉여금 감소, 자본금 증가
>
> 답 ②

02 주식배당과 주식분할이 자본에 미치는 영향에 대한 설명으로 옳지 않은 것은?

2012. 지방직 9급

	주식배당	주식분할
① 자본총계	불변	불변
② 이익잉여금	감소	불변
③ 주당액면가	불변	감소
④ 법정자본금	증가	증가

> ● **해설**
>
> | | 주식배당 | 주식분할 |
> |---|---|---|
> | ④ 법정자본금 | 증가 | 불변 |
>
> 이처럼 수정해야 한다. 주식분할 시 주식 수는 증가하지만 액면금액이 감소하여 총액인 자본금은 불변이다.
>
> 답 ④

03 자본에 대한 설명으로 옳지 않은 것은? 2013. 국가직 9급

① 무상증자는 자본총계를 증가시킨다.
② 주식분할은 총발행주식수를 증가시킨다.
③ 주식병합으로 자본총계는 변하지 않는다.
④ 주식배당은 자본금을 증가시킨다.

> ● **해설**
>
> ① 무상증자를 하더라도 자본은 불변이다. 자본 내에서 분류가 바뀔 뿐이다.
>
> 달 ①

04 주식배당, 무상증자 및 주식분할에 대한 설명으로 옳지 않은 것은? 2010. 국가직 9급

① 주식분할의 경우 발행주식수가 증가하여 자본금이 증가한다.
② 무상증자의 경우 자본총계는 불변이다.
③ 무상증자의 경우 주당 액면가액은 불변이지만, 주식분할의 경우는 주당 액면가액이 감소한다.
④ 주식배당의 경우 이익잉여금은 감소하지만, 주식분할의 경우 이익잉여금이 불변이다.

> ● **해설**
>
> ① 주식분할의 경우 발행주식 수는 증가하지만, 주당 액면가가 감소하여 자본금은 불변이다.
>
> 달 ①

05 자본에 관한 설명으로 옳은 것만을 모두 고른 것은? 2018. 관세직 9급

> ㄱ. 주식분할을 실시하면 자본 총액은 변동하지 않고 자본금은 증가한다.
> ㄴ. 주식배당을 실시하면 자본 총액은 변동하지 않고 자본금은 증가한다.
> ㄷ. 유상증자를 실시하면 자본 총액은 변동하지 않고 자본금은 증가한다.
> ㄹ. 무상증자를 실시하면 자본 총액은 변동하지 않고 자본금은 증가한다.

① ㄱ, ㄴ

② ㄱ, ㄷ

③ ㄴ, ㄹ

④ ㄷ, ㄹ

● 해설

ㄱ. 주식분할 시 주식 수만 증가할 뿐 자본금은 불변이다.

ㄷ. 유상증자를 실시하면 자본 총액, 자본금 모두 증가한다.

답 ③

06 무상증자, 주식배당, 주식분할, 주식병합에 대한 설명으로 옳지 않은 것은? 2021. 지방직 9급

① 무상증자로 자본금은 변동하지 않는다.

② 주식배당은 발행주식수를 증가시킨다.

③ 주식분할은 발행주식수를 증가시킨다.

④ 주식병합으로 자본금은 변동하지 않는다.

● 해설

무상증자 시 자본금은 증가한다.

답 ①

11

4 자기주식 거래

1. 자기주식 취득: 자기주식은 취득원가로 계상

(차) 자기주식　　　　　　　　　　취득원가　　(대) 현금　　　　　　　　　　취득원가

자기주식은 취득원가로 계상한다. 자기주식은 자본조정 항목으로, 자산이 아닌 자본의 차감 계정이라는 것을 반드시 기억하자.

2. 자기주식 처분: 자기주식처분손익 = 처분가액 − 취득원가 (액면금액 X)

(차) 현금　　　　　　　　처분가액　　(대) 자기주식　　　　　　　취득원가
　　자기주식처분손실　　　× × ×　　or　　　자기주식처분이익　　　× × ×

취득한 자기주식은 다시 처분하거나, 소각할 수 있다. 처분 시에는 자기주식처분손익이 계상되는데, 자기주식처분손익은 처분가액에서 자기주식의 취득원가를 차감하여 구한다.

예제　　**자기주식 거래**

01　㈜한국의 20X1년 초 자본잉여금은 ₩1,000,000이다. 당기에 다음과 같은 거래가 발생하였을 때, 20X1년 말 자본잉여금은? (단, 다음 거래를 수행하는 데 충분한 계정 금액을 보유하고 있으며, 자기주식에 대하여 원가법을 적용한다)　　　　2020. 국가직 9급

> • 2월에 1주당 액면금액이 ₩2,000인 보통주 500주를 1주당 ₩3,000에 발행하였다.
> • 3월에 주주총회에서 총액 ₩200,000의 배당을 결의하였다.
> • 4월에 자기주식 100주를 1주당 ₩2,500에 취득하였다.
> • 3월에 결의한 배당금을 4월에 현금으로 지급하였다.
> • 4월에 취득한 자기주식 40주를 9월에 1주당 ₩4,000에 처분하였다.

① ₩1,000,000　　　　　　　　② ₩1,110,000
③ ₩1,510,000　　　　　　　　④ ₩1,560,000

> **● 해설**
> - 주식발행초과금: (3,000 − 2,000) × 500주 = 500,000
> - 자기주식처분이익: (4,000 − 2,500) × 40주 = 60,000
>   - 자기주식 취득 주식 수와 처분 주식 수가 다르므로 거래 규모를 주의하자.
> - 자본잉여금: 1,000,000 + 500,000 + 60,000 = 1,560,000
>
> 답 ④

3. 자기주식 소각: 감자차손익 = 액면금액 − 취득원가

(차) 자본금	액면금액		(대) 자기주식	취득원가
감자차손	X X X	or	감자차익	X X X

취득한 자기주식을 자본금과 상계할 수 있는데, 이를 자기주식의 소각이라고 부른다. 자기주식을 취득하면서 주주에게 대가를 지급하였으므로 자기주식 소각은 유상감자이다. 자기주식 소각 시에는 감자차손익이 계상되는데, 액면금액에서 자기주식 취득원가를 차감하여 구한다. 주발초와 주할차를 서로 상계했던 것과 마찬가지로, 감자차손과 감자차익도 상대방 계정이 계상되어 있다면 먼저 제거한 뒤, 초과분만 인식해야 한다.

※ 주의 자기주식 처분 vs 자기주식 소각

많은 수험생이 자기주식 처분과 소각을 헷갈려한다. 자기주식 처분은 외부로부터 사온 주식을 다시 내다 파는 것이므로 '사온 금액(취득원가)과 파는 금액(처분가액)의 차이'가 자기주식처분손익이 된다.

반면, 자기주식 소각은 외부로부터 사온 주식을 태우는 것이므로 자본금이 감소한다. 따라서 '사온 금액(취득원가)과 자본금(액면금액)의 차이'가 감자차손익이 된다. 감자 시에 자기주식처분손익을 계상해야 된다고 오해하는 수험생이 많은데, 자기주식을 외부에 파는 것이 아니므로 처분손익이 아닌 감자차손익을 계상해야 한다. 둘을 정확히 구분하자.

 자본거래 이익과 손실 계정 동시 계상 불가: "상대방 것이 있다면 제거 후 초과분만 인식"

구분		증자	자기주식 처분	감자
이익	자본잉여금	주식발행초과금	자기주식처분이익	감자차익
손실	자본조정	주식할인발행차금	자기주식처분손실	감자차손

유형자산 재평가모형에서 위 문장과 비슷한 문장을 언급했었다. "오르면 OCI, 내려가면 PL, 상대방 것이 있다면 제거 후 초과분만 인식" 증자, 자기주식 처분, 감자 시에는 이 문장의 하단과 동일하게 처리한다. "상대방 것이 있다면 제거 후 초과분만 인식"해야 한다. 손실→이익의 경우에는 손실을 전부 제거하고 초과분만 이익으로, 반대의 경우에는 이익을 전부 제거하고 초과분만 손실로 인식해야 한다. 재무상태표에 이익 계정과 손실 계정이 동시에 계상될 수 없기 때문이다.

예제 **자기주식 거래**

02 2011년 12월 1일 거래에 대한 회계처리 과정에서 나타나는 계정과 금액으로 옳은 것은?
(단, 자기주식의 회계처리는 원가법으로 한다)

2011. 관세직 9급

> • 2011년 1월 1일: 보통주자본금 ₩10,000이고, 주식발행초과금 ₩2,000이며, 이익잉여금 ₩1,000이다.
> • 2011년 4월 1일: 자기주식 10주를 주당 ₩700에 취득하였다. 취득한 자기주식은 주당 ₩600(주당 액면금액 ₩500)에 발행한 보통주이었다.
> • 2011년 12월 1일: 2011년 4월 1일에 취득한 자기주식 5주를 소각하였다.

① 자기주식처분손실 ₩1,000

② 감자차손 ₩1,000

③ 감자차익 ₩1,000

④ 자기주식처분이익 ₩1,000

● **해설**

4.1	(차) 자기주식	7,000	(대) 현금	7,000
12.1	(차) 자본금	2,500	(대) 자기주식	3,500
	감자차손	1,000		

자기주식은 취득원가 '10주 × @700 = 7,000'로 계상한다.

자기주식 소각 시에는 처분하는 것이 아니므로 자기주식 '처분손익'을 계상하는 것이 아니라, '감자차손익'을 계상해야 한다. 감자차손익은 자기주식의 취득원가와 자본금의 액면금액을 비교하는 것이다.

감자차손: 5주 × (700 − 500) = 1,000

답 ②

03 다음은 당기 중에 발생한 ㈜서울의 자기주식 관련거래이다. 12월 31일에 ㈜서울이 인식 해야 할 감자차손과 자기주식처분손실은 각각 얼마인가? 2016. 서울시 7급

> • 3월 1일 : ㈜서울이 발행한 보통주(주당, 액면금액 ₩2,000) 중 100주를 주당 ₩5,000에 취득하 였다.
> • 6월 1일 : 자기주식 중 30주를 주당 ₩7,000에 매각하였다.
> • 8월 1일 : 자기주식 중 30주를 주당 ₩2,000에 매각하였다.
> • 12월 1일 : 자기주식 중 나머지 40주를 소각하였다.

	감자차손	자기주식처분손실
①	₩120,000	₩30,000
②	₩150,000	₩30,000
③	₩160,000	₩20,000
④	₩160,000	₩40,000

● **해설**

(1) 자기주식처분손익: 60,000 − 90,000 = (−)30,000 손실
 − 6.1: (7,000 − 5,000) × 30주 = 60,000 이익
 − 8.1: (2,000 − 5,000) × 30주 = (−)90,000 손실
(2) 감자차손익
 − 12.1: (2,000 − 5,000) × 40주 = (−)120,000 손실

자기주식처분손익은 자기주식 취득원가와 처분가액을, 감자차손익은 자기주식 취득원가와 액면금액을 비교하는 것이라는 것을 잘 구분하자.

🔲 ①

5 이익잉여금의 처분

1. 미처분이익잉여금의 흐름

기초 미처분이익잉여금	X1.01.01
- X0년 처분	X0기 주총 (X1년 3월 경)
X1 전기이월미처분이익잉여금	(= X0 차기이월미처분이익잉여금)
- 중간배당	
+ OCI의 직접 대체 등	
+ X1 당기순이익	
기말 미처분이익잉여금	X1.12.31
- X1년 처분	X1기 주총 (X2년 3월 경)
X1 차기이월미처분이익잉여금	(= X2 전기이월미처분이익잉여금)

당기순이익은 기말에 집합손익을 거쳐 미처분이익잉여금으로 계상된다. 이 미처분이익잉여금은 주주총회의 결의에 따라 배당, 적립 등으로 처분된다. 여기서 전기이월이익잉여금은 기초 미처분 이익잉여금과 다른 개념이다. 기초, 기말의 기준일은 회계기간 종료일(12.31)이지만, 전기이월, 차기이월의 기준일은 주주총회 결의일이다. X1.12.31일 자 재무상태표에 계상된 미처분이익잉여금은 기말 미처분이익잉여금이고, 여기에 주총에서 처분된 금액을 가감해야 차기이월미처분이익잉여금이 된다. 이는 X2년 관점에서 볼 때에는 다시 전기이월미처분이익잉여금이 된다.

2. 이익잉여금 처분 내용

(1) 적립금의 적립 및 이입: 이잉은 불변!

적립은 미처분이익잉여금을 목적에 따라 적립금으로 구분해놓는 것이다. 반면 이입은 적립금을 미처분이익잉여금으로 다시 돌려놓는 것이다. 문제에서 '~적립금은 전액 목적을 달성하였다.'라고 제시된다면 적립금을 이입하라는 의미이다.

적립금의 적립 및 이입이 이루어지더라도 이익잉여금은 불변이다. 미처분이익잉여금과 적립금은 모두 이익잉여금 항목이므로, 적립 및 이입은 이익잉여금 내부에서 분류만 바꾸는 것이기 때문이다.

(2) 배당: 현금배당과 주식배당

배당에는 현금을 지급하는 현금배당과 주식을 지급하는 주식배당이 있다. 배당은 회계처리를 보면 알 수 있듯이, 비용이 아니라 이익잉여금의 감소로 처리한다.

① 현금배당

결의 시	(차) 이익잉여금	×××	(대) 미지급배당금(부채)	×××
지급 시	(차) 미지급배당금	×××	(대) 현금	×××

주총에서 현금배당 결의 시에는 미지급배당금이라는 부채 계정을 계상한다. 배당을 결의할 때부터 지급할 때까지 시차가 존재하므로 일시적으로 부채로 계상한 뒤, 실제로 지급하면서 제거한다. 현금배당을 수령한 주주는 배당금을 배당금수익(PL)으로 계상한다.

② 주식배당

결의 시	(차) 이익잉여금	×××	(대) 미교부주식배당금(자본조정)	×××
지급 시	(차) 미교부주식배당금	×××	(대) 자본금	×××

주총에서 주식배당 결의 시에는 미교부주식배당금이라는 자본조정 계정을 계상한다. 앞서 언급한 것처럼, 미교부주식배당금은 자본조정 중 유일한 가산 계정이다. 배당을 결의할 때부터 지급할 때까지 시차가 존재하므로 일시적으로 자본조정으로 계상한 뒤, 실제로 지급하면서 제거한다. 주식배당을 수령한 주주는 부의 변화가 없으므로 회계처리가 없다. 다만, 주식배당 시 주식 수가 증가하므로 기말에 공정가치 평가 시 이를 고려해주어야 한다.

예제 **이익잉여금의 처분**

01 ㈜한국의 2017년 이익잉여금 기초 잔액은 ₩50,000이었으며, 2017년 중 다음의 거래가 있었다.

> - 원가 ₩1,000의 컴퓨터 1대를 ₩5,000에 판매하였으며, 판매대금 중 ₩1,500은 현금으로 수취하였고 잔액은 외상으로 하였다.
> - 건물에 대한 감가상각비 ₩200, 기계에 대한 감가상각비 ₩100을 인식하였다.
> - 장기차입금에 대한 당기 이자비용 ₩400을 현금 지급하였다.
> - 배당결의를 하고 배당금 ₩300을 현금 지급하였다.

㈜한국의 2017년도 당기순이익과 2017년 말 이익잉여금은 각각 얼마인가? 2018. 관세직 9급

	당기순이익	이익잉여금		당기순이익	이익잉여금
①	₩3,000	₩53,000	②	₩3,000	₩53,300
③	₩3,300	₩53,000	④	₩3,300	₩53,300

매출	5,000
매출원가	(1,000)
감가비	(300)
이자비용	(400)
NI	3,300

이익잉여금: 50,000(기초) + 3,300(NI) − 300(배당금) = 53,000
배당금 지급액은 비용이 아니라 이익잉여금을 직접 감소시킨다.

답 ③

---

02 20X1년 자본과 관련한 다음 정보를 이용할 때, 20X1년 말 재무상태표에 표시될 이익잉여금은?

2019. 지방직 9급

- 20X1년 기초 이익잉여금 ₩200
- 2월 25일: 주주총회에서 현금 ₩100 배당 결의와 함께 이익준비금 ₩10과 배당평균적립금 ₩20 적립 결의
- 6월 30일: 전기 이전부터 보유하던 장부금액 ₩30의 자기주식을 ₩32에 매각
- 20X1년 당기순이익 ₩250

① ₩320　　　　　　　　　② ₩350
③ ₩352　　　　　　　　　④ ₩450

기말 이익잉여금: 200 − 100 + 250 = 350
준비금 및 적립금 적립은 이익잉여금 내부에서의 이동이므로 이익잉여금 변동을 초래하지 않는다.
자기주식처분이익은 자본잉여금으로, 이익잉여금에 영향을 미치지 않는다.

답 ②

11

03 다음은 ㈜한국의 2015년 12월 31일 자본 내역이다.

자본	
자본금 (액면금액 @₩500)	₩3,000,000
주식발행초과금	1,500,000
이익준비금	2,000,000
미처분이익잉여금	5,500,000
	₩12,000,000

㈜한국은 주권상장법인이며, 2016년 2월 주주총회에서 2,000주의 주식배당과 이익준비금을 재원으로 한 2,000주의 무상증자를 실시하기로 하였다. 주식배당과 무상증자를 실시하여 주식을 교부하였다면, ㈜한국의 자본금은?   2016. 지방직 9급

① ₩3,000,000   ② ₩4,000,000

③ ₩5,000,000   ④ ₩6,000,000

● 해설

자본금: 3,000,000 + 4,000주 × @500(주식배당, 무상증자) = 5,000,000

 ③

---

04 ㈜한국의 20X1년 12월 31일의 재무상태표상의 자본은 보통주자본금 ₩100,000(주식수 100주, 주당 액면금액 ₩1,000), 주식발행초과금 ₩30,000, 이익잉여금 ₩50,000으로 구성되어 있다. 20X2년의 자본과 관련된 거래내역이 다음과 같을 때, 자본 변동에 대한 설명으로 옳지 않은 것은? (단, 자기주식에 대하여 원가법을 적용하고, 기초 자기주식처분손익은 없다)   2019. 국가직 9급

- 3월 10일: 주주에게 보통주 한 주당 0.1주의 주식배당을 결의하였다.
- 3월 31일: 3월 10일에 결의한 주식배당을 실시하였다.
- 4월 9일: 자기주식 10주를 주당 ₩2,100에 취득하였다.
- 6월 13일: 4월 9일 취득한 자기주식 4주를 주당 ₩2,200에 매각하였다.
- 8월 24일: 4월 9일 취득한 자기주식 6주를 주당 ₩1,700에 매각하였다.
- 11월 20일: 보통주 1주를 2주로 하는 주식분할을 의결하고 시행하였다.

① 자본과 관련된 거래로 인해 이익잉여금은 ₩8,000 감소한다.

② 자기주식처분손실은 ₩2,000이다.

③ 20X2년 12월 31일의 보통주자본금은 ₩110,000이다.

④ 20X2년 12월 31일의 보통주 주식수는 220주이다.

> **● 해설**
>
> ① 이익잉여금 감소: 100,000 × 0.1 = 10,000 (주식배당액)
> ② 자기주식처분손익: (2,200 − 2,100) × 4 + (1,700 − 2,100) × 6 = (−)2,000 손실
> ③ 기말 보통주자본금: 100,000 × 1.1 = 110,000 (주식배당)
> ④ 기말 보통주 주식수: 100 × 1.1 × 2 = 220주
> 주식분할은 주식 수만 증가할 뿐 자본금은 불변이다.
>
> 답 ①

6 자본거래가 자본에 미치는 영향 : 현금 유출입+NI+OCI

1. 현금 유출입

자본에 미치는 영향, 또는 기초 자본을 제시하고 기말 자본을 물어본 문제에서 자본거래가 제시되었다면 현금 유출입만 보면 된다. 자본거래에서 발생한 손익(주식발행초과금, 주식할인발행차금, 자기주식처분손익, 감자차손익)은 무시하자. 자본거래로 인한 자본 증감액은 현금수수액과 일치한다. 현금이 유입된 만큼 자본이 증가하고, 현금이 유출된 만큼 자본이 감소한다.

(1) 증자	'발행가액 − 발행원가'만큼 자본 증가
(2) 자기주식 취득	취득가액만큼 자본 감소
(3) 자기주식 처분	처분가액만큼 자본 증가
(4) 자기주식 소각	자본 불변
(5) 적립금의 적립 및 이입	
(6) 배당	현금배당은 자본 감소, 주식배당은 자본 불변

> **※ 주의** 할인발행이라고 해서 자본이 감소하는 것이 아님!

자본 증감액은 현금 유출입액과 일치한다. 할인발행은 발행가가 액면가보다 작게 발행하는 것을 의미한다. 할인발행을 하더라도 돈이 나가는 것은 아니므로 자본은 감소하지 않는다. 자본이 적게 늘지만 늘긴 한다. 할인발행이라고 해서 자본이 감소한다고 오해하지 말자.

2. 당기순이익과 기타포괄이익

문제에 당기순이익(NI)와 기타포괄이익(OCI)이 제시된 경우 그 금액도 자본에 더해주어야 한다. 당기순이익은 집합손익을 거쳐 이익잉여금이 되므로 자본이 증가하며, 기타포괄이익은 그 자체가 자본이므로 자본이 증가한다.

예제   **자본거래가 자본에 미치는 영향**

01 자본을 실질적으로 증가시키는 거래는?   2011. 국가직 7급

① 주식을 할인발행한 경우
② 유통 중인 발행주식을 액면이상으로 취득하는 경우
③ 이익준비금을 자본전입한 경우
④ 주식배당을 한 경우

● 해설

① 주식 발행 시 현금 유입으로 자본은 증가한다. 할인발행이면 주식할인발행차금이 계상되지만, '자본'은 증가한다는 것에 주의하자.
② 자기주식 취득 시 자본은 감소한다.
③, ④ 무상증자 및 주식배당 시 자본 내에서 분류가 변할 뿐 자본 총계는 불변이다.

目 ①

---

02 다음은 ㈜한국의 2018년 1월 1일 자본계정의 내역이다.

자본:	
자본금 (보통주, 주당 액면가 ₩1,000)	₩3,000,000
자본잉여금	₩1,500,000
이익잉여금	₩5,500,000
자본 총계	₩10,000,000

다음과 같은 거래가 발생하였을 때, ㈜한국의 2018년 말 재무상태표상 자본 총계는?
(단, 기초 주식할인발행차금은 없다)   2019. 관세직 9급

• 4월 1일: 증자를 결의하고 보통주 1,000주(주당 액면가 ₩1,000)를 주당 ₩2,000에 전액 현금으로 납입받았다. 이때 신주발행비 ₩500,000은 모두 현금으로 지급하였다.
• 5월 1일: ㈜한국이 발행한 보통주 100주를 주당 ₩3,000에 매입하였다.
• 11월 1일: 자기주식 전량을 주당 ₩2,000에 외부 매각하였다.
• ㈜한국의 2018년 당기순이익은 ₩1,000,000이며, 2019년 3월 말 주주총회에서 보통주 1주당 0.1주의 주식배당을 결의하였다.

① ₩12,400,000   ② ₩12,500,000
③ ₩12,800,000   ④ ₩12,900,000

기초 자본		10,000,000
유상증자	1,000 × 2,000 – 500,000	= 1,500,000
자기주식 취득	100 × 3,000	= (300,000)
자기주식 매각	100 × 2,000	= 200,000
당기순이익		1,000,000
		12,400,000

주식배당은 자본에 미치는 영향이 없으므로 반영하지 않는다.

[참고] 주식배당액
(3,000,000 + 1,000주 × @1,000) × 0.1 = 4,000주 × @1,000 × 0.1 = 400,000
 - 기초 자본금에 당기 중 유상증자로 인해 증가하는 자본금에 더한 후 배당률 0.1을 곱하면 된다. 기초
   에는 3,000주가 있었지만 유상증자로 총 4,000주가 되며, 1주당 0.1주를 배당하므로 400주의 주식
   배당이 이루어진다.

답 ①

03 ㈜한국의 20X1년 초의 재무상태표의 자본부분이 다음과 같을 때, 자기주식 취득과 처분
후의 재무상태표상 자본 총계는? 2011. 국가직 7급

• 보통주자본금(액면가액 주당 ₩5,000)	₩100,000,000
• 주식발행초과금	₩10,000,000
• 이익잉여금	₩30,000,000
• 자본총계	₩140,000,000

20X1년 중의 자본거래는 다음과 같다.
 - 7월 1일 자기주식 1,000주를 주당 ₩8,000에 취득하였다.
 - 10월 1일 위의 자기주식 중에서 200주를 주당 ₩9,000에 처분하였다.

① ₩132,000,000 ② ₩133,600,000
③ ₩133,800,000 ④ ₩140,000,000

자본 총계: 140,000,000 – 1,000주 × @8,000 + 200주 × @9,000 = 133,800,000
자본 증감을 구할 땐 자기주식처분손익을 무시하고, 현금 수수액만 보자.

답 ③

7 자본의 변동을 가져오는 거래

: 한 변에만 자본이 계상되어 있어야 자본이 변동함!

'다음 중 자본의 변동을 가져오는/가져오지 않는 거래는?' 문제를 푸는 데 핵심은 한 변에만 자본이 계상되어 있어야 자본의 변동을 가져오는 거래라는 것이다. 여기서 주의할 점은 당기손익 항목도 자본으로 보아야 한다는 점이다. 당기손익도 결국 이익잉여금으로 집계되기 때문이다.

1. 자본의 변동을 가져오는 거래: 한 변에만 자본(당기손익 포함) 계상

(1) 자산 / 자본　　　(2) 자본 / 자산　　　(3) 부채 / 자본　　　(4) 자본 / 부채

2. 자본의 변동을 가져오지 않는 거래: 자본이 아예 없거나, 양변 모두에 계상

(1) 자산 / 부채　　　　　(2) 부채 / 자산　　　　　(3) 자산 / 자산

(4) 부채 / 부채　　　　　(5) 자본 / 자본

자본이 아예 없거나, 양변 모두에 계상된 경우 자본 변동이 없다. 자산과 부채가 (1)같이 증가하거나, (2)같이 감소하는 경우, (3)자산, (4)부채, (5)자본 내에서 계정이 바뀌는 경우에는 자본의 변동이 없다.

 자본이 계상된 변의 수로 자본 변동 여부 판단하기

자본이 계상된 변의 수	자본 변동 여부
0	X
1	O
2	X

위에서 배운 내용의 결론이다. 자본이 계상된 변의 수가 1이어야 자본이 변동하고, 0이나 2이면 자본은 변동하지 않는다.

예제 **자본의 변동을 가져오는 거래**

01 자본의 변동을 가져오는 거래는? (단, 제시된 거래 이외의 거래는 고려하지 않는다.)

2018. 국가직 9급

① 기계장치를 외상으로 구입하였다.
② 자기주식을 현금으로 구입하였다.
③ 미래에 제공할 용역의 대가를 미리 현금으로 받았다.
④ 외상으로 판매한 대금이 전액 회수되었다.

● 해설

회계처리	자본이 계상된 변의 수	자본 변동 여부
① 기계장치(자산) / 미지급금(부채)	0	X
② 자기주식(자본) / 현금(자산)	1	O
③ 현금(자산) / 선수수익(부채)	0	X
④ 현금(자산) / 매출채권(자산)	0	X

답 ②

02 자본에 영향을 미치는 거래에 해당하지 않는 것은?   2012. 국가직 9급

① 정기 주주총회에서 10%의 현금배당을 결의하다.

② 임차한 건물에 대한 임차료를 현금으로 지급하다.

③ 창고에 화재가 발생하여 보관중인 상품 중 일부가 소실되다.

④ 기계장치를 구입하고, 대금 중 절반은 현금으로 지급하고 잔액은 외상으로 하다.

● 해설

회계처리	자본이 계상된 변의 수	자본 변동 여부
① 이익잉여금(자본) / 미지급배당금(부채)	1	O
② 임대료(비용 → 자본) / 현금(자산)	1	O
③ 재고손실(비용 → 자본) / 재고자산(자산)	1	O
④ 기계장치(자산) / 현금(자산) 　　　　　　　　　　미지급금(부채)	0	X

답 ④

03 자본이 증감될 수 있는 경우를 모두 고른 것은?   2011. 관세직 9급

ㄱ. 주식배당
ㄴ. 임의적립금의 목적달성
ㄷ. 해외사업환산손실의 발생
ㄹ. 자기주식의 취득

① ㄱ, ㄴ   ② ㄴ, ㄷ
③ ㄷ, ㄹ   ④ ㄱ, ㄹ

● 해설

ㄱ. 주식배당과 ㄴ. 임의적립금의 목적달성(이입: 적립금 → 미처분이잉)은 자본에 영향을 미치지 않는 자본거래이다.
ㄷ. 해외사업환산손실(OCI) 발생 시 자본은 감소한다.
ㄹ. 자기주식 취득 시 현금이 유출되므로 자본은 감소한다.

답 ③

04 자산총액, 부채총액 및 자본총액 어느 것에도 영향을 주지 않는 거래는?

① 건물을 장부금액으로 매각하고, 매각대금을 당좌예입하였다.
② 보유 중인 금융자산에 대하여 평가손실이 발생하였다.
③ 주주총회에서 현금배당을 실시하기로 결의하였다.
④ 보유 중인 자기주식을 매각하였다.

● 해설

회계처리	자본이 계상된 변의 수	자본 변동 여부
① 현금(자산) / 건물(자산)	0	X
② 평가손실(자본) / 금융자산(자산)	1	O
③ 미처분이잉(자본) / 미지급배당금(부채)	1	O
④ 현금(자산) / 자기주식(자본) 자기주식처분손실 or 자기주식처분이익	1	O

건물을 장부금액으로 매각했기 때문에 자산 내에서 계정만 달라질 뿐 자산 총액은 불변이다. 부채나 자본도 건드리지 않는다.

답 ①

8 자본의 증감 ★중요!

공무원 회계학에서는 재무제표 요소(자산, 부채, 자본, 수익, 비용)를 제시하면서 특정 금액은 제시하지 않고 그를 구하라는 형태의 문제가 많이 출제된다. 이러한 문제는 다음의 항등식을 이용하여 풀 수 있다.

기초 자본   + NI   + 유상증자   − 현금배당   = 기말 자본

1. 자본을 변동시키는 요인

(1) 당기순이익: 포괄손익계산서상 당기순이익은 집합손익을 거쳐 자본 항목인 이익잉여금에 집계된다. 따라서 당기순이익은 자본을 증가시킨다.

(2) 유상증자: 유상증자 시 회사 입장에서는 현금이 유입되므로 자본이 증가한다.

(3) 현금배당: 현금배당 시 회사의 현금이 사외로 유출되므로 자본이 감소한다.

※ 주의 무상증자, 주식배당은 자본에 영향을 미치지 않음!

무상증자와 주식배당은 자본에 영향을 미치지 않으므로, 자본의 증감 문제에서는 유상증자와 현금배당만 고려해야 한다. 아무런 언급 없이 '증자', '배당'이 제시된다면 유상증자와 현금배당으로 보자. 일반적으로 증자와 배당은 유상증자와 현금배당을 의미하기 때문이다.

2. 자본의 증감 풀이법

위의 자본 증감 식에서 자본과 당기순이익은 다음의 방식으로 구한다.

$$자본 = 자산 - 부채$$
$$당기순이익 = 수익 - 비용$$

자본 증감 식에 이 둘을 반영하면 다음과 같다. 문제에 제시된 자료를 다음 표에 채워 넣으면 문제의 요구사항을 구할 수 있다. 문제에서 자본을 묻는 경우는 거의 없다. 일반적으로 특정 시점의 자산, 부채, 혹은 수익, 비용을 묻는다. 표에 제시된 숫자만 잘 기입 하면 자동으로 문제가 풀린다.

기초 자본	+ NI	+ 유상증자	- 현금배당	= 기말 자본
자산	수익			자산
부채	비용			부채

예제   **자본의 증감**

01 다음 자료에 따른 당기의 수익총액은? 2013. 지방직 9급

• 기초자산	₩50,000	• 기초부채	₩30,000
• 기말자산	90,000	• 기말부채	40,000
• 당기비용총액	120,000		

① ₩140,000　　　　② ₩150,000
③ ₩160,000　　　　④ ₩170,000

● 해설

기초	+ NI	+ 유상증자	- 현금배당	= 기말
자산 50,000	수익 150,000			자산 90,000
부채 30,000	비용 120,000			부채 40,000
20,000	30,000			50,000

답 ②

02 ㈜한국의 20X1년 재무상태와 재무성과 자료는 다음과 같다.

	기초	기말
총자산	₩5,000,000	₩6,500,000
총부채	₩2,000,000	?
총수익		₩1,000,000
총비용		₩800,000

20X1년 기중에 ₩500,000을 유상증자 하였으며, ₩100,000을 현금배당 하였을 경우, 기말부채는? (단, 다른 자본항목의 변동은 없다) 2020. 관세직 9급

① ₩2,700,000   ② ₩2,900,000
③ ₩3,600,000   ④ ₩4,300,000

● 해설

기초 자본	+ NI	+ 유상증자	− 현금배당	= 기말 자본
자산 5,000,000	수익 1,000,000			자산 6,500,000
부채 2,000,000	비용 800,000			부채 2,900,000
3,000,000	200,000	500,000	100,000	3,600,000

답 ②

03 ㈜대한의 2010회계연도 기초 자산총계는 ₩4,000,000이며, 기초와 기말시점의 부채총계는 각각 ₩2,000,000과 ₩1,500,000이다. 또한, 당기 포괄손익계산서상 수익총액이 ₩7,000,000, 비용총액이 ₩6,500,000이고, 당기 중 주주의 출자액이 ₩1,000,000일 때 기말자산총계는? (단, 기타포괄손익은 없는 것으로 가정한다) 2011. 국가직 9급

① ₩2,500,000   ② ₩3,000,000
③ ₩3,500,000   ④ ₩5,000,000

● 해설

기초	+ NI	+ 유상증자	− 현금배당	= 기말
자산 4,000,000	수익 7,000,000			자산 5,000,000
부채 2,000,000	비용 6,500,000			부채 1,500,000
2,000,000	500,000	1,000,000		3,500,000

문제에서 주어진 '주주의 출자액'은 증자를 말하는 것이다.

답 ④

04 다음 자료에 의한 당기순이익은? 2013. 국가직 9급

• 기초자산총액	₩30,000	• 당기 중의 유상증자액	₩3,000
• 기초부채총액	₩26,000	• 당기 중의 현금배당액	₩1,000
• 기말자산총액	₩35,000	• 당기 중의 주식배당액	₩2,000
• 기말부채총액	₩28,000		

① ₩1,000　　　② ₩2,000　　　③ ₩3,000　　　④ ₩4,000

● 해설

기초	+ NI	+ 유상증자	− 현금배당	= 기말
자산 30,000	수익			자산 35,000
부채 26,000	비용			부채 28,000
4,000	1,000	3,000	1,000	7,000

주식배당은 자본에 영향을 미치지 않으므로 고려하지 않아야 한다.

답 ①

05 ㈜한국의 자본은 납입자본, 이익잉여금 및 기타자본요소로 구성되어 있으며 2015년 기초와 기말의 자산과 부채 총계는 다음과 같다.

구 분	2015년 초	2015년 말
자산 총계	₩100,000	₩200,000
부채 총계	₩70,000	₩130,000

㈜한국은 2015년 중 유상증자 ₩10,000을 실시하고 이익처분으로 현금배당 ₩5,000, 주식배당 ₩8,000을 실시하였으며 ₩1,000을 이익준비금(법정적립금)으로 적립하였다. 2015년에 다른 거래는 없었다고 가정할 때, ㈜한국의 2015년 포괄손익계산서상 당기순이익은? 2015. 지방직 9급

① ₩35,000　　　② ₩40,000　　　③ ₩43,000　　　④ ₩44,000

● 해설

기초 자본	+ NI	+ 유상증자	− 현금배당	= 기말 자본
자산 100,000	수익			자산 200,000
부채 70,000	비용			부채 130,000
30,000	35,000	10,000	5,000	70,000

주식배당과 이익잉여금 내 준비금의 적립 및 이입은 자본 내 이동이므로 자본에 영향을 미치지 않는다.

답 ①

06 다음 A~C의 세 가지 거래는 독립적인 거래이다. ㉠~㉢의 금액을 옳게 짝지은 것은?
(단, 제시된 자료 외의 자본거래는 없다)

2018. 지방직 9급

거래	기초자산	기초부채	기말부채	기말자본	총수익	총비용	배당금
A	㉠	₩3,000	₩8,000	₩9,000	₩9,000	₩10,000	₩2,000
B	₩15,000	₩9,000	₩10,000	㉡	₩10,000	₩7,000	₩3,000
C	₩20,000	₩15,000	₩9,000	₩7,000	㉢	₩8,000	₩4,000

	㉠	㉡	㉢
①	₩12,000	₩5,000	₩12,000
②	₩12,000	₩6,000	₩12,000
③	₩15,000	₩5,000	₩14,000
④	₩15,000	₩6,000	₩14,000

● 해설

		기초	+ NI	+ 유상증자	− 현금배당	= 기말
A		㉠자산 15,000	수익 9,000			자산
		부채 3,000	비용 10,000			부채 8,000
		12,000	(1,000)		2,000	9,000
B		자산 15,000	수익 10,000			자산
		부채 9,000	비용 7,000			부채 10,000
		6,000	3,000		3,000	㉡6,000
C		자산 20,000	㉢수익 14,000			자산
		부채 15,000	비용 8,000			부채 9,000
		5,000	6,000		4,000	7,000

문제에서 배당금이 주식배당인지, 현금배당인지 언급이 없지만 현금배당을 가정하고 문제를 풀자.

답 ④

 이 장의 출제 뽀인트!

① 수익 인식의 5단계 ★중요!

수익 기준서는 금융자산 기준서와 함께 2018년 개정 이후에 새로운 내용이 출제되고 있다. 수익에서는 평균적으로 매년 1문제가 출제되고 있다. 앞으로도 수익은 1문제가 출제된다고 보고 대비하는 것이 좋을 듯 하다.

수익 기준서는 내용이 상당히 방대하다. 다른 교재들을 보면 수익 기준서의 모든 내용을 다루지만, 김수석은 '시험에 나왔던 내용 위주로' 다룰 것이다. 아직 기출문제가 많진 않지만 그 안에서도 자주 출제되었던 문장들을 중요 표시해두었으니 반드시 기억해야 한다.

반대로, 시험에서 출제되지 않았던 문장들은 기본서에서는 생략하고 심화서에 실었다. 수험범위를 좁게 가져가고 싶은 수험생이라면 심화 표시된 내용을 보지 않아도 좋다. 물론 실제 출제될 문제의 4개 선지 중에 못 본 선지가 포함될 수 있다. 하지만 당황하지 말자. 새로운 문장이 출제되면 나만 처음 보는 것이 아니라 다른 수험생도 처음 보는 것이다. 상식적으로만 봐도 걸러낼 수 있는 선지가 많으며, 답은 다룬 내용에서 나올 가능성이 높다.

본서에서는 건설계약을 다루지 않는 것이 특징이다. 건설계약은 기준서 개정 전에는 자주 출제되던 주제였지만, 개정 이후에는 아직까지 단 한 번도 출제되지 않았다. 앞으로도 건설계약은 출제되지 않을 가능성이 크므로 본서에서는 생략하겠다.

수익

12 수익

1 수익의 정의

수익은 자산의 증가 또는 부채의 감소로서 자본의 증가를 가져오며, 자본청구권 보유자의 출자와 관련된 것은 제외한다. '수익은 출자와 관련된 것도 포함한다.'와 같은 내용으로 오답이 많이 출제되었으므로 주의하자.

2 수익인식의 5단계 ★중요!

```
1단계 - 계약의 식별
2단계 - 수행의무의 식별
3단계 - 거래가격의 산정
4단계 - 거래가격의 배분
5단계 - 수익인식
```

꿀팁! 수익인식의 5단계 암기법: 계의산배수 (거의3배수)

수익인식의 5단계의 순서를 바꾸어서 출제한 적이 있었다. 한 글자씩 따서 '계의산배수'라고 외우자. 다른 단계에는 없는 글자를 땄기 때문에 그 글자만 찾으면 된다. 공무원 1차 시험에서 1.3배수를 뽑는데, '거의 3배수'를 연상하면서 외우면 '계의산배수'를 쉽게 떠올릴 수 있을 것이다.

3 1단계 - 계약의 식별

1. 계약의 식별 조건: 조권의상회 ★중요!

다음 기준을 모두 충족하는 때에만 고객과의 계약으로 회계처리한다.

(1) **계약 승인 및 의무 확약**	계약을 승인하고 각자의 의무를 수행하기로 확약한다. : 계약의 승인이 반드시 서면으로 이루어질 필요는 없으며, 구두 혹은 그 밖의 사업 관행에 따라 이루어져도 된다.
(2) **권리 식별**	각 당사자의 권리를 식별할 수 있다.
(3) **지급조건 식별**	이전할 재화나 용역의 지급조건을 식별할 수 있다.
(4) **상업적 실질**	계약에 상업적 실질이 있다. (not 상업적 실질 결여)
(5) **회수가능성**	이전할 재화나 용역에 대한 대가의 회수 가능성이 높다. (not 회수가능성이 낮다.)

계약의 식별 조건은 5가지가 있다. 수익 인식 5단계와 같이 한글자씩 따서 '조권의상회'라고 외우자. 여기서 주의할 점은, 5가지 식별 조건을 모두 충족시켜야 한다는 것이다. 어느 한 조건이라도 충족시키지 못한다면 계약으로 식별할 수 없다.

예제   **계약의 식별 조건**

01 '고객과의 계약에서 생기는 수익'에 제시되어 있는 고객과의 계약을 식별하기 위한 기준과 일치하는 내용은?   2019. 국가직 9급

① 계약당사자들이 계약을 서면으로만 승인해야 하며, 각자의 의무를 수행하기로 확약한다.

② 이전할 재화나 용역에 대한 각 당사자의 권리를 식별할 수 있다면, 재화나 용역의 대가로 받는 지급조건은 식별할 수 없어도 된다.

③ 계약에 상업적 실질 없이 재화나 용역을 서로 주고받을 수 있다.

④ 고객에게 이전할 재화나 용역에 대하여 받을 권리를 갖게 될 대가의 회수 가능성이 높다.

> ● **해설**
>
> ① 계약을 서면으로 승인할 필요는 없다. (X)
> ② 지급조건을 식별할 수 있어야 한다. (X)
> ③ 상업적 실질이 있어야 한다. (X)
> ④ 회수 가능성이 높아야 한다. (O)
>
> 답 ④

4 3단계 – 거래가격의 산정

3단계에 해당하는 다음 문장들은 모두 자주 출제되었던 문장들이다. 반드시 숙지하자.

1. 거래가격에 제삼자를 대신해서 회수한 금액은 제외한다. ★중요!

거래가격은 고객에게 재화나 용역을 이전하고 그 대가로 기업이 받을 것으로 예상하는 금액이며, 제삼자를 대신해서 회수한 금액은 제외한다. 기준서 개정 이후 자주 출제된 문장이다. 반드시 기억하자.

우리가 물건을 사면 물건값의 10%를 부가세로 낸다. 가령, ₩1,100짜리 빵을 사면 이 중 빵집 사장님은 ₩1,000만 갖고, 나머지 ₩100은 부가세로 세무서에 납부하게 된다. 빵집 사장님이 총 받는 거래가격은 ₩1,100이지만, 이 중 ₩100은 제삼자(세무서)를 대신하여 회수한 금액이므로 나머지 ₩1,000만 수익으로 인식한다. 참고로, 회계처리는 다음과 같다.

- 매출 시: (차) 현금   1,100   (대) 매출   1,000
                                                    부가세예수금   100
- 납부 시: (차) 부가세예수금   100   (대) 현금   100

2. 변동대가 ★중요!

(1) 변동대가 추정 방법

변동대가란, 거래대가가 고정되어 있지 않고 변동하는 것을 의미한다. 변동대가는 각 상황별로 다음의 두 가지 방법을 사용하여 추정한다.

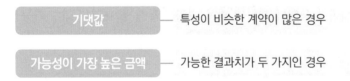

기댓값 —— 특성이 비슷한 계약이 많은 경우

가능성이 가장 높은 금액 —— 가능한 결과치가 두 가지인 경우

(2) 변동대가 추정치의 제약

위의 방법으로 변동대가를 추정하지만 불확실성이 너무 높아 추정이 불가능할 수 있다. 이 경우에는 변동대가를 거래대가에 포함시키지 않는다. 변동대가와 관련된 불확실성이 해소될 때, 이미 인식한 누적 수익 금액 중 유의적인 부분을 되돌리지 않을 가능성이 '매우 높은' 정도까지만 거래가격에 포함한다.

3. 비현금 대가: 공정가치 측정 ★중요!

고객이 현금 외의 형태로 대가를 지급하는 경우 비현금 대가를 공정가치로 측정한다. 예를 들어 김수석이 수강료를 주식으로 받는다고 하자. 이 경우 김수석은 매출액을 주식의 공정가치로 인식한다.

예제   **거래가격의 산정**

02 고객과의 계약으로부터 발생하는 수익에서 거래가격 산정에 대한 설명으로 옳지 않은 것은?

2020. 국가직 9급

① 거래가격을 산정하기 위해서는 계약 조건과 기업의 사업 관행을 참고한다.
② 기업에 특성이 비슷한 계약이 많은 경우에 '기댓값'은 변동대가(금액)의 적절한 추정치일 수 있다.
③ 고객과의 계약에서 약속한 대가는 고정금액, 변동금액 또는 둘 다를 포함할 수 있다.
④ 비현금대가의 공정가치가 대가의 형태만이 아닌 이유로 변동된다면, 변동대가 추정치의 제약규정을 적용하지 않는다.

● **해설**

비현금대가(현물 지급)는 공정가치로 측정한다. 공정가치가 형태 외의 이유로 변동된다면(예 주가 변동) 대가가 변동하는 것이므로, 변동대가 추정치의 제약을 적용한다. 굉장히 지엽적인 문장이었다. 현장에서는 나머지 선지로 정답을 판단했어야 한다.
① 거래가격을 산정하기 위해서는 계약 조건과 기업의 사업 관행도 참고한다. (O)
② 특성이 비슷한 계약이 많은 경우에는 '기댓값'으로 변동대가를 추정한다. (O)
③ 대가는 고정금액뿐만 아니라 변동금액도 포함할 수 있다. (O)

답 ④

12

03 수익인식 단계에 대한 설명으로 옳은 것은? 2019. 관세직 9급

① 수익인식 5단계 순서는 '수행의무 식별 → 계약식별 → 거래가격 산정 → 거래가격 배분 → 수행의무별 수익인식'이다.

② 계약 개시시점에 고객과의 계약에서 약속한 재화나 용역을 검토하여 고객에게 구별되는 재화나 용역을 이전하기로 한 약속을 하나의 수행의무로 식별한다.

③ 거래가격은 고객에게 약속한 재화나 용역을 이전하고 그 대가로 기업이 받을 권리를 갖게 될 것으로 예상하는 금액이며, 이때 제삼자를 대신하여 회수한 금액을 포함한다.

④ 계약 당사자들이 계약을 승인하고 각자의 의무를 수행하기로 확약하거나, 이전할 재화나 용역과 관련된 각 당사자의 권리를 식별할 수만 있으면 계약을 식별할 수 있다.

> ● **해설**
>
> ① '계의산배수'로 고쳐야 한다. 1,2단계의 순서가 뒤바뀌었다. (X)
> ② 심화서에서 배울 내용이다. 재화나 용역이 구별된다면 그를 별도의(하나의) 수행의무로 식별한다. (O)
> ③ 거래가격에 제삼자를 대신하여 회수한 금액은 제외한다. (X)
> ④ '조권의상회' 5가지 조건은 모두 충족시켜야 계약으로 식별할 수 있다. (X)
>
> 답 ②

---

04 고객과의 계약에서 생기는 수익에서 측정에 대한 설명으로 옳지 않은 것은? 2022. 국가직 9급

① 기업이 받을 권리를 갖게 될 변동대가(금액)에 미치는 불확실성의 영향을 추정할 때에는 그 계약 전체에 하나의 방법을 일관되게 적용한다.

② 거래가격은 고객에게 약속한 재화나 용역을 이전하고 그 대가로 기업이 받을 권리를 갖게 될 것으로 예상하는 금액이며, 제삼자를 대신해서 회수한 금액도 포함된다.

③ 거래가격을 산정하기 위하여 기업은 재화나 용역을 현행 계약에 따라 약속대로 고객에게 이전할 것이고 이 계약은 취소·갱신·변경 되지 않을 것이라고 가정한다.

④ 계약에서 약속한 대가에 변동금액이 포함된 경우에 고객에게 약속한 재화나 용역을 이전하고 그 대가로 받을 권리를 갖게 될 금액을 추정한다.

> ● **해설**
>
> 거래가격은 제삼자를 대신해서 회수한 금액은 제외한다.
> 나머지 문장은 한번만 읽어보고 넘어가자.
>
> 답 ②

---

5 5단계 – 수익의 인식

1. 수익 인식 시점: 현금 지급 시기와 무관!

재화나 용역을 고객에게 이전하여, 고객이 재화나 용역을 통제할 때 수익을 인식한다. 따라서 자산 이전 시기와 현금 수령 시기가 다른 경우에는 자산을 이전할 때 수익을 인식한다.

상황	매출액
장기할부 판매	PV(현금 수령액)
선수금 판매	현금수령액 $\times (1 + R)^n$

가령, 자산은 먼저 이전하고 현금을 나중에 받는 장기할부 판매나, 현금을 먼저 받고 자산을 나중에 이전하는 선수금 판매 모두 자산을 이전할 때 수익을 인식한다. 자산 이전 시기와 현금 수령 시기가 다를 때 매출액을 묻는 문제의 경우, 현금 수령액을 미래가치하거나, 현재가치하여 자산 이전 시기로 맞추어야 한다.

(1) 장기할부 판매

현금을 나중에 받는 경우 (X1초 자산 이전, X2초 10,000 수령, 이자율 10% 가정)
- X1초　(차) 매출채권　　9,091　　(대) 매출　　　　　9,091
- X1말　(차) 매출채권　　　909　　(대) 이자수익　　　909
- X2초　(차) 현금　　　10,000　　(대) 매출채권　　10,000

매출은 자산 이전 시기인 X1초에 인식하지만, 현금을 나중에 받기 때문에 현재가치한 9,091 (= 10,000/1.1)을 X1초에 매출액으로 인식한 뒤, 이자수익을 인식하여 매출채권을 키운 다음에 현금을 수령할 때 매출채권과 상계한다.

(2) 선수금 판매

현금을 먼저 받는 경우 (X1초 10,000 수령, X2초 자산 이전, 이자율 10% 가정)
- X1초　(차) 현금　　　10,000　　(대) 선수금　　　10,000
- X1말　(차) 이자비용　　1,000　　(대) 선수금　　　　1,000
- X2초　(차) 선수금　　11,000　　(대) 매출　　　　11,000

현금 수령액을 선수금으로 계상한 뒤, 이자비용을 인식하여 선수금을 키운 다음에 자산을 이전할 때 매출액으로 인식해야 한다.

예제　　**수익의 인식**

05 고객과의 계약에서 생기는 수익에 대한 설명으로 옳지 않은 것은?　　2019. 지방직 9급

① 고객에게 이전할 재화나 용역에 대하여 받을 권리를 갖게 될 대가의 회수 가능성이 높지 않더라도, 계약에 상업적 실질이 존재하고 이전할 재화나 용역의 지급조건을 식별할 수 있으면 고객과의 계약으로 회계처리한다.

② 수익을 인식하기 위해서는 '고객과의 계약 식별', '수행의무 식별', '거래가격 산정', '거래가격을 계약 내 수행의무에 배분', '수행의무를 이행할 때 수익인식'의 단계를 적용한다.

③ 거래가격 산정 시 제삼자를 대신해서 회수한 금액은 제외하며, 변동대가, 비현금 대가, 고객에게 지급할 대가 등이 미치는 영향을 고려한다.

④ 고객에게 약속한 자산을 이전하여 수행의무를 이행할 때 수익을 인식하며, 자산은 고객이 그 자산을 통제할 때 이전된다.

● 해설

① 회수 가능성이 높아야 한다. (X)
② 수익인식의 5단계이다. 순서를 꼭 외우자.
③ 거래가격 산정 시 제삼자를 대신해서 회수한 금액은 제외한다.

답 ①

---

06 ㈜한국은 2010년 1월 1일에 2010년 말부터 매년 말 ₩100,000씩 3년간 총 ₩300,000을 수취하기로 하고 상품을 할부판매하였다. 이 금액은 취득 당시의 시장이자율 10%를 반영하여 결정된 것으로, 이 상품의 현금판매가격은 ₩248,690이다. 채권의 명목금액과 현재가치의 차이는 중요하다. 유효이자율법을 적용하여 회계처리하는 경우, 2010년 12월 31일 판매대금 ₩100,000을 회수할 때 인식하여야 하는 이자수익은?

2010. 지방직 9급

① ₩24,869 ② ₩30,000
③ ₩51,310 ④ ₩100,000

● **해설**

이자수익 = 248,690 × 10% = 24,869
'현금판매가격'이란, 판매 시점에 현금을 받고 팔았을 때의 가격을 의미한다. 장기할부판매가 아니라, 판매 시점에 지급하는 대가이므로 현재가치와 같은 개념이라고 생각하면 된다.

|회계처리|

10.1.1	(차)	매출채권	248,690	(대)	매출	248,690
	(차)	매출원가	원가	(대)	상품	원가
10.12.31	(차)	현금	100,000	(대)	이자수익	24,869
				(대)	매출채권	75,131

답 ①

회계변경과 오류수정은 매년 공무원 시험에서 평균적으로 1문제가량 출제되는 중요한 주제이지만 동시에 많은 수험생들이 어려워하는 주제이다. 반드시 많은 연습을 통해 숙달하자. 본 장에서는 정책변경보다는 회계추정변경과 오류수정의 출제 빈도가 높으며, 오류수정 가운데에서도 비자동조정오류보다는 난이도가 상대적으로 낮은 자동조정오류의 출제 빈도가 높다.

13

회계변경 및 오류수정

13 회계변경 및 오류수정

1 회계변경 및 오류수정

구분		처리방법	사례
회계변경	회계추정의 변경	전진법	감가상각요소의 변경
	회계정책의 변경		원가흐름의 가정(재고) 변경
오류수정	자동조정오류	소급법	발생주의 회계처리, 재고 오류
	비자동조정오류		감가상각 오류 심화

본 장은 '회계변경'과 '오류수정' 두 주제로 이루어져 있다. 회계변경은 회계추정의 변경과 회계정책의 변경으로 나뉘고, 오류수정은 자동조정오류와 비자동조정오류로 나뉜다.

2 회계추정의 변경: 전진법

회계추정의 변경은 이전에 추정했던 사항들이 새로운 정보나 상황에 따라 변경되는 것을 말한다. 대표적인 예로 감가상각요소(취득원가, 내용연수, 잔존가치, 상각방법)의 변경이 있다. 회계추정의 변경은 전진법을 적용한다. 전진법은 과거의 회계처리는 손대지 않은 채로 변경사항을 당기와 미래에 '전진적으로' 반영하는 것을 의미한다.

3 회계정책의 변경: 소급법

회계정책의 변경은 기업이 적용하던 회계정책을 바꾸는 것을 의미한다. 회계정책의 변경은 원칙적으로 소급법을 적용한다. 회계정책의 변경은 재고자산 원가흐름의 가정 변경 위주로 출제된다.

1. 회계정책의 변경과 회계추정의 변경을 구분하는 것이 어려운 경우 추정의 변경으로 본다. ★중요

구분		처리방법
회계변경	회계추정의 변경	전진법
	회계정책의 변경	소급법

회계정책의 변경과 회계추정의 변경을 구분하는 것이 어려운 경우 이를 추정의 변경으로 본다. 구분이 어려울 때마다 회계정책의 변경으로 보게 되면 재무제표를 소급 재작성해야 하는 번거로움이 있기 때문에 추정의 변경으로 보아 전진법을 적용한다.

이와 비슷한 내용으로, 무형자산에서 연구단계와 개발단계를 구분하는 것이 어려운 경우 연구단계로 본다는 것을 배운 바 있다. 두 내용 모두 중요한 내용이니 반드시 기억하자.

2. 소급법 풀이법

소급법 풀이법은 예제를 통해 설명한다.

예제. ㈜김수석은 X2년까지 선입선출법을 적용하다가 X3년부터 평균법을 적용하기로 결정하였다. 각 방법을 적용할 경우 연도별 기말 재고자산은 다음과 같다.

	X1	X2
선입선출법	10,000	35,000
평균법	20,000	15,000

STEP 1 연도별 손익 변동표 그리기: 손익은 자산 변동과 동일

	X1
기말 재고	① ↑
매출원가	② ↓
당기순이익	③ ↑

당기순이익은 자산과 비례한다. ①기말 재고가 증가하면, ②기초 재고와 매입액이 고정인 상태에서 매출원가가 감소한다. ③비용항목인 매출원가가 감소하면 당기순이익은 증가한다.

	X1	X2	X3
X1	10,000		
X2		(20,000)	

위 손익 변동표는 연도별 '당기순이익'의 변동을 표시한 것이다. 제일 윗줄에 가로로 적은 것은 손익이 영향을 받는 연도를 표시한 것이고, 왼쪽에 세로로 적은 것은 재고자산의 변동을 표시한 것이다. 쉽게 말해서, 왼쪽에 표시된 연도가 원인이고, 위쪽에 표시된 연도가 결과이다.

당기순이익은 자산과 비례하므로 자산 변동액을 적어주면 된다. 선입선출법에서 평균법으로 변경하기 때문에 X1말 재고는 10,000 증가하고, X2말 재고는 20,000 감소한다. 해당 내용을 변동이 발생한 해당 연도에 표시한다. X1년 증가분은 X1 바로 아래에, X2년 감소분은 X2 아래에 한 칸 띄워 적는다.

STEP 2 변동액은 부호만 반대로 다음 해에 적기

	X1	X2
기초 재고		② ↑
기말 재고	① ↑	
매출원가	↓	③ ↑
당기순이익	↑	④ ↓

①→②: X1 기말 재고는 X2 기초 재고가 된다.
②→③: X2 기초 재고는 팔리면서 매출원가가 되므로 X2 매출원가가 커진다.
③→④: X2년 매출원가 증가는 X2년 당기순이익을 감소시킨다.

이처럼 X1년 재고 증가는 X2년 당기순이익 감소로 이어진다. 따라서 변동액은 금액은 그대로, 부호만 반대로 다음 해에 적으면 된다. 따라서 Step 1에서 그린 표에 다음과 같이 굵게 처리한 부분을 추가하면 된다.

	X1	X2	X3
X1	10,000	(10,000)	
X2		(20,000)	20,000

이제 표를 다 그렸으니, 답을 구할 차례이다. 주로 묻는 사항은 당기순이익, 매출원가, 이익잉여금이다. 변동액만 묻는 경우도 있고, 조정 전 금액을 제시하면서 조정 후 금액을 구하는 경우도 있다. 표에 표시된 것은 '변동액'이다. 조정 후 금액을 물었다면 변동액에 조정 전 금액을 더해야 한다.

	X1	X2	X3(당기)
X1	10,000	(10,000)	
X2		(20,000)	20,000
	기초 이익잉여금		당기순이익
	기말 이익잉여금		

| 연도별 변동액 |

	X1	X2	X3
당기순이익	10,000	(30,000)	20,000
매출원가	(10,000)	30,000	(20,000)
기말 이익잉여금	10,000	10,000 − 30,000 = (−)20,000	10,000 − 30,000 + 20,000 = 0

(1) 당기순이익: 해당 연도만 세로로 더하기

당기가 X3년도라고 할 때, X3 아래에 있는 조정 사항을 전부 더하면 X3 당기순이익 변동분을 구할 수 있다. 20,000 증가이다.

(2) 매출원가: 당기순이익 부호만 반대로

매출원가는 당기순이익과 반비례한다. X3 아래에 있는 조정 사항을 전부 더한 뒤, 부호를 반대로 하면 X3 매출원가 변동분을 구할 수 있다. 20,000 감소이다.

(3) 이익잉여금: Σ당기순이익 ★중요!

이익잉여금은 당기순이익의 누적액이다. X3년초(= X2년말) 이익잉여금 변동액은 X2년까지 변동액을 전부 더하면 된다. 마찬가지로, X3말 이익잉여금 변동액은 X3년까지 변동액을 전부 더하면 된다.

※주의 재고자산 변동과 매출은 무관!

재고자산 원가흐름의 가정 변경 혹은 바로 이어서 배울 재고자산의 평가 오류 수정으로 인해 기말 재고자산의 금액이 변동할 때 매출도 같이 변동한다고 오해하는 수험생들이 많다. 기말 재고자산의 금액이 바뀌더라도 매출이 달라지는 것은 아니다. 우리가 하고 있는 작업은 실제 재고자산은 건드리지 않으면서, 재고자산의 '금액만' 바꾸는 것이다. 예를 들어 기말 재고가 100개가 있다고 하자. 100개의 재고가 그동안 선입선출법으로 봤을 때는 ₩10,000이었는데, 평균법으로 원가흐름의 가정을 변경하면서 ₩20,000으로 금액이 바뀐 것이다. 매출이 줄어서 재고가 증가한 것이 아니라, 재고를 '계산하는 방법이 달라져서' 재고가 증가한 것이다. 실제 재고는 여전히 100개로 고정이다. 앞으로 배울 재고자산의 평가 오류도 마찬가지이다. 매입액 누락이든, 단순 계산 착오이든 기타 다양한 이유로 기말 재고자산의 금액에 오류가 있을 수 있는데 이를 수정할 때에는 재고자산 금액만 바뀔 뿐, 매출이 변동하는 것은 아니다.

13

예제　**정책변경 – 당기순이익 & 기초 이익잉여금**

01　㈜한국이 20X1년에 재고자산 평가방법을 선입선출법에서 총평균법으로 변경한 결과 20X1년 기초재고자산과 기말재고자산이 각각 ₩50,000, ₩20,000 감소하였다. 이와 같은 회계변경이 ㈜한국의 20X1년 기초이익잉여금과 당기순이익에 미치는 영향은?

2019. 지방직 9급

	기초이익잉여금	당기순이익
①	₩50,000 감소	₩20,000 감소
②	₩50,000 증가	₩20,000 감소
③	₩50,000 감소	₩30,000 증가
④	영향 없음	₩30,000 증가

● **해설**

	X0	X1
X1 기초	(50,000)	50,000
X1 기말		(20,000)

기초 이익잉여금: (–) 50,000
X1 당기순이익: 30,000

답 ③

4 자동조정오류

1. 오류수정: 자동조정오류와 비자동조정오류

구분		수정분개 없이도 오류가 자동으로 조정되는가?	오류있는 자산, 부채가 내년에 사라지는가?
오류 수정	자동조정오류	소급법 → O	O (재고자산, 발생주의)
	비자동조정오류	X	X (상각자산)

오류수정은 별다른 수정분개 없이도 오류가 자동으로 수정되는지 여부에 따라 자동조정오류와 비자동조정오류로 구분된다. 자동조정오류는 정책변경과 마찬가지로 차기에 부호만 반대로 알아서 손익화되므로 수정분개를 하지 않아도 알아서 오류가 수정된다. 자동조정오류로는 재고자산의 평가 오류와 발생주의 회계처리에 대해 다룰 것이다. 본 장에서는 자동조정오류가 가장 많이 출제된다. 이익잉여금 이나 당기순이익에 미치는 영향과 같이 금액을 묻는 형태의 문제와 수정분개를 하는 형태의 문제가 자주 출제된다.

반면, 비자동조정오류는 별도로 수정분개를 하지 않으면 오류가 수정되지 않는다. 비자동조정오류 로는 소모품 회계처리와 상각자산의 오류에 대해 다룰 것이다.

2. 자동조정오류 – 재고자산 평가 오류

오류수정은 정책변경과 마찬가지로 소급법을 적용한다. 소급법은 앞서 정책변경에서 설명한 방식 대로 이루어진다. 이처럼 정책변경과 오류수정은 문제 풀이 방법이 일치하므로 두 개념을 동일한 것으로 이해해도 무방하다. 자동조정오류로 재고자산 평가 오류가 종종 출제되는데, 정책변경에서 배운 재고자산 원가흐름의 가정 변경과 동일하게 풀면 된다.

예제 **자동조정오류 - 재고자산 평가 오류**

01 ㈜대한은 2016년에 처음 회계감사를 받았는데, 기말상품재고에 대하여 다음과 같은 오류가 발견되었다. 각 연도별로 ㈜대한이 보고한 당기순이익이 다음과 같을 때, 2016년의 오류 수정 후 당기순이익은? (단, 법인세효과는 무시한다) 2016. 국가직 9급

연도	당기순이익	기말상품재고 오류
2014년	₩15,000	₩2,000(과소평가)
2015년	₩20,000	₩3,000(과소평가)
2016년	₩25,000	₩2,000(과대평가)

① ₩25,000 ② ₩23,000
③ ₩22,000 ④ ₩20,000

● 해설

	14	15	16
수정 전	15,000	20,000	25,000
14	2,000	(2,000)	
15		3,000	(3,000)
16			(2,000)

16년 수정 후 당기순이익: 25,000 - 3,000 - 2,000 = 20,000

답 ④

3. 자동조정오류 - 발생주의

선수수익, 미수수익, 미지급비용, 선급비용 등의 이연항목들을 발생주의에 따라 인식하지 않고, 현금주의 등으로 손익을 인식한 경우 오류가 발생한다. 발생주의 회계처리는 회계원리에서 다뤘으므로 자세한 설명은 생략한다.

예제 **자동조정오류 - 발생주의**

01 ㈜한국의 2012년 12월 31일 수정전시산표와 추가적 정보는 다음과 같다. 수정분개로 옳은 것은?

2013. 관세직 9급

〈추가적 정보〉

ㄱ. 2012년 12월 31일을 기준으로 선수수익의 3분의 1에 해당하는 용역을 제공하였다.

ㄴ. 2012년 9월 1일 1년분의 보험료를 지급하고, 선급보험료로 회계처리하였다.

ㄷ. 대금이 회수되지 않은 용역제공분 ₩6,000에 대하여 회계처리하지 않았다.

ㄹ. 6개월분의 선급임차료에 대한 거래는 2012년 10월 1일에 발생하였다.

〈수정전시산표〉

계정과목	잔액
매출채권	₩200,000
선수수익	₩60,000
선급임차료	₩120,000
선급보험료	₩24,000

	차변		대변	
① ㄱ:	(차) 선수수익	₩20,000	(대) 매출원가	₩20,000
② ㄴ:	(차) 선급보험료	₩8,000	(대) 보험료	₩8,000
③ ㄷ:	(차) 현금	₩6,000	(대) 용역매출	₩6,000
④ ㄹ:	(차) 임차료	₩60,000	(대) 선급임차료	₩60,000

● **해설**

|올바른 회계처리|

①	(차) 선수수익	20,000	(대) 수익	20,000
②	(차) 보험료	8,000	(대) 선급보험료	8,000
③	(차) 미수수익	6,000	(대) 수익	6,000
④	(차) 임차료	60,000	(대) 선급임차료	60,000

① 선수수익 중 1/3은 용역을 제공하였으므로 매출원가가 아닌 수익을 인식해야 한다.

② 보험료를 전부 자산화한 뒤 비용처리하지 않았으므로 선급보험료를 감소시켜야 한다. 대차를 바꾸면 된다.

③ 아직 회수되지 않은 용역제공분에 대해서는 현금을 계상할 수 없으며, 미수수익을 계상해야 한다.

답 ④

13

02 수정전시산표와 수정후시산표의 비교를 통한 수정분개 추정으로 옳지 않은 것은?

2017. 관세직 9급

구분	계정과목	수정전시산표	수정후시산표
㉠	이자비용	₩3,000	₩5,000
	미지급이자	₩1,000	₩3,000
㉡	상품	₩1,500	₩2,500
	매입	₩6,000	₩0
	매출원가	₩0	₩5,000
㉢	선급보험료	₩2,400	₩1,200
	보험료	₩2,000	₩3,200
㉣	선수임대수익	₩1,800	₩1,200
	임대수익	₩1,500	₩2,100

		차변		대변	
① ㉠	이자비용	₩2,000	미지급이자	₩2,000
② ㉡	매출원가	₩6,000	매입	₩7,000
	상품	₩1,000		
③ ㉢	보험료	₩1,200	선급보험료	₩1,200
④ ㉣	선수임대수익	₩600	임대수익	₩600

● **해설**

[올바른 회계처리]

㉡ (차) 매출원가   5,000   (대) 매입   6,000
   상품   1,000

수정전시산표 상 매입이 6,000이므로 6,000만 줄여야 한다. 따라서 매출원가도 6,000이 아닌 5,000이 되어야 한다.

답 ②

예제 　자동조정오류 – 수정 후 당기순이익

01　㈜한국은 당기에 다음과 같은 오류를 발견하고, 장부 마감 전에 이를 수정하였다. 오류수정 전 당기순이익이 ₩100,000이라고 할 때, 오류수정 후 당기순손익은? 　2019. 지방직 9급

- 당기 7월 1일 수령한 선수임대료 ₩120,000을 전액 임대료수익으로 계상하였다. (임대기간은 당기 7월 1일부터 차기 6월 30일까지이다)
- 당기 발생 미지급급여 ₩100,000을 누락하고 인식하지 않았다.
- 당기 발생 미수이자 ₩40,000을 누락하고 인식하지 않았다.
- FOB 도착지 인도조건으로 당기 12월 29일 선적하여 차기 1월 5일 인도예정인 상품에 대해 당기 12월 29일에 매출 ₩200,000과 매출원가 ₩150,000을 인식하였다.

① 당기순이익 ₩30,000　　　　② 당기순이익 ₩70,000

③ 당기순손실 ₩70,000　　　　④ 당기순손실 ₩150,000

● 해설

	당기
수정전	100,000
선수임대료	(60,000)
미지급급여	(100,000)
미수이자	40,000
매출총이익	(50,000)
수정후	(70,000)

도착지 인도조건으로 판매하는 상황에서 아직 상품이 도착하지 않았으므로 매출액과 매출원가를 인식하면 안 된다. 따라서 수정 전 이익에서 매출총이익인 50,000(= 200,000 – 150,000)만큼 감소시켜야 한다.

답 ③

02　㈜서울의 경리부장은 2017년의 당기순이익이 ₩15,000,000이라고 사장에게 보고하였다. 사장은 경리부장의 보고 자료를 검토한 결과 2017년의 회계처리상 다음과 같은 오류가 있었음을 발견하였다. 이를 기초로 ㈜서울의 올바른 당기순이익을 구하면 얼마인가? 　2017. 서울시 9급

• 미지급비용의 과소계상액	₩1,000,000
• 미수수익의 과소계상액	₩800,000
• 기초상품의 과소계상액	₩700,000
• 기말상품의 과대계상액	₩400,000

① ₩13,700,000　　　　② ₩14,500,000

③ ₩14,800,000　　　　④ ₩15,100,000

13

● 해설

	16	17
수정 전 당기순이익		15,000,000
미지급비용		(1,000,000)
미수수익		800,000
재고자산 – 16`	700,000	(700,000)
재고자산 – 17`		(400,000)
수정 후 당기순이익		13,700,000

오류수정이 당기순이익에 미치는 영향: 1,300,000 감소

[회계처리]
(차) 비용   1,000,000   (대) 미지급비용   1,000,000
(차) 미수수익   800,000   (대) 수익   800,000
(차) 매출원가   700,000   (대) 이익잉여금   700,000
(차) 매출원가   400,000   (대) 상품   400,000
16년도 재고자산의 오류수정분개는 일단 넘어가자. 심화강의에서 오류수정을 어떻게 회계처리하는지 자세히 배울 것이다.

目 ①

03 20X1년 5월 31일에 월말 결산수정분개를 하기 전에 ㈜한국의 시산표상에 수익합계는 ₩7,000이고 비용합계는 ₩2,000이다. 수정전시산표에 반영되지 않은 다음의 결산수정항목들을 반영하여 산출한 20X1년 5월분 포괄손익계산서상의 당기순이익은? 2011. 국가직 7급

- 단기차입금에 대한 5월분 이자발생액이 ₩800이다.
- 5월 초의 선급보험료 중 5월분에 해당하는 금액은 ₩700이다.
- 전월에 선수용역수익으로 받은 금액 가운데 5월에 용역 제공이 완료된 금액은 ₩700이다.
- 용역제공은 이미 완료됐지만 아직 받지 못한 금액이 ₩600이다.

① ₩4,800   ② ₩5,000   ③ ₩5,100   ④ ₩5,200

● 해설

수정 전 NI	5,000
미지급이자 증가	(800)
선급보험료 감소	(700)
선수수익 감소	700
미수수익 증가	600
계	4,800

[기말수정분개]
(차) 이자비용   800   (대) 미지급이자   800
(차) 보험료비용   700   (대) 선급보험료   700
(차) 선수수익   700   (대) 용역수익   700
(차) 미수수익   600   (대) 용역수익   600

目 ①

04 ㈜한국의 2016년 회계오류 수정 전 법인세비용차감전순이익은 ₩300,000이다. 회계오류가 다음과 같을 때, 회계오류 수정 후 2016년도 법인세비용차감전순이익은?

2016. 국가직 7급

회계오류 사항	2015년	2016년
기말재고자산 오류	₩8,000 과소계상	₩4,000 과대계상
선급비용을 당기비용으로 처리	₩3,000	₩2,000

① ₩287,000   ② ₩288,000

③ ₩289,000   ④ ₩290,000

● 해설

	15	16
수정 전 당기순이익		300,000
재고자산 – 15`	8,000	(8,000)
재고자산 – 16`		(4,000)
선급비용 – 15`	3,000	(3,000)
선급비용 – 16`		2,000
수정 후 당기순이익		287,000

답 ①

자동조정오류 - 회계처리

05 ㈜한국은 휴대전화 판매를 영위하는 회사이며, 다음의 거래를 누락한 상태에서 당기순이익을 ₩40,000으로 산정하였다. 다음 거래를 추가로 반영할 경우 포괄손익계산서상 당기순이익은?

2022. 국가직 9급

• 미수이자수익 발생	₩10,000
• 선수수익의 수익실현	₩40,000
• 매출채권의 현금회수	₩20,000
• 매입채무의 현금상환	₩7,000
• 미지급이자비용 발생	₩3,000

① ₩50,000   ② ₩87,000

③ ₩100,000   ④ ₩110,000

● **해설**

수정 전 NI	40,000
이자수익	10,000
수익실현	40,000
매출채권 회수	–
매입채무 상환	–
이자비용	(3,000)
계	87,000

[기말수정분개]

(차)	미수이자	10,000	(대)	이자수익	10,000
(차)	선수수익	40,000	(대)	수익	40,000
(차)	현금	20,000	(대)	매출채권	20,000
(차)	매입채무	7,000	(대)	현금	7,000
(차)	이자비용	3,000	(대)	미지급이자	3,000

매출채권의 현금회수 및 매입채무의 현금상환 시에는 수익이나 비용이 발생하지 않으므로 당기순이익에 미치는 영향이 없음을 주의하자.

답 ②

06 다음은 창고임대업을 영위하는 ㈜한국의 20X1년 결산 관련 자료이다.

계정	내용
보험료	• 기초 선급보험료 잔액 ₩3,000 • 7월 1일에 보험을 갱신하고 1년분 보험료 ₩12,000을 현금으로 지급하고 자산으로 회계처리함
임대료	• 기초 선수임대료 잔액 ₩3,000 • 4월 1일에 임대차계약을 갱신하고 1년분 임대료 ₩24,000을 현금으로 수령하고 수익으로 회계처리함

보험료와 임대료가 20X1년도 세전이익에 미치는 영향은? (단, 보험료와 임대료 이외의 다른 계정은 고려하지 않으며, 기간은 월할 계산한다)

2019. 국가직 9급

① ₩12,000

② ₩15,000

③ ₩18,000

④ ₩21,000

13

해설

- X1년도 세전이익: 12,000 증가

문제를 잘 읽었어야 한다. '수정분개가 손익에 미치는 영향'을 물은 것이 아니라, '보험료와 임대료가 손익에 미치는 영향'을 물었다. 즉, 회계처리를 올바르게 했을 때의 손익을 물은 것이다.

회사의 회계처리	선급비용 12,000	현금 12,000	현금 24,000	수익 24,000
+수정분개	비용 3,000 비용 6,000	선급보험료 3,000 선급보험료 6,000	선수임대료 3,000 수익 6,000	수익 3,000 선수임대료 6,000
=올바른 회계처리	비용 3,000 선급보험료 6,000 비용 6,000	선급비용 3,000 현금 12,000	선수임대료 3,000 현금 24,000	수익 3,000 선수임대료 6,000 수익 18,000

- 보험료: 기초에 계상된 선급보험료는 당기에 비용이 되며, 당기에 납부한 보험료 12,000 중 6개월치인 6,000만 비용이 된다.
- 임대료: 기초에 계상된 선수임대료는 당기에 수익이 된다. 당기에 수령한 임대료 24,000 중 9개월치인 18,000만 수익이 된다.
- 기초에 계상된 선급보험료와 선수임대료는 전부 올해에 비용이나 수익을 인식하면서 제거된다. 기초에 선급/미지급비용이나 선수/미수수익이 계상된 것은 전기 수익, 비용이 아니기 때문이다. 상황에 따라 당기 혹은 차기 이후의 수익, 비용으로 인식해야 한다. 하지만 대부분의 발생주의 자산, 부채는 계상된 다음 해에 수익, 비용을 인식하면서 사라진다. 따라서 문제에 아무런 언급이 없다면 발생주의 자산, 부채는 발생하고 나서 바로 다음 해에 제거된다. 이번 문제에서도 기초 선급보험료와 선수임대료가 어떻게 발생한 것인지 상황을 제시하지 않았지만, 당기에 전부 제거된다고 봐야한다.

	X1(당기)
수정 전 NI	24,000 (임대료수익)
기초 선급보험료 비용화	(3,000)
기말 선급보험료 비용화	(6,000)
기초 선수임대료 수익화	3,000
기말 선수임대료 부채화	(6,000)
수정 후 NI	12,000

달 ①

5 비자동조정오류

비자동조정오류란 자동조정오류와 달리 오류를 수정하지 않으면 자동으로 조정되지 않는 오류를 말한다. 비자동조정오류는 소모품 회계처리, 감가상각과 관련하여 출제된다. 감가상각과 관련된 비자동조정오류는 어렵기 때문에 심화서에서 다룰 것이다. 기본 과정에서는 소모품 회계처리에 집중하자.

1. 비자동조정오류 – 소모품: 자산만 보자!

소모품 기말수정분개를 쉽게 하는 방법은 자산 금액만 보는 것이다. 자산 금액만 맞추면 회계처리의 대차는 항상 일치해야 하므로 반대쪽에는 같은 금액으로 '소모품비' 계정만 써주면 된다. 소모품 회계처리는 다음의 두 가지 유형으로 나뉜다.

회사가 소모품 구입 시	(1) 자산 처리한 경우	(2) 비용 처리한 경우
회사 소모품 계상액	기초+매입액	기초
소모품비 조정액	기초+매입액-기말	기초-기말
회계처리	소모품비 XXX / 소모품 XXX	소모품 XXX / 소모품비 XXX

(1) 소모품 구입액을 자산처리 한 경우

회사가 소모품 구입액을 자산처리했다면 장부상에는 소모품이 '기초 잔액 + 구입액'만큼 계상되어 있을 것이다. 이 경우 소모품비를 전혀 인식하지 않은 것이므로, 다음 금액만큼 소모품을 감소시키면서 소모품비를 인식하면 된다.

소모품비 = 기초 소모품 + 매입액 - 기말 소모품

(차) 소모품비　　　XXX　　(대) 소모품　　　XXX

13

예제 소모품 회계처리 - 소모품 구입액을 자산처리 한 경우

01 ㈜한국의 수정전시산표상 소모품은 ₩160,000이고, 기말 현재 남아있는 소모품이 ₩70,000이다. 수정분개로 옳은 것은?

2013. 국가직 9급

① (차) 소모품비   ₩90,000   (대) 소모품   ₩90,000
② (차) 소모품비   ₩70,000   (대) 소모품   ₩70,000
③ (차) 소모품   ₩90,000   (대) 소모품비   ₩90,000
④ (차) 소모품   ₩70,000   (대) 소모품비   ₩70,000

> **● 해설**
>
> 장부상 소모품 잔액은 160,000이지만, 실제로 남아있는 잔액은 70,000이므로 소모품을 90,000만큼 감소시켜야 한다. 대변에 소모품을 90,000 계상하고, 차변에 같은 금액으로 소모품비를 계상하면 된다.
>
> 답 ①

02 ㈜한국은 기초 소모품이 ₩5,000이었고, 기중에 소모품 ₩6,000을 추가로 구입하고 자산으로 처리하였다. 기말에 남아 있는 소모품이 ₩3,000이라면, 소모품과 관련된 기말 수정분개는?

2011. 지방직 9급

	(차변)		(대변)	
①	소모품비	8,000	소모품	8,000
②	소모품	3,000	소모품비	3,000
③	소모품비	3,000	소모품	3,000
④	소모품	8,000	소모품비	8,000

> **● 해설**
>
> 소모품비: 5,000 + 6,000 – 3,000 = 8,000
> 소모품비를 8,000 인식하면서 소모품을 감소시키는 회계처리가 필요하다.
>
> 답 ①

(2) 소모품 구입액을 비용처리 한 경우

회사가 소모품 구입액을 비용처리했다면 장부상에는 소모품이 기초 잔액만큼 계상되어 있을 것이다. 이 경우 '기말 소모품 잔액 - 기초 소모품 잔액'만큼 소모품을 증가시킨 후, 같은 금액으로 소모품비를 감소시키면 된다. 기초 소모품이 제시되지 않았다면 기말 소모품 잔액만큼 증가시키면 된다.

(차) 소모품   XXX   (대) 소모품비   XXX

예제 | **소모품 회계처리 - 소모품 구입액을 비용처리 한 경우**

03 ㈜한국의 2012년 말 소모품 재고액은 ₩50,000이다. ㈜한국은 2013년 중에 소모품 ₩100,000어치를 현금으로 구입하고 이를 소모품비로 회계처리하였다. 2013년 말에 소모품 재고를 실사한 결과 ₩70,000의 소모품이 남아 있음을 확인하였다. 이와 관련하여 2013년 말의 결산수정분개로 옳은 것은?

2014. 관세직 9급

① (차) 소모품   20,000   (대) 소모품비   20,000
② (차) 소모품비   20,000   (대) 소모품   20,000
③ (차) 소모품   30,000   (대) 소모품비   30,000
④ (차) 소모품비   30,000   (대) 소모품   30,000

> **● 해설**
>
> 회사는 당기 매입 소모품을 전부 비용처리했으므로 장부상 소모품 계상액은 50,000이다. 실제 소모품 재고액은 70,000이므로 소모품을 20,000을 증가시키면서 소모품비 20,000을 줄여야 한다.
>
> 답 ①

---

2. 기말수정분개 종합문제

소모품 회계처리는 기말수정분개 중 하나로, 다른 기말수정분개 사항인 발생주의, 실지재고조사법과 함께 같이 출제되는 경우가 많다. 소모품 회계처리가 함께 포함된 문제들을 배치하였으니 발생주의나 실지재고조사법 기말수정분개가 이해가 되지 않는 수험생은 각 챕터로 돌아가 개별 내용을 참고하길 바란다.

13

예제   **기말수정분개 종합문제 - 회계처리**

01   다음의 자료를 이용하여 행한 수정분개로 옳지 않은 것은?   2016. 관세직 9급

수정전시산표 항목		수정분개 사항	
상품	₩100,000	기말상품재고액	₩300,000
매입	₩600,000		
소모품	₩200,000	소모품 기말재고액	₩50,000
소모품비	₩0		
임차료	₩100,000	기말 미경과 임차료	₩50,000
선급임차료	₩0		
감가상각비	₩0	당기 건물 감가상각비	₩100,000
감가상각누계액 - 건물	₩100,000		

① (차) 상품   ₩200,000   (대) 매입   ₩600,000
   매출원가   ₩400,000

② (차) 소모품비   ₩150,000   (대) 소모품   ₩150,000

③ (차) 임차료   ₩50,000   (대) 선급임차료   ₩50,000

④ (차) 감가상각비 ₩100,000   (대) 감가상각누계액 - 건물 ₩100,000

● 해설

|올바른 회계처리|

①	(차)	상품(기말)	300,000	(대)	상품(기초)	100,000
		매출원가	400,000		매입	600,000
②	(차)	소모품비	150,000	(대)	소모품	150,000
③	(차)	선급임차료	50,000	(대)	임차료	50,000
④	(차)	감가비	100,000	(대)	감누	100,000

① 재고자산 T계정을 거꾸로 한 것과 동일하게 기말수정분개를 수행하면 된다. 상품을 상계하면 해설에 기재한 회계처리와 ①번 선지의 회계처리는 동일한 것이니 헷갈리지 말자.

② 장부상 소모품 계상액은 200,000이다. 실제 소모품 재고액은 50,000이므로 소모품을 150,000 감소시키면서 소모품비 150,000을 인식해야 한다.

③ 기말에 미경과한 임차료가 있으므로 임차료 50,000을 선급임차료로 자산화해야 한다. 대차가 반대로 되어있다.

④ 수정전 시산표에 건물의 감누가 100,000 계상되어 있지만, 감가비는 0이다. 이는 전기에 인식한 감누이므로, 올해도 추가로 감가비를 100,000 인식하면 기말 감누는 200,000이 된다.

탑 ③

02 ㈜한국의 다음 거래에 대한 기말수정분개로 옳지 않은 것은? (단, 모든 거래는 월할 계산한다)

2019. 관세직 9급

구분	거래
㉠	12월 1일에 대여금의 향후 3개월분 이자수익 ₩9,000을 현금으로 수령하고 전액 선수수익으로 계상하였다.
㉡	소모품 ₩5,000을 현금 구입하고 소모품으로 계상하였다. 기말 실사 결과 소모품 재고는 ₩2,000이었다.
㉢	12월 1일에 향후 3개월분 이자비용 ₩3,000을 현금으로 지급하고 이를 전액 이자비용으로 계상하였다.
㉣	12월 1일에 비품 ₩6,000을 구입하였다. 비품의 내용연수는 5년, 잔존가치는 없으며 정액법으로 상각한다.

		차변		대변	
①	㉠	이자수익	₩3,000	선수수익	₩3,000
②	㉡	소모품비	₩3,000	소모품	₩3,000
③	㉢	선급비용	₩2,000	이자비용	₩2,000
④	㉣	감가상각비	₩100	감가상각누계액	₩100

● 해설

㉠					
올바른 회계처리	(차) 현금	9,000	(대) 이자수익		3,000
			선수이자		6,000
회사 회계처리	(차) 현금	9,000	(대) 선수이자		9,000
기말수정분개	(차) 선수수익	3,000	(대) 이자수익		3,000
㉡					
올바른 회계처리	(차) 소모품비	3,000	(대) 현금		5,000
	소모품	2,000			
회사 회계처리	(차) 소모품	5,000	(대) 현금		5,000
기말수정분개	(차) 소모품비	3,000	(대) 소모품		3,000
㉢					
올바른 회계처리	(차) 이자비용	1,000	(대) 현금		3,000
	선급이자	2,000			
회사 회계처리	(차) 이자비용	3,000	(대) 현금		3,000
기말수정분개	(차) 선급이자	2,000	(대) 이자비용		2,000
㉣					
올바른 회계처리	(차) 감가상각비	100	(대) 감가상각누계액		100
회사 회계처리	– 회계처리 없음 –				
기말수정분개	(차) 감가상각비	100	(대) 감가상각누계액		100

답 ①

13

예제   **기말수정분개 종합문제 - 수정 후 당기순이익**

03 ㈜한국의 2014년 12월 31일 결산 시 당기순이익 ₩400,000이 산출되었으나, 다음과 같은 사항이 누락되었다. 누락 사항을 반영할 경우의 당기순이익은? (단, 법인세는 무시한다)

2015. 관세직 9급

> • 기중 소모품 ₩50,000을 구입하여 자산으로 기록하였고 기말 현재 소모품 중 ₩22,000이 남아있다.
> • 2014년 12월분 급여로 2015년 1월 초에 지급 예정인 금액 ₩25,000이 있다.
> • 2014년 7월 1일에 현금 ₩120,000을 은행에 예금하였다. (연이자율 10%, 이자지급일은 매년 6월 30일)
> • 2014년도의 임차료 ₩12,000이 미지급 상태이다.

① ₩341,000   ② ₩347,000
③ ₩353,000   ④ ₩369,000

● **해설**

장부상 소모품 계상액은 50,000이다. 실제 소모품 재고액은 22,000이므로 소모품을 28,000을 감소시키면서 소모품비 28,000을 인식해야 한다.

수정 전 NI		400,000
소모품비	50,000 − 22,000 =	(28,000)
미지급급여		(25,000)
미수이자	120,000 × 10% × 6/12 =	6,000
미지급임차료		(12,000)
수정 후 NI		341,000

[수정분개]
(차) 소모품비 28,000 (대) 소모품 28,000
(차) 급여 25,000 (대) 미지급급여 25,000
(차) 미수이자 6,000 (대) 이자수익 6,000
(차) 임차료 12,000 (대) 미지급임차료 12,000

탑 ①

예제   **기말수정분개 종합문제 - 당기순이익에 미치는 영향**

04   ㈜한국의 다음 기말조정사항에 대한 수정분개가 당기순이익에 미치는 영향(증가 또는 감소)
이 나머지 셋과 다른 것은?   2020. 국가직 9급

① 당기 7월 1일에 1년 만기 정기예금(연 6% 이자율)에 가입하고 현금 ₩1,000,000을
   입금하였으나, 결산일까지 이자 수령일이 도래하지 않아 이자관련 회계처리는 하지
   않았다.

② 비품에 대한 당기 감가상각비 ₩30,000을 회계처리 하지 않았다.

③ 당기 11월 1일에 소모품을 ₩50,000에 현금으로 구입하고 자산으로 인식하였다.
   기말 결산일에 미사용 소모품 ₩20,000이 남아 있음을 확인하였다.

④ 당기 4월 1일부터 회사 건물을 ㈜민국에게 1년간 임대하고, 1개월에 ₩10,000씩
   1년분 임대료 ₩120,000을 현금으로 받아 전액 수익으로 기록하였다.

● **해설**

	회계처리	당기순이익
①	미수이자 / 이자수익	증가
②	감가상각비 / 감누	감소
③	소모품비 / 소모품	감소
④	수익 / 선수수익	감소

구체적인 계산 없이 선지만 보고 당기순이익에 미치는 영향만 파악해서 답을 구했어야 한다.

답 ①

13

05 ㈜한국은 20X1년 말 결산 중 다음 항목에 대한 기말수정분개가 누락된 것을 발견하였다. 누락된 기말수정분개가 20X1년 당기순이익에 미치는 영향은? (단, 기간은 월할 계산한다)

2022. 국가직 9급

- 20X1년 7월 1일 1년치 보험료 ₩120,000을 현금지급하고 전액 선급보험료로 처리하였다.
- 20X1년 1월 1일 자산으로 계상된 소모품 ₩200,000 중 12월 말 현재 보유하고 있는 소모품은 ₩100,000이다.
- 20X1년 3월 1일 사무실 일부를 임대하고 1년치 임대료 ₩240,000을 현금으로 수령하면서 전액 수익으로 처리하였다.

---

① ₩60,000 증가   ② ₩100,000 증가
③ ₩60,000 감소   ④ ₩200,000 감소

● 해설

보험료	(60,000)
소모품비	(100,000)
임대료수익 감소	(40,000)
계	(200,000)

(1) 보험료
회사는 1년치 보험료 120,000을 전액 자산화하였으나, 이 중 X1.7.1~X1.12.31에 해당하는 6개월 치 보험료 60,000을 비용화해야 한다.

(2) 소모품비
회사는 장부상에 소모품을 200,000 계상하고 있지만 기말 현재 100,000만 보유하고 있으므로 소모품을 100,000 감소시키면서 소모품비 100,000을 인식해야 한다.

(3) 임대료수익
회사는 1년치 임대료 240,000을 전액 수익으로 인식하였으나, 이 중 X2.1.1~X2.2.28에 해당하는 2개월 치 임대료 40,000을 부채로 계상해야 한다.

[기말수정분개]

(차) 보험료	60,000	(대) 선급보험료	60,000
(차) 소모품비	100,000	(대) 소모품	100,000
(차) 임대료수익	40,000	(대) 선수임대료	40,000

目 ④

Memo

김용재코어
공무원회계학
재무회계

이 장의 출제 뽀인트!

① 현금주의와 발생주의 간의 전환
② 영업활동 현금흐름-간접법 중요!
③ 영업활동 현금흐름-직접법 중요!
④ 투자 및 재무활동현금흐름

현금흐름표는 국가직, 지방직 모두 연평균 1문제 이상 출제되는 매우 중요한 주제이지만, 많은 수험생들이 어려워하는 주제이다. 영업활동 현금흐름의 간접법과 직접법이 가장 자주 출제되는 주제였으며, 이외에도 현금주의와 발생주의 간의 전환, 투자 및 재무활동현금흐름이 자주 출제되었다. 출제 빈도를 상대적으로 구분하긴 했지만 본 장에서 다루는 모든 주제가 빈출 주제이다. 많은 연습을 통해 반드시 숙달하자.

현금흐름표

14 현금흐름표

1 현금흐름의 구분

1. 현금흐름표의 형태

현금흐름표는 재무제표의 구성요소로, 일정 기간동안 기업의 현금유출입에 대한 정보를 제공한다. 현금흐름은 다음의 세 가지 종류로 이루어진다.

(1) 영업활동 현금흐름	재고의 생산 및 구매와 판매, 관리 활동으로 인한 현금흐름
(2) 투자활동 현금흐름	유·무형자산, 금융자산의 취득 및 처분으로 인한 현금흐름
(3) 재무활동 현금흐름	기업의 납입자본이나 차입금 변동으로 인한 현금흐름

현금흐름표는 3가지 현금흐름의 합을 구한 뒤, 기초의 현금에 가산하여 기말의 현금을 구하는 형식이다.

현금흐름표

X1.1.1~X1.12.31	㈜김수석
Ⅰ 영업활동 현금흐름	1,000,000
Ⅱ 투자활동 현금흐름	2,000,000
Ⅲ 재무활동 현금흐름	3,000,000
Ⅳ 현금의 증감	6,000,000
Ⅴ 기초의 현금	1,500,000
Ⅵ 기말의 현금	7,500,000

예제 현금흐름표의 형태

01 다음은 ㈜서울의 재무상태표(대차대조표)와 현금흐름표에서 발췌한 2009년 현금흐름 관련 자료이다. 2009년도에 영업활동으로 인한 현금흐름은? 2010. 국가직 9급

• 2008년 12월 31일 말 현금 잔액	₩120,000
• 2009년 투자활동으로 인한 현금 감소	40,000
• 2009년 재무활동으로 인한 현금 증가	50,000
• 2009년 12월 31일 말 현금 잔액	150,000

① ₩10,000   ② ₩20,000
③ ₩30,000   ④ ₩40,000

> **● 해설**
>
> 현금의 증감: 150,000 − 120,000 = 30,000
> 영업활동 현금흐름: 30,000 + 40,000 − 50,000 = 20,000
> 투자활동 현금흐름이 감소이므로 영업현금흐름을 구하기 위해서는 가산해야 한다.
>
> 답 ②

2. 계정별 활동 구분

현금흐름을 종류별로 각각 구할 것이기 때문에, 계정 과목별로 어떤 활동에 해당하는지 반드시 숙지해야 한다. 다음은 주로 출제되는 계정 과목을 나열한 것으로, 표에 없는 항목이 제시될 때는 스스로 판단해야 한다.

	영업활동	투자활동	재무활동
I/S 항목	매출액 & 대손상각비 매출원가 급여, 판관비, 로열티	감가상각비 유형자산 처분손익	사채상환손익
B/S 항목	매출채권 & 대손충당금 매입채무 & 재고자산 단기매매증권	토지, 건물, 기계장치 등 유형자산, 무형자산 금융자산, 대여금	납입자본, 자기주식 차입금 및 사채
일반적 분류	이자수익, 이자비용, 배당금수익 법인세		배당금 지급

14

(1) 영업활동: 매출 및 매입, 판매 및 관리 활동, 단기매매증권의 취득과 처분, 로열티

대부분의 계정은 영업활동으로 분류된다. 매출, 매입, 종업원 관련 계정 등이 포함된다. 이외에도 보험료, 임차료 등의 판관비가 포함된다. 로열티는 계산문제에는 등장하지 않지만, 말문제에 자주 등장하므로 영업활동이라는 것을 꼭 기억하자.

 단기매매증권이 영업활동인 이유

나머지 금융자산은 투자활동과 관련이 있지만 유일하게 단기매매증권은 영업활동과 관련이 있다. 왜 단기매매증권만 영업활동으로 볼까? 기준서에서는 다음과 같이 기술하고 있다.

"기업은 단기매매목적으로 유가증권이나 대출채권을 보유할 수 있으며, 이 때 유가증권이나 대출채권은 판매를 목적으로 취득한 재고자산과 유사하다. 따라서 단기매매목적으로 보유하는 유가증권의 취득과 판매에 따른 현금흐름은 영업활동으로 분류한다."

금융자산을 단기매매목적으로 보유한다면 재고자산과 동일하다고 보는 것이 기준서의 관점이다. 금융자산 기준서의 개정으로 단기매매증권은 FVPL 금융자산으로 바뀌었지만, 현금흐름표 기준서에는 그대로 남아 있다. 문제에서는 단기매매증권 대신 FVPL 금융자산으로 제시할 가능성이 높다.

(2) 투자활동: 유·무형자산 및 금융자산의 취득과 처분

유·무형자산 및 금융자산 등의 투자자산과 관련된 활동이다. 취득, 상각, 평가, 처분 등의 활동이 있다.

(3) 재무활동: 주주와 채권자와 관련된 활동

재무활동은 재무상태표의 대변과 관련된 활동이다. 대변은 기업이 보유하는 자산의 원천인 부채와 자본을 보여준다. 부채는 채권자로부터 조달한 것이고, 자본은 주주로부터 조달한 것이다. 채권자와의 거래에는 차입금 및 사채의 발행과 상환 등이 있다. 주주와의 거래에는 주식의 발행, 자기주식 거래, 배당 등이 있다.

 이연 항목의 활동 구분

계정	활동	계정	활동	영업 대응 계정
선수수익	영업	선수금	영업	N/A
선급비용		선급금		
미수수익		미수금	비영업	매출채권
미지급비용		미지급금		매입채무

① '~수익', '~비용': 영업

② '~금': 선 영업, 미 비영업!

표의 왼편에 있는 네 가지 항목들은 전부 영업활동으로 분류한다. 왼쪽 항목들은 계정 과목이 전부 '~비용' 혹은 '~수익'으로 끝난다. 손익을 인식하면서 발생한 계정이라는 뜻이다. 이 손익은 이자, 보험료, 급여 등의 판관비 성격을 띄므로 전부 영업활동으로 분류한다.

표의 오른편에 있는 네 가지 항목들은 계정에 따라 활동이 다르다. 오른쪽 항목들은 계정 과목이 전부 '~금'으로 끝난다. 손익과 무관하다는 뜻이다. 아래에 있는 미수금과 미지급금은 영업 대응 계정으로 매출채권과 매입채무가 있다. 영업 관련해서 못 받은 돈이 있다면 매출채권으로, 영업 관련해서 안 준 돈이 있다면 매입채무로 분류하지, 미수금이나 미지급금으로 분류하지 않는다. 따라서 이 둘은 영업활동으로 분류하지 않는다. 반면 선수금이나 선급금은 영업 관련 계정이 없다. 따라서 이 둘은 영업활동으로 분류한다.

(4) 이자수익, 이자비용, 배당금 수입, 배당금 지급: 회사가 선택하여 일관되게 적용 (IFRS)

한국채택국제회계기준에서는 이자 및 배당금과 관련된 현금흐름 구분은 회사가 선택하여 일관성 있게 적용하도록 규정하고 있다. 이 네 가지 현금흐름은 원칙적으로는 문제에서 제시한 구분법을 따르면 된다. 하지만 문제에서 언급하지 않았다면, 일반기업회계기준에 따라 이자수취, 이자지급, 배당금수취는 영업활동으로, 배당금지급만 재무활동으로 구분하면 된다.

(5) 법인세: 투자나 재무로 분류한다는 조건이 없다면 영업활동.

① '투자활동이나 재무활동과 명백하게 관련된 법인세 등의 납부는 없다.'	영업활동
② 법인세에 대한 언급이 전혀 없는 경우	
③ 문제에서 법인세를 재무나 투자활동으로 본다고 제시한 경우	문제의 조건에 따라 분류

IFRS에 따르면, '법인세로 인한 현금흐름은 재무나 투자활동에 명백히 관련되지 않는 한 영업활동으로 분류한다.' 따라서 대부분의 문제에서는 ①을 제시해준다. ② 법인세에 대한 아무런 언급이 없는 경우에도 영업활동으로 분류한다. 문제에서 ③과 같이 제시하는 경우는 없으므로 법인세는 영업활동으로 보아도 무방하다.

14

예제 **현금흐름의 구분**

01 영업활동 현금흐름의 예로 옳지 않은 것은?   2019. 지방직 9급

① 단기매매목적으로 보유하는 계약에서 발생하는 현금유입과 현금유출
② 종업원과 관련하여 직·간접으로 발생하는 현금유출
③ 로열티, 수수료, 중개료 및 기타수익에 따른 현금유입
④ 리스이용자의 리스부채 상환에 따른 현금유출

> ● 해설
>
> 리스부채의 상환은 재무활동에 해당한다. 리스는 수험범위를 넘기 때문에 본문에서도 설명을 생략했다.
> 리스를 몰랐더라도 나머지 항목이 모두 영업활동이므로 문제를 풀 수 있었다.
>
> 답 ④

02 영업활동현금흐름과 관련된 항목을 모두 고르면?   2013. 지방직 9급

ㄱ. 단기매매금융자산의 처분	ㄴ. 기계장치의 구입
ㄷ. 유상증자	ㄹ. 토지의 처분
ㅁ. 사채의 발행	ㅂ. 로열티수익

① ㄱ, ㄴ   ② ㄱ, ㅂ
③ ㄴ, ㄹ   ④ ㄷ, ㅁ

> ● 해설
>
> ㄴ,ㄹ은 투자활동에, ㄷ,ㅁ은 재무활동에 해당한다.
> 단기매매금융자산은 영업활동에 해당한다는 것을 꼭 기억하자.
>
> 답 ②

2 현금주의와 발생주의 간의 전환: 자산은 반대로, 부채는 그대로 ⭐중요!

본 출제 유형은 현금주의 이익(= 현금 수령액)을 발생주의 이익으로 전환하거나, 반대로 발생주의 이익을 현금주의 이익으로 전환하는 형태의 문제이다.

> ① B/S 식: 자산 = 부채 + 자본
> ② 증감으로 표현: △자산 = △부채 + △자본
> ③ 자산에서 현금만 분리: △현금 + △자산 = △부채 + △자본
> ④ △자본을 NI로 대체: △현금 + △자산 = △부채 + NI
> ⑤ 현금만 남기고 반대로: △현금 = NI - △자산 + △부채

① 재무상태표 항등식을 쓴 것이다.

② 재무상태표 항등식을 증감으로 표현한 것이다. △(세모)는 증감액(= 기말 - 기초)을 의미한다.

③ 우리는 현금의 변동이 알고 싶으므로 자산에서 현금만 분리한다. 이제부터 자산은 현금을 제외한 나머지 자산을 의미한다.

④ △자본을 NI로 대체한 식이다. 이 유형에서 자본거래는 없으며, 자본은 당기순이익으로 인해서만 변동한다.

⑤ 우리는 현금의 변동이 알고 싶으므로 현금만 남기고 나머지를 반대로 넘긴다.

현금흐름   =   NI   -   △자산   +   △부채

위 식을 보면 현금흐름을 구하기 위해서는 당기순이익에서 자산 증감액은 차감하고, 부채 증감액은 가산해야 한다. 직관적으로 설명하면, 자산이 증가하면 그만큼 미리 줬거나(선급비용), 받을 돈을 못 받아서(미수수익) 현금이 감소했다는 것이고, 부채가 증가하면 지출을 미뤘거나(미지급비용), 돈을 먼저 받아서 (선수수익) 현금도 증가했다는 뜻이다.

본 교재에서는 설명의 편의상 '='을 기준으로 왼쪽(현금흐름)을 차변, 오른쪽(NI - △자산 + △부채)을 대변이라고 부를 것이다. 대차평균의 원리를 지키면서 대차를 채우면 문제를 풀 수 있다.

 이연 항목들의 자산/부채 구분 방법: 계정의 의미를 생각해보자!

	의미	구분
미수수익	안 받은 돈	자산(반대로)
선수수익	먼저 받은 돈	부채(그대로)
미지급비용	안 준 돈	
선급비용	먼저 준 돈	자산(반대로)

현금흐름표 문제에서는 계정 과목이 자산인지, 부채인지 구분하는 것이 매우 중요하다. 하지만 막상 계정을 보면 바로바로 떠오르지 않는 때가 많다. 이때는 위 표에 적힌 계정의 의미를 생각해보자. 자산인지, 부채인지 쉽게 생각할 수 있을 것이다. '미'는 안 한 것, '선'은 먼저 한 것, '수'는 받은 것, '급'은 준 것을 뜻한다.

14

예제 현금주의와 발생주의 간의 전환

01 경비용역을 제공하는 ㈜공무는 20X5년에 경비용역수익과 관련하여 현금 ₩1,000,000을 수령하였다. 경비용역 제공과 관련한 계정 잔액이 다음과 같을 때, ㈜공무의 20X5년 포괄손익계산서상 경비용역수익은? (단, 경비용역수익과 관련된 다른 거래는 없다)

2018. 지방직 9급

	20X5년 1월 1일	20X5년 12월 31일
미수용역수익	₩700,000	₩800,000
선수용역수익	₩500,000	₩400,000

① ₩800,000
② ₩1,000,000
③ ₩1,100,000
④ ₩1,200,000

● 해설

Step 1. 자산, 부채의 증감을 표시한다.

	20X5년 1월 1일	20X5년 12월 31일	증감
미수용역수익	₩700,000	₩800,000	+ 100,000
선수용역수익	₩500,000	₩400,000	− 100,000

이처럼 문제 옆에 증감을 계산해서 적는다.

Step 2. 자산은 반대로, 부채는 그대로 조정표를 그린다.

현금흐름	=	NI	−	△자산	+	△부채
	=			(100,000)		(100,000)

자산 부채의 증감을 조정표에 기입한다. 이때, 자산 증감액은 부호를 반대로, 부채 증감액은 그대로 적는다. 미수수익은 자산이므로 + 100,000을 부호가 반대로 (100,000)으로 적고, 선수수익은 부채이므로 −100,000을 그대로 (100,000)으로 적는다.

Step 3. 조정사항을 반영해서 다른 기준으로 전환한다.

현금흐름	=	NI	−	△자산	+	△부채
1,000,000	=	1,200,000		(100,000)		(100,000)

현금흐름이 1,000,000이므로 발생주의에 따른 수익은 1,200,000이 되어야 대차가 일치한다.

답 ④

02 발생주의회계를 채택하고 있는 ㈜대한의 2010회계연도의 당기순이익은 ₩25,000으로 보고되었다. 2009년 말과 2010년 말의 발생항목과 이연항목이 다음과 같을 때 2010 회계연도의 현금주의에 의한 당기순이익은?

2011. 국가직 9급

항목	2009년 말	2010년 말
미수수익	₩8,000	₩12,000
미지급비용	₩6,000	₩4,000
선수수익	₩5,000	₩6,500
선급비용	₩7,000	₩4,500

① ₩23,000

② ₩26,000

③ ₩27,000

④ ₩30,000

● 해설

항목	2009년 말	2010년 말	증감
미수수익	₩8,000	₩12,000	+ 4,000
미지급비용	₩6,000	₩4,000	− 2,000
선수수익	₩5,000	₩6,500	+ 1,500
선급비용	₩7,000	₩4,500	− 2,500

현금흐름	=	NI	−	△자산	+	△부채
23,000	=	25,000		(4,000) 2,500		(2,000) 1,500

답 ①

14

03 ㈜한국의 현금주의에 의한 당기매출액은 ₩10,000이다. 기초매출채권 잔액이 ₩5,000이고 기말매출채권 잔액이 ₩3,000인 경우, ㈜한국의 발생주의에 의한 당기매출액은?

2015. 지방직 9급

① ₩5,000

② ₩8,000

③ ₩10,000

④ ₩12,000

● 해설

현금흐름	=	NI	-	△자산	+	△부채
10,000	=	8,000		2,000		

답 ②

04 ㈜한국의 2013년도 현금주의에 의한 영업이익은 ₩100,000이다. 2013년 1월 1일에 비해 2013년 12월 31일 선수수익은 ₩10,000 증가하였고 미수수익은 ₩20,000 증가하였다. ㈜한국의 2013년도 발생주의에 의한 영업이익은?

2014. 국가직 9급

① ₩100,000

② ₩110,000

③ ₩120,000

④ ₩130,000

● 해설

현금흐름	=	NI	-	△자산	+	△부채
100,000	=	110,000		(20,000)		10,000

답 ②

05 ㈜한국은 지금까지 현금기준에 의해 손익계산서를 작성하여 왔는데, 앞으로는 발생기준에 의해 작성하고자 한다. 현금기준에 의한 20X1년의 수익은 ₩500,000이다. 20X1년의 기초 매출채권은 ₩30,000, 기말 매출채권은 ₩60,000, 기말 선수수익은 ₩20,000인 경우 발생기준에 의한 20X1년의 수익은?

2021. 국가직 9급

① ₩490,000   ② ₩500,000

③ ₩510,000   ④ ₩520,000

● 해설

현금흐름	=	NI	−	△자산	+	△부채
500,000	=	510,000		(30,000) (매출채권)		20,000 (선수수익)

기초 선수수익에 대한 언급이 없으므로, 기초 선수수익이 없다고 가정하고, 기말 선수수익 20,000을 선수수익의 증가액으로 본다.

답 ③

3 영업활동 현금흐름 – 간접법 ★중요

현금흐름 = 당기순이익 − △자산 + △부채

앞서 발생기준 이익을 현금기준 이익으로 전환하는 것을 배웠다. 문제에 제시된 당기순이익은 발생기준이므로 자산 증감을 반대로, 부채 증감을 그대로 조정하면 현금흐름을 구할 수 있었다. 현금흐름 중 영업활동 현금흐름은 다음과 같이 구할 수 있다.

직접법: 영업활동 현금흐름 = 영업손익 − △영업 자산 + △영업 부채

이 방법은 영업손익에 영업 자산, 부채를 조정해서 현금흐름을 바로 구하는 방법이어서 직접법이라고 부른다. 하지만 일반적으로는 영업손익을 바로 구하기보다는 당기순이익에서 출발해서 영업이 아닌 투자, 재무손익을 제거해서 영업손익을 구한다. 이를 간접법이라고 부른다. 간접법 식은 다음과 같다.

14

> 간접법: NI(영업, 투자, 재무) - 투자, 재무 손익 - △영업 자산 + △영업 부채

STEP 1 투자, 재무 I/S 계정 부인

당기순이익에는 영업 뿐만 아니라 투자, 재무 손익도 포함되어 있으므로 영업 현금흐름을 구하기 위해서는 투자, 재무 손익을 부인해야 한다. 손익 계정이 보이면 영업인지, 비영업인지 구분한 뒤, 비영업인 경우 비용이면 가산해주어야 하고, 이익이면 차감해야 한다.

 자본거래 손익과 기타포괄손익은 무시할 것!

영업현금흐름을 구하기 위해서는 투자와 재무의 'I/S'계정만 부인한다. 당기순이익에 포함되어 있지만 영업 관련 손익이 아니므로 부인해서 영업 관련 손익만 남기는 것이다. 자기주식처분손익, 감자차손익 등의 자본거래 손익과 재평가잉여금, FVOCI금융자산 평가손익 등의 기타포괄손익은 애초에 당기순이익에 포함되어 있지 않으므로 부인하면 안 된다. 문제에서 제시하더라도 없는 것으로 보고 무시하면 된다.

STEP 2 영업 관련 B/S 계정 증감: 자산은 반대로, 부채는 그대로

재무상태표 계정의 증감을 반영하는 것은 앞에서 배운 대로 자산은 반대로, 부채는 그대로 반영하면 된다. 다만, 손익 계정은 '비영업' 항목들을 제거하는 것이지만, 반대로 재무상태표 계정은 '영업' 항목들을 인식하는 것이라는 점을 유의하자.

예제 영업활동 현금흐름 - 간접법

01 다음은 ㈜한국의 비교재무상태표와 2015년도의 포괄손익계산서 항목들이다. 이 자료들을 바탕으로 ㈜한국의 2015년 영업활동으로 인한 현금흐름금액을 구하면 얼마인가?

2015. 서울시 9급

[비교재무상태표]

	2014년 말	2015년 말
매출채권	₩540,000	₩650,000
선급보험료	₩70,000	₩35,000
매입채무	₩430,000	₩550,000
장기차입금	₩880,000	₩920,000

[2015년도 포괄손익계산서 항목]
- 당기순이익 ₩200,000
- 감가상각비 ₩450,000
- 건물처분손실 ₩150,000
- 기계장치처분이익 ₩60,000

① ₩695,000 ② ₩785,000
③ ₩800,000 ④ ₩825,000

● 해설

영업CF	=	NI	−	비영업 손익	−	△영업 자산	+	△영업 부채
785,000		200,000		150,000 건물처분손실 450,000 감가상각비 (60,000) 기계장치처분이익		(110,000) 매출채권 35,000 선급보험료		120,000 매입채무

장기차입금은 재무 관련 부채로, '비영업' 부채이므로 영업CF 계산식에 대입하지 않는다.

답 ②

02 ㈜한국의 20X1년 당기순이익은 ₩1,000,000이다. 다음 자료를 이용하여 간접법으로 구한 영업활동현금흐름은?

2020. 지방직 9급 수정

• 감가상각비	₩50,000	• 유상증자	₩2,000,000
• 유형자산처분손실	₩20,000	• 건물의 취득	₩1,500,000
• 사채의 상환	₩800,000	• 매출채권의 증가	₩150,000
• 매입채무의 감소	₩100,000	• 재고자산의 증가	₩200,000

① ₩320,000

② ₩620,000

③ ₩1,070,000

④ ₩1,380,000

● 해설

영업CF	=	NI	−	비영업 손익	−	△영업 자산	+	△영업 부채
620,000		1,000,000		50,000 감가상각비 20,000 유형자산처분손실		(150,000) 매출채권 (200,000) 재고자산		(100,000) 매입채무

사채의 상환, 유상증자는 재무활동 현금흐름에 해당하고, 건물의 취득은 투자활동 현금흐름에 해당한다. 수익, 비용도 아니고, 자산, 부채도 아니다. 따라서 영업활동 현금흐름을 구하는 위 식에 대입하지 않고, 무시하면 된다.

目 ②

03 ㈜서울이 보고한 2018년도의 당기순이익은 ₩300,000이다. 〈보기〉는 당기 현금흐름표 작성에 필요한 자료이다. ㈜서울의 2018년도 영업활동 현금흐름은? 2018. 서울시 9급 수정

── 〈보기〉 ──

항목	금액	항목	금액
FVPL금융자산처분이익	₩30,000	감가상각비	₩40,000
매출채권 순증가	₩20,000	매입채무 증가	₩30,000
유형자산처분이익	₩50,000	유형자산손상차손	₩10,000
매출채권손상차손	₩15,500	기계장치 취득	₩50,000

① ₩220,000

② ₩260,000

③ ₩280,000

④ ₩310,000

● 해설

영업CF	=	NI	−	비영업 손익	−	△영업 자산	+	△영업 부채
310,000		300,000		(50,000) 유형자산처분이익 40,000 감가상각비 10,000 유형자산손상차손		(20,000) 매출채권		30,000 매입채무

(1) FVPL금융자산 처분이익, 매출채권손상차손

단기매매증권(=FVPL금융자산)과 매출채권은 영업 자산이다. 따라서 이 영업 자산들과 관련있는 FVPL금융자산 처분이익과 매출채권손상차손(=대손상각비)은 영업손익에 해당한다. 우리는 NI에서 비영업손익을 부인하고 있으므로, 영업손익인 FVPL금융자산 처분이익과 매출채권손상차손을 부인하지 않고 그대로 둬야 한다.

반면, 유형자산손상차손은 매출채권손상차손과 달리 투자비용이다. 투자자산에 해당하는 유형자산에서 발생한 비용이기 때문이다. 유형자산손상차손은 비영업손익에 해당하므로 부인해야 한다.

한편, FVOCI선택 금융자산(지분상품) 평가손익이 제시되었다 하더라도 NI에서 부인할 필요가 없다. 애초에 평가손익이 OCI이므로 NI에 포함되어 있지 않기 때문이다.

(2) 기계장치 취득

기계장치의 취득은 투자활동 현금흐름에 해당한다. 수익, 비용도 아니고, 자산, 부채도 아니다. 따라서 영업활동 현금흐름을 구하는 위 식에 대입하지 않고, 무시하면 된다.

답 ④

14

04 20X6년 초에 컴퓨터 매매업을 시작한 ㈜한국에 대한 회계정보이다. 영업활동 현금흐름은?

2018. 지방직 9급

• 포괄손익계산서 (20X6년 1월 1일부터 12월 31일까지)	
매출액	₩700,000
매출원가	₩400,000
매출총이익	₩300,000
이자비용	₩150,000
감가상각비	₩35,000
당기순이익	₩115,000
• 현금을 제외한 유동자산과 유동부채의 20X6년 기말잔액	
매출채권	₩20,000
재고자산	₩12,000
매입채무	₩15,000

① ₩103,000

② ₩133,000

③ ₩152,000

④ ₩173,000

● 해설

영업CF	=	NI	−	비영업 손익	−	△영업 자산	+	△영업 부채
133,000		115,000		35,000 감가상각비		(20,000) 매출채권 (12,000) 재고자산		15,000 매입채무

본 문제의 경우 당기에 영업을 시작하였으므로 기초 잔액이 없다. 따라서 기말 잔액이 곧 증가액이 된다. 기말 잔액을 자산은 반대로, 부채는 그대로 더해야 한다. 본 문제에서는 이자비용의 활동 구분에 대한 언급이 없는데, 이러한 경우 일반기업회계기준에 따라 영업활동으로 구분한다. 따라서 이자비용을 부인하지 않는다.

답 ②

05 다음은 ㈜한국의 재무제표 자료이다. 당기 영업활동으로 인한 현금흐름은? (단, 주어진 자료 이외에는 고려하지 않는다)

2013. 관세직 9급

[재무상태표 자료]

	당기말	전기말
매출채권(순액)	₩130,000	₩150,000
매입채무	₩50,000	₩40,000
토지	₩590,000	₩390,000
미지급급여	₩50,000	₩70,000

[손익계산서 자료]

당기순이익	₩3,000,000

① ₩2,850,000 ② ₩2,900,000

③ ₩2,950,000 ④ ₩3,010,000

● **해설**

영업CF	=	NI	−	비영업 손익	−	△영업 자산	+	△영업 부채
3,010,000		3,000,000				20,000 매출채권		10,000 매입채무 (20,000) 미지급급여

(1) 미지급급여
미지급급여는 미지급비용에 해당한다. '~수익', '~비용'으로 끝나는 자산, 부채는 영업활동으로 분류하므로 영업CF 계산 시 반영해야 한다.

(2) 자산, 부채 증감
일반적으로 '기초 − 기말'의 순서로 자료를 제시하지만 본 문제의 경우 '기말 − 기초'의 순서로 자료를 제시한 점을 주의하자. 따라서 왼쪽에 있는 당기말 잔액에서 오른쪽에 있는 전기말 잔액을 차감해야 자산, 부채의 증감을 구할 수 있다.

답 ④

06 12월 말 결산법인인 ㈜대한의 2010년도 현금흐름표에 나타난 영업활동으로 인한 현금흐름은 ₩1,000,000이다. 간접법을 사용한 경우 다음 자료를 이용하여 계산한 2010년도 당기순이익은?

2010. 지방직 9급

• 매입채무 증가	₩60,000	• 매출채권 증가	₩70,000
• 선급비용 증가	₩20,000	• 감가상각비	₩50,000
• 기계처분이익	₩40,000	• 재고자산증가	₩70,000

① ₩950,000 ② ₩1,020,000
③ ₩1,090,000 ④ ₩1,150,000

● 해설

영업CF	=	NI	−	비영업 손익	−	△영업 자산	+	△영업 부채
1,000,000		1,090,000		(40,000) 기계처분이익 50,000 감가상각비		(20,000) 선급비용 (70,000) 매출채권 (70,000) 재고자산		60,000 매입채무

답 ③

4 영업활동 현금흐름 – 직접법 _{중요!}

지금까지 배운 것은 영업활동 현금흐름을 간접법으로 구하는 방법이었다. 이제 직접법으로 구하는 방법을 배울 것이다. 현금흐름을 구하는 다음의 원리는 모든 활동에 동일하게 적용된다.

직접법: 영업활동 현금흐름 = 영업손익 - △영업 자산 + △영업 부채

직접법은 영업활동을 고객, 공급자, 이자 등으로 구분해서 각각의 현금흐름을 구한 후, 합쳐서 전체 영업활동 현금흐름을 구한다. 활동별 관련 계정은 다음과 같다.

영업 현금흐름	=	영업 손익	–	△영업 자산	+	△영업 부채
고객으로부터의 현금유입액	=	매출액 (대손상각비)	–	매출채권	+	대손충당금
(공급자에 대한 현금유출액)	=	(매출원가)	–	재고자산	+	매입채무
수익으로 인한 현금유입액	=	수익	–	미수수익	+	선수수익
(비용으로 인한 현금유출액)	=	(비용)	–	선급비용	+	미지급비용

STEP 1 활동과 관련된 손익을 적는다.

손익을 적을 땐 현금흐름을 구하는 것이므로, 수익은 (+)로, 비용은 (-)로 적어야 함을 유의하자.

STEP 2 활동과 관련된 자산, 부채의 증감을 적는다.

앞서 배운 것처럼, 기초와 기말 잔액을 비교하여 자산, 부채의 증감을 적는다. 이때, 자산 증감액은 부호를 반대로, 부채 증감액은 그대로 적는다.

STEP 3 현금흐름을 구한다.

손익과 자산, 부채 증감을 모두 적었으므로 다 더해서 현금흐름을 구한다. 계산 결과 현금흐름이 (+)로 나오면 유입, (-)로 나오면 유출을 뜻한다. 현금유출액 혹은 지급액을 묻는다면 (-)부호를 떼고 양수로 답하면 된다.

14

 영업활동 현금흐름 직접법 vs 간접법

문제에 등장하는 현금흐름	간접법을 사용하는 경우	직접법을 사용하는 경우
	'영업활동' 현금흐름	'특정' 현금흐름
NI	문제에서 제시하거나, 물음	문제에서 제시하거나, 묻지 않음

영업활동 현금흐름을 구하는 방식에는 직접법과 간접법 두 가지가 있다. 이론상으로는 어느 방식으로 풀어도 영업활동 현금흐름을 구할 수 있는데, 문제를 풀 때는 문제별로 풀어야 하는 방식이 정해져 있다. 어느 방식으로 문제를 풀지는 다음 두 가지 중 하나의 기준을 이용해서 정하면 된다.

첫째는 문제에 등장하는 현금흐름으로 구분하는 것이다. 문제에서 영업활동 현금흐름을 제시하거나, 영업활동 현금흐름을 묻는다면 간접법으로 푸는 문제이다. 반면, 문제에서 고객으로부터의 현금유입액, 공급자에 대한 현금유출액 등 '특정' 현금흐름을 제시하거나 묻는다면 직접법으로 푸는 문제이다. 물론 직접법으로도 영업활동 현금흐름 총액을 구할 수 있지만, 회계학 문제에서는 특정 현금흐름을 구할 때에만 직접법을 사용한다.

둘째는 당기순이익(NI)으로 구분하는 것이다. 문제에서 NI를 제시하거나, 우리에게 NI를 묻는다면 간접법으로 푸는 문제이다. 반면, 문제에서 NI를 제시하지 않고, 우리에게 NI를 묻지도 않았다면 직접법으로 푸는 문제이다. NI에는 전체 영업손익이 포함되어 있으므로, 영업활동 현금흐름 총액을 구할 때에는 NI가 필요하다. 하지만 특정 현금흐름을 구하기 위해서는 NI가 필요하지 않으며, 해당 현금흐름과 관련이 있는 손익만 있으면 된다. 따라서 NI를 제시하거나 묻지 않고, 특정 현금흐름과 관련이 있는 손익만 제시하였다면 직접법으로 문제를 풀어야 한다.

1. 고객으로부터의 현금유입액

고객으로부터의 현금유입액	=	매출액 (대손상각비)	–	△매출채권	+	△대손충당금

고객으로부터의 현금유입액이란 매출을 통해 고객으로부터 유입된 현금흐름을 뜻한다. 주요 계정으로는 매출액과 매출채권, 대손상각비와 대손충당금이 있다. 매출채권의 회수가능성에 유의적인 불확실성이 있는 경우 대손상각비를 인식하면서 대손충당금을 설정한다. 대손상각비는 비용 항목으로 표시하고, 대손충당금은 부채 항목으로 표시하면 된다. 대손충당금은 자산의 차감적 평가 계정이지만 현금흐름표 문제 풀이 상 부채로 표시하는 것이 쉽다.

예제   영업활동 현금흐름 - 직접법: 고객

01 당기 매출액은 ₩300,000이고 대손상각비는 ₩20,000이다. 매출채권과 대손충당금의 기초 및 기말 자료가 다음과 같을 때, 고객으로부터 유입된 현금은? (단, 매출은 모두 외상 매출로만 이루어진다)
2016. 지방직 9급

	기초	기말
매출채권	₩300,000	₩500,000
대손충당금	₩20,000	₩20,000

① ₩80,000   ② ₩100,000
③ ₩200,000   ④ ₩280,000

● 해설

고객으로부터의 현금유입액	=	매출액 대손상각비	-	△매출채권	+	△대손충당금
80,000	=	300,000 (-)20,000		(200,000)		0

답 ①

02 ㈜한국의 2011년도 포괄손익계산서상 당기 매출액은 ₩70,000이고 대손상각비는 ₩15,000이다. 2011년 동안 매출채권 잔액이 ₩18,000 감소하였다면 ㈜한국이 2011년 동안 고객으로부터 수취한 현금은?
2012. 국가직 7급

① ₩55,000   ② ₩67,000
③ ₩73,000   ④ ₩88,000

● 해설

고객으로부터의 현금유입액	=	매출액 대손상각비	-	△매출채권	+	△대손충당금
73,000	=	70,000 (-)15,000		18,000		

답 ③

14

2. 공급자에 대한 현금유출액

공급자에 대한 현금유출액	=	(매출원가)	−	△재고자산	+	△매입채무

공급자에 대한 현금유출액이란 매입을 통해 공급자에게 유출된 현금흐름을 뜻한다. 매출원가에서 재고자산 증감을 반영하면 매입액을 구할 수 있고, 이에 매입채무 증감을 반영하면 현금유출액이 계산된다. 비용인 매출원가는 (−)로 기록하고, 결과인 현금유출액도 (−)로 계산된다는 것을 기억하자.

예제 **영업활동 현금흐름 - 직접법: 공급자**

01 다음의 자료를 이용하여 20X3년의 현금흐름표를 직접법에 의하여 작성할 경우 공급자에 대한 현금유출액은?

2014. 지방직 9급

- 20X3년 보고기간 동안 매출원가는 ₩50,000이다.
- 20X3년 재고자산 및 매입채무 관련 자료

	20X3년 1월 1일	20X3년 12월 31일
재고자산	₩5,000	₩7,000
매입채무	₩2,000	₩3,000

① ₩49,000 ② ₩50,000
③ ₩51,000 ④ ₩52,000

● 해설

공급자에 대한 현금유출액	=	매출원가	−	△재고자산	+	△매입채무
(−)51,000	=	(−)50,000		(2,000)		1,000

目 ③

02 ㈜서울의 20X1년 기초와 기말 재고자산은 각각 ₩200,000과 ₩350,000이며, 20X1년 기초와 기말 매입채무는 각각 ₩50,000과 ₩80,000이다. ㈜서울의 20X1년도 재고자산 매입으로 인한 현금유출액이 ₩250,000일 경우, ㈜서울의 20X1년도 매출원가는? (단, 재고자산의 감모 및 평가손실은 발생하지 않았다.)   2018. 서울시 9급

① ₩130,000   ② ₩200,000
③ ₩250,000   ④ ₩370,000

● 해설

공급자에 대한 현금유출액	=	매출원가	−	△재고자산	+	△매입채무
(−)250,000	=	(−)130,000		(150,000)		30,000

답 ①

---

03 다음은 20X1년 ㈜한국의 재무제표와 거래 자료 중 일부이다.

기초매입채무	₩4,000
기말매입채무	₩6,000
현금지급에 의한 매입채무 감소액	₩17,500
기초상품재고	₩6,000
기말상품재고	₩5,500
매출총이익	₩5,000

20X1년 손익계산서상 당기 매출액은?   2021. 관세직 9급

① ₩24,000   ② ₩25,000   ③ ₩26,000   ④ ₩27,000

● 해설

공급자에 대한 현금유출액	=	매출원가	−	△재고자산	+	△매입채무
(17,500)	=	(20,000)		500		2,000

매출액 − 20,000 = 5,000 (매출총이익) → 매출액 = 25,000
공급자에 대한 현금유출액은 현금 매입액과 외상 매입 후 매입채무 지급액으로 나뉜다. 문제에서 현금매입에 대한 언급이 없으므로 0으로 보고, '현금지급에 의한 매입채무 감소액'을 공급자에 대한 현금유출액 자리에 대입하였다.

답 ②

14

04 다음은 2011년도 ㈜한국의 매입채무와 관련된 자료이다.

• 기초매입채무	₩80	• 당기매입액 중 현금지급액	₩350
• 기초상품재고	₩120	• 기말상품재고	₩110
• 당기매출액	₩500	• 매출총이익률	20%

2011년 말 재무상태표상 표시되는 매입채무 금액은? (단, 제시된 자료 이외의 사항은
고려하지 않는다)   2011. 관세직 9급

① ₩110   ② ₩120   ③ ₩130   ④ ₩140

● **해설**

공급자에 대한 현금유출액	=	매출원가	−	△재고자산	+	△매입채무
(−)350	=	(−)400		10		40

매출원가: 500 × (1 − 20%) = 400
매입채무 증가액: 40, 기말 매입채무: 80 + 40 = 120

답 ②

영업활동 현금흐름 - 직접법: 고객&공급자

05 당기 현금흐름표상 고객으로부터의 현금유입액은 ₩54,000이고 공급자에 대한 현금유출액은 ₩31,000이다. 포괄손익계산서상의 매출채권손상차손이 ₩500일 때, 다음 자료를 이용하여 매출총이익을 계산하면? (단, 매출채권(순액)은 매출채권에서 손실충당금을 차감한 금액이다)

2019. 지방직 9급

과목	기초	기말
매출채권(순액)	₩7,000	₩9,500
매입채무	4,000	6,000
재고자산	12,000	9,000

① ₩20,500   ② ₩21,000
③ ₩25,000   ④ ₩31,000

● **해설**

	CF	=	손익	−	△자산	+	△부채
고객	54,000	=	(−)500 (손상차손) 57,000 (매출액)		(2,500) (매출채권)		
공급자	(−)31,000	=	(36,000) (매출원가)		3,000 (재고자산)		2,000 (매입채무)

매출총이익: 57,000 − 36,000 = 21,000
문제에 등장한 '매출채권손상차손'은 대손상각비를 의미한다.

답 ②

14

3. 수익으로 인한 현금유입액, 비용으로 인한 현금유출액

수익으로 인한 현금유입액	=	수익	−	△미수수익	+	△선수수익
(비용으로 인한 현금유출액)	=	(비용)	−	△선급비용	+	△미지급비용

수익, 비용으로 인한 현금유출입도 수익, 비용에 자산, 부채의 증감액을 반영하여 구할 수 있다. 주로, 이자손익, 급여, 보험료, 임대료 등이 출제된다. 문제 풀이 방법은 동일하다.

예제 **영업활동 현금흐름 – 직접법: 수익, 비용**

01 ㈜한국의 2010년도 포괄손익계산서상 이자비용은 ₩100,000이다. 2010년도 기초 미지급이자 ₩10,000, 기초 선급이자 ₩10,000, 기말 미지급이자 ₩25,000, 기말 선급이자가 ₩5,000일 때, ㈜한국이 2010년도에 현금으로 지급한 이자금액은?   2011. 지방직 9급

① ₩60,000   ② ₩70,000
③ ₩80,000   ④ ₩90,000

● 해설

이자지급액	=	이자비용	−	△선급이자	+	△미지급이자
(−)80,000	=	(−)100,000		5,000		15,000

답 ③

02 ㈜한국의 2017년 중 거래가 다음과 같을 때 옳은 것은?

2018. 관세직 9급

- ㈜한국은 2017년 중 용역을 제공하기로 하고 현금 ₩120,000을 받았다. 2017년 선수용역수익 계정의 기초 잔액은 ₩30,000이고, 기말잔액은 ₩40,000일 때 2017년도에 인식한 용역수익은?
- ㈜한국은 2017년 중 건물임차료로 현금 ₩70,000을 미리 지급하였다. 2017년 선급임차료계정의 기초잔액은 ₩10,000이고, 기말잔액은 ₩30,000일 때 2017년도에 인식한 임차료는?

	용역수익	임차료
①	₩110,000	₩50,000
②	₩110,000	₩70,000
③	₩120,000	₩50,000
④	₩120,000	₩70,000

● 해설

	CF	=	손익	−	△자산	+	△부채
용역	120,000	=	110,000				10,000
임차료	(70,000)	=	(50,000)		(20,000)		

답 ①

03 ㈜한국의 2013년도 손익계산서에는 이자비용이 ₩2,000 계상되어 있고, 현금흐름표에는 현금이자지출액이 ₩1,500 계상되어 있다. ㈜한국이 자본화한 이자비용은 없으며 2013년 12월 31일의 선급이자비용은 2012년 12월 31일에 비해 ₩200만큼 감소하였다. 2012년 12월 31일의 재무상태표에 미지급이자비용이 ₩300인 경우 2013년 12월 31일의 재무상태표에 표시되는 미지급이자비용은?

2014. 국가직 9급

① ₩1,000　　　② ₩800　　　③ ₩600　　　④ ₩300

● 해설

이자지급액	=	이자비용	−	△선급이자	+	△미지급이자
(−)1,500	=	(−)2,000		200		300

부채 증감액: 300 증가

기말 미지급이자: 300(기초) + 300(증가) = 600

문제에 등장하는 '(주)한국이 자본화한 이자비용'은 넘어가자. 심화강의에서 배울 차입원가 자본화라는 개념이다. 어차피 이 문제에서도 없다고 제시했으므로 무시해도 된다

답 ③

14

5 자산, 부채의 증감을 알 수 없는 경우

: 문제에 제시된 현금흐름 바로 이용!

자산, 부채의 증감을 제시하지 않고 거래 내용만 제공하는 문제가 있다. 이 경우에는 취득가액, 처분가액 등의 현금흐름이 전부 제시되어 있을 것이다. 이런 문제는 표를 그리지 않고 바로 현금흐름을 계산한다.

예제   자산, 부채의 증감을 알 수 없는 경우

01 다음은 ㈜한국의 20X1년 11월에 발생한 거래이다.

> • 상품 ₩70,000을 외상으로 매입하다.
> • 원가 ₩70,000의 상품을 ₩100,000에 외상으로 판매하다.

㈜한국은 20X1년 12월에 상품 판매대금 ₩100,000 중 ₩50,000을 회수하였고, 상품의 매입원가 ₩70,000 중 ₩35,000을 현금으로 지급하였다. 현금기준에 의한 20X1년의 순현금유입액과 발생기준에 의한 20X1년의 순이익은? 2020. 지방직 9급

	현금기준에 의한 20X1년 순현금유입액	발생기준에 의한 20X1년 순이익
①	₩15,000	₩15,000
②	₩15,000	₩30,000
③	₩30,000	₩15,000
④	₩30,000	₩30,000

● 해설

현금기준: 50,000(회수액) − 35,000(지급액) = 15,000
발생기준: 100,000(매출액) − 70,000(매출원가) = 30,000

답 ②

02 ㈜한국의 20X1년 중 발생한 거래는 다음과 같다.

> (1) 20X1년 7월 1일 만기 1년의 정기예금에 현금 ₩100,000을 예치하였다. 정기예금의 연 이자율은 4%이며, 만기시점에 이자를 받는다.
> (2) 종업원에 대한 급여는 매월 말에 지급했으나, 20X1년 12월 급여 ₩1,000은 20X1년 12월 31일에 지급하지 않고 20X2년 1월 3일에 지급하였다.
> (3) 20X1년 11월 1일에 창고를 6개월간 임대하고, 1개월에 ₩1,000씩 6개월 임대료 ₩6,000을 현금으로 받아 수익으로 처리하였다.

20X1년에 발생한 기중 거래 및 결산 수정사항을 반영하여 발생기준과 현금기준으로 회계 처리 하였을 때, 20X1년 당기순이익에 각각 미치는 영향은?   2020. 관세직 9급

	발생기준	현금기준
①	₩3,000 감소	₩0
②	₩3,000 증가	₩0
③	₩3,000 증가	₩6,000 증가
④	₩3,000 감소	₩6,000 증가

● 해설

		회계처리			발생기준	현금기준
(1)	미수이자	2,000	/ 이자수익	2,000	2,000	0
(2)	급여	1,000	/ 미지급급여	1,000	(1,000)	0
(3)	현금	6,000	/ 수익	6,000	2,000	6,000
	수익	4,000	/ 선수수익	4,000		
		계			3,000	6,000

(1) 정기예금에 현금 예치 시에는 현금이 감소하지 않는다. 정기예금도 현금성자산이기 때문에 현금성자산 내에서 분류가 바뀐 것일 뿐, 현금이 감소한 것이 아니다. 따라서 회계처리가 없으며, 현금기준에 따라 비용을 인식해서도 안 된다.

(3)에서 많은 수험생들이 실수했을 것이라 생각한다. 문제에서 '기중 거래 및 결산 수정사항을 반영하여 ~' 회계처리하라고 했기 때문에, 결산 수정분개뿐만 아니라 굵게 칠한 기중 거래까지 반영해서 이익을 구해야 한다.

답 ③

03 ㈜한국은 매월 말 결산을 하고 재무제표를 작성한다. 20X9년 4월에 다음과 같은 자료 및 거래가 있었다.

> • 20X9년 4월에 상품을 ₩200,000에 판매하면서 ₩150,000은 현금 수취하고 ₩50,000은 5월에 받기로 하였다.
> • 20X9년 4월 1일 상품재고는 ₩50,000이 있었다.
> • 20X9년 4월 중에 상품 ₩100,000을 구입하면서 ₩80,000은 현금 지급하고 ₩20,000은 5월에 지급하기로 하였다.
> • 20X9년 4월 30일 기말에 남아 있는 상품은 ₩10,000이다.
> • 20X9년 4월 종업원 급여가 ₩10,000 발생하였고 결산일 현재 ₩5,000은 지급하지 않았다.
> • 20X9년 4월 1일 향후 3개월치 광고비 ₩3,000을 현금 지급하였고, 향후 2개월치 임대수익 ₩2,000을 현금 수령하였다.

㈜한국의 20X9년 4월 현금기준의 순이익과 발생기준의 순이익 차이는? 2019. 국가직 7급

① ₩14,000 ② ₩16,000 ③ ₩18,000 ④ ₩20,000

● 해설

이익 차이: 64,000 − 50,000 = 14,000

현금기준 이익		발생기준 이익	
판매대금 수령액	150,000	매출액	200,000
매입대금 지급액	(80,000)	매출원가	(140,000)
급여 지급액	(5,000)	급여	(10,000)
광고비 지급액	(3,000)	광고비	(1,000)
임대수익 수령액	2,000	임대수익	1,000
계	64,000	계	50,000

매출원가: 50,000 + 100,000 − 10,000 = 140,000

광고비, 임대수익: 4월의 이익을 물었기 때문에 발생기준에서는 1달치 분만 수익과 비용을 인식해야 한다.

답 ①

김용재의 꿀팁! 현금흐름표 유형별 풀이법 요약 ★중요!

유형	풀이법
현금주의↔발생주의	CF = NI − △자산 + △부채
영업CF – 간접법	CF = NI − 투자, 재무 손익 − △영업 자산 + △영업 부채
영업CF – 직접법	CF = 관련 손익 − △관련 자산 + △관련 부채
자산, 부채 증감 X	문제에 제시된 현금흐름 바로 이용

이번 장에 걸쳐서 배운 출제 유형별로 풀이법을 정리한 것이다. 반드시 숙지하여 문제별로 적절한 풀이법을 이용하자.